Sammlung außerdeutscher Strafgesetzbücher
in deutscher Übersetzung

Herausgegeben vom MAX-PLANCK-INSTITUT
für ausländisches und internationales Strafrecht in Freiburg i. Br.
durch Professor Dr. Dr. h. c. Hans-Heinrich JESCHECK, Freiburg i. Br.
und Professor Dr. Gerhard KIELWEIN, Saarbrücken

# XCVII

# Das polnische Strafverfahrensgesetzbuch

## (Kodeks postępowania karnego)

## Gesetz vom 19. April 1969
## mit ergänzenden Vorschriften

1977

Walter de Gruyter · Berlin · New York

# Das polnische Strafverfahrensgesetzbuch

(Kodeks postępowania karnego)

Gesetz vom 19. April 1969
mit ergänzenden Vorschriften

Übersetzt und mit einer Einleitung versehen von

Edward Janik

Rechtsanwalt in Posen

1977

Walter de Gruyter · Berlin · New York

Gedruckt mit Unterstützung der Gesellschaft für Rechtsvergleichung

*CIP-Kurztitelaufnahme der Deutschen Bibliothek*

**Das polnische Strafverfahrensgesetzbuch:**

vom 19. April 1969; mit erg. Vorschriften = (Kodeks postepowania karnego) / übers. u. mit e. Einl. vers. von Edward Janik. — 1. Aufl. — Berlin, New York: de Gruyter, 1977.

(Sammlung außerdeutscher Strafgesetzbücher in deutscher Übersetzung; 97)
Einheitssacht.: Kodeks postepowania karnego ⟨dt.⟩
ISBN 3-11-006622-X

NE: Janik, Edward [Bearb.]; EST



Printed in Germany.

Satz und Druck: Felgentreff & Goebel KG, Berlin 61
Buchbindearbeiten: Thomas Fuhrmann KG, Berlin 36

# Vorwort

Den Auftrag des auch in Polen bekannten und geschätzten Freiburger Max-Planck-Instituts für ausländisches und internationales Strafrecht in Freiburg i. Br., eine deutsche Übersetzung der neuen polnischen Strafprozeßordnung vom Jahre 1969 anzufertigen, habe ich im Hinblick auf das Interesse der vergleichenden Rechtswissenschaft an Übersetzungen von Rechtsquellen gerne übernommen. Damit soll allen Wissenschaftlern, die der deutschen Sprache mächtig sind, ohne polnische Sprachkenntnisse zu besitzen, der Zugang zu diesem Gesetz und seinen wichtigsten Nebengesetzen ermöglicht werden. Ich danke Herrn Professor Dr. Dr. h. c. Hans-Heinrich Jescheck für die Aufnahme der Veröffentlichung in die „Sammlung außerdeutscher Strafgesetzbücher in deutscher Übersetzung".

Während der Arbeit an der Übersetzung tauchten vielfach Schwierigkeiten auf, weil das polnische Strafprozeßsystem sich in wesentlichen Punkten vom System der deutschen Strafprozeßordnung unterscheidet. Es stellte sich wiederholt die Frage, inwieweit die begrifflichen Abweichungen durch die Übersetzung herausgehoben werden müssen oder dem deutschen Sprachgebrauch angepaßte Ausdrücke Verwendung finden können. Für die freundliche Unterstützung bei allen Schwierigkeiten, mit denen ein Übersetzer zu kämpfen hat, möchte ich den Mitarbeitern des Max-Planck-Instituts für ausländisches und internationales Strafrecht herzlich danken. Insbesondere gilt dieser Dank Frau Dr. Ewa Weigend und Herrn Staatsanwalt Norbert Pantle, die mir bei der endgültigen Abfassung des Textes mit großer Sachkenntnis und Ausdauer geholfen haben.

Ich hoffe, daß die Übersetzung auch der in den letzten Jahren wieder in Gang gekommenen wissenschaftlichen Zusammenarbeit zwischen deutschen und polnischen Strafprozeßwissenschaftlern zugute kommen wird.

Freiburg i. Br., im Dezember 1976

*Edward Janik*

# Inhaltsverzeichnis

# Literaturverzeichnis
(Auswahl)


*J. Bafia, J. Bednarzak, M. Flemming, S. Kalinowski, H. Kempisty, M. Siewierski:* Kodeks postępowania karnego. Komentarz. Wyd. Praw., W-wa 1971. (Strafverfahrensgesetz, Kommentar)

*B. Bartosik:* Zasądzenie odszkodowania pieniężnego z urzędu (Art. 363 kpk.) Wyd. Praw., W-wa 1973. (Zuerkennung einer Geldentschädigung von Amts wegen [Art. 363 StPO])

*J. Bratoszewski:* Zdanie odrębne w procesie karnym. Wyd. Praw., W-wa 1973. (Sondermeinung im Strafprozeß)

*A. Bulsiewicz:* Zabezpieczenie roszczeń odszkodowawczych i kar majątkowych w postępowaniu karnym. Wyd. Praw., W-wa 1975. (Sicherung der Schadensersatzansprüche und Vermögensstrafen im polnischen Strafprozeß)

*K. Daszkiewicz:* Nadzwyczajne złagodzenie kary w polskim kodeksie karnym. Wyd. Praw., W-wa 1976. (Die außerordentliche Strafmilderung im polnischen Strafgesetzbuch)

*W. Daszkiewicz:* Przedstawiciel społeczny w procesie karnym. Wyd. Praw., W-wa 1976. (Der gesellschaftliche Vertreter im Strafprozeß)

*Derselbe:* Zasądzenie odszkodowania z urzędu w polskim procesie karnym. Wyd. Praw., W-wa 1970. (Verurteilung zur Entschädigung von Amts wegen im polnischen Strafprozeß)

*Z. Doda:* Rewizja nadzwyczajna w polskim prozesie karnym. Wyd. Praw., W-wa 1972. (Die außerordentliche Revision im polnischen Strafprozeß)

*A. Ferenc:* Rewizja strony w procesie karnym. Wyd. Praw., W-wa 1973. (Die Revision einer Partei im Strafprozeß)

*A. Gaberle:* Umorzenie postępowania przygotowawczego w polskim procesie karnym. Wyd. Praw., W-wa 1972. (Die Einstellung des Vorbereitungsverfahrens im polnischen Strafprozeß)

*Derselbe:* Postępowanie przyspieszone w polskim procesie karnym. (Na tle wymagań ustawy oraz badań praktyki). P. W. N., W-wa — Kraków 1975. (Beschleunigtes Verfahren im polnischen Strafprozeß)

*Z. Iwaszkiewicz:* Poręczenie społeczne jako środek zapobiegawczy. Wyd. Praw., W-wa 1974. (Die gesellschaftliche Bürgschaft als Vorbeugungsmaßnahme)

*A. Kafarski:* Akcja cywilna w procesie karnym. Wyd. Praw., W-wa 1972. (Die Zivilklage im Strafprozeß)

*A. Kaftal:* Kontrola sądowa postępowania przygotowawczego. Wyd. Praw., W-wa 1974. (Die gerichtliche Kontrolle des Vorbereitungsverfahrens)

*Derselbe:* System środkow odwoławczych w polskim procesie karnym. P. W. N., W-wa 1972. (Das System der Berufungsmittel im polnischen Strafprozeß)

*Z. Knypl:* Ekstradycja jako instytucja prawa międzynarodowego i wewnętrznego. Wyd. Praw., W-wa 1975. (Die Auslieferung als Institut des internationalen und inländischen Rechts)

*M. Leonieni, W. Michalski:* Efektywność warunkowego umorzenia postępowania karnego w praktyce sądowej. Wyd. Praw., W-wa 1975. (Die Effizienz der Strafverfahrenseinstellung in der Gerichtspraxis)
*M. Leonieni:* Warunkowe zawieszenie wykonania kary w polskim prawie karnym. Wyd. Praw., W-wa 1974. (Bedingte Strafaussetzung im polnischen Strafrecht)
*K. Łojewski:* Instytucja odmowy zeznań w polskim procesie karnym. Wyd. Praw., W-wa 1970. (Die Aussageverweigerung im polnischen Strafprozeß)
*A. Marek:* Warunkowe umorzenie postępowania karnego. Wyd. Praw., W-wa 1973. (Die bedingte Einstellung des Strafverfahrens)
*M. Marszał:* Zakaz reformationis in peius w nowym ustawodawstwie karnym procesowym. Wyd. Praw., W-wa 1970. (Das Verbot der reformatio in peius in der neuen Strafgesetzgebung)
*W. Michalski:* Immunitety w polskim procesie karnym. Wyd. Praw., W-wa 1970. (Immunitäten im polnischen Strafprozeß)
*J. Nelken:* Dowód poszlakowy w procesie karnym. Wyd. Praw., W-wa 1970. (Der Indizienbeweis im Strafprozeß)
*S. Pawela:* Względne przyczyny odwoławcze. Wyd. Praw., W-wa 1970. (Die relativen Berufungsgründe)
*F. Prusak:* Pociągnięcie podejrzanego do odpowiedzialności w procesie karnym. Wyd. Praw., W-wa 1973. (Die Belangung eines Verdächtigten zur Verantwortung im Strafprozeß)
*Derselbe:* Podstawy rewizji w procesie karnym. Bydgoskie Towarzystwo Naukowe, Bydgoszcz 1970. (Die Revisionsgründe im Strafprozeß)
*S. Rybarczyk:* Eksperyment jako dowód w procesie karnym. Wyd. Praw., W-wa 1973. (Das Experiment als Beweismittel im Strafprozeß)
*J. Śliwowski:* Kara ograniczenia wolności. Wyd. Praw., W-wa 1973. (Die Freiheitsbeschränkungsstrafe)
*J. Stańda:* Stanowisko świadka w polskim procesie karnym. Wyd. Praw., W-wa 1976. (Die Stellung des Zeugen im polnischen Strafprozeß)
*A. Tobis:* Zasady orzekania w sprawach o warunkowe zwolnienie. Wyd. Praw., W-wa 1970. (Entscheidungsgrundsätze in Verfahren wegen bedingter Entlassung)
*S. Waltoś:* Postępowania szczególne w procesie karnym. Wyd. Praw., W-wa 1973. (Besondere Verfahrensarten im Strafprozeß)

# Einleitung

1. Schon in dem **Polen vor der dritten polnischen Teilung** im Jahre 1795 gab es neben dem materiellen Strafrecht auch verfahrensrechtliche Bestimmungen, die in verschiedenen „Sejmstatuten“ und „Constitutiones“ verstreut waren. Grundsätzlich galt ein einheitliches Verfahren sowohl in Zivilsachen als auch in Strafsachen, das in einem Gesetzbuch aus dem Jahre 1523 in 111 Artikeln, genannt „Formula processus“, geregelt war. Entsprechend der Überlieferung herrschte das Klageprinzip (wo kein Kläger, da kein Richter). Einzelne Elemente des Inquisitionsprozesses, die vor allem im Prozeß gegen das berufs- und gewohnheitsmäßige Verbrechertum (Straßenraub, Bandendiebstahl) in Erscheinung traten, wurden später nicht weiterentwickelt, zumal die politisch führenden Kräfte in Gestalt des Adels an dem sie begünstigenden Anklageprozeß mit privatem Kläger festhielten und sich gegen die Übertragung der Initiative im Strafprozeß auf mit ausreichender Machtvollkommenheit ausgestattete staatliche Instanzen zur Wehr setzten. Reformbestrebungen blieben wegen der geringen Festigkeit des Staatswesens und der Schwäche der Zentralgewalt ohne Erfolg. Der in der Verfassung vom 3. Mai 1791 in Art. VIII enthaltene Plan des Erlasses eines neuen „Kodex der Zivil- und Kriminalrechte“ blieb infolge des Untergangs des selbständigen polnischen Staates unausgeführt.

2. Das **im November 1918** als unabhängiger Staat **wiedererstandene Polen** übernahm zunächst die in diesem Zeitpunkt in den einzelnen Teilgebieten geltenden Prozeßordnungen der Teilungsmächte. So galten für das Strafverfahren nebeneinander vier verschiedene Rechtsordnungen:

a) In Kongreßpolen und den Ostgebieten war das russische Strafprozeßrecht von 1864 in Kraft. In Kongreßpolen war es unter Abänderungen gegenüber dem in Rußland geltenden Text erst im Jahre 1875 eingeführt worden.

b) In Galizien und Teschen-Schlesien war die österreichische Strafprozeßordnung vom 23. 5. 1873 (RGBl. Nr. 119) eingeführt. Außerdem galten das Gesetz vom 31. 12. 1877 (RGBl. 1878 Nr. 3), durch das die Bestimmungen der Strafprozeßordnung über Nichtigkeitsbeschwerden ergänzt und abgeändert wurden, das Gesetz vom 21. 3. 1918 (RGBl. Nr. 109) über die Entschädigung ungerechtfertigt verurteilter Personen und das Gesetz vom 18. 8. 1918 über die Entschädigung für unschuldig erlittene Untersuchungshaft (RGBl. Nr. 318).

c) In den Gebieten der Zips und Arva am Nordrand der slowakischen Tatra war das ungarische Prozeßrecht maßgebend, das vor allem auf der Strafprozeßordnung vom 4. 12. 1896 beruhte. Es wurde jedoch bereits im Jahre 1922 durch das in Galizien geltende Recht ersetzt.

d) In den ehemals preußischen Teilgebieten galt die deutsche Strafprozeßordnung vom 1. 2. 1877. Die sachliche Zuständigkeit wurde durch das Gerichtsverfassungsgesetz vom 27. 1. 1877 bestimmt.

Angesichts einer derartigen Rechtszersplitterung war die Frage der Vereinheitlichung des Strafverfahrens von grundsätzlicher Bedeutung für den neuen Staat. Die für das Strafverfahrensrecht zuständige Sektion der schon im Jahre 1919 eingesetzten Gesetzgebungskommission legte die allgemeinen Grundsätze einer zukünftigen Strafverfahrensordnung fest und erarbeitete die Grundlagen für eine einheitliche Gerichtsverfassung. Die Entwürfe der Kommission wurden nach Umarbeitung durch das Justizministerium in Form von zwei Rechtsverordnungen des Präsidenten der Republik mit Gesetzeskraft im Jahre 1928 verkündet. Es waren dies die Verordnung über die Verfassung der ordentlichen Gerichte vom 6. 2. 1928, in Kraft getreten am 1. 1. 1929, und das Strafverfahrensgesetz vom 19. 3. 1928, in Kraft getreten am 1. 7. 1929.

Nach diesen Gesetzen waren die Burggerichte (Amtsgerichte) für Strafsachen im ersten Rechtszug (kleinere Vergehen und Übertretungen) zuständig. Sie waren mit einem Einzelrichter besetzt. Für sämtliche, nicht vor andere Gerichte gehörenden Strafsachen war das Bezirksgericht (Landgericht) in der Besetzung mit 3 Richtern, in einzelnen Fällen nur mit einem Einzelrichter, zuständig. Schwurgerichte nach französischem Vorbild (3 Richter, 12 Geschworene) waren lediglich im ehemaligen österreichischen Teilgebiet eingerichtet. Sie wurden durch ein Gesetz vom 9. 4. 1938 abgeschafft. In der zweiten Instanz waren Bezirks- und Appellationsgerichte (Oberlandesgerichte) für Berufungen sowohl in tatsächlicher als auch in rechtlicher Hinsicht zuständig, während das Oberste Gericht als Kassationsinstanz nur über Rechtsfragen zu entscheiden hatte.

Im vorbereitenden Verfahren wurde zwischen Ermittlungs- und Untersuchungsverfahren unterschieden. Das Ermittlungsverfahren wurde vom Staatsanwalt oder der Polizei geführt. Förmliche Niederschriften wurden nicht aufgenommen, sondern nur Vermerke angefertigt, die in der Hauptverhandlung nicht verlesen werden durften. Untersuchungshandlungen, die förmlich protokolliert werden mußten, wurden auf Antrag des Staatsanwalts oder des Beschuldigten vom Untersuchungsrichter vorgenommen. Nach der Sammlung des Beweismaterials wurde die Untersuchung durch einen Beschluß des Untersuchungsrichters abgeschlossen. Im Anschluß daran war es Sache der Staatsanwaltschaft, bei hinreichendem Verdacht die Anklageschrift bei Gericht einzureichen. Die Einstellung des Verfahrens erfolgte auf Antrag des Staatsanwalts oder mit seiner Zustimmung durch Beschluß des Untersuchungsrichters. Dieser Beschluß wurde als eine gerichtliche Entscheidung angesehen, die materieller Rechtskraft fähig war. Der Staatsanwalt war nicht befugt, freiheitsbeschränkende Zwangsmaßnahmen (z. B. Untersuchungshaft, Polizeiaufsicht) anzuordnen. Bei einer von ihm veranlaßten Festnahme bedurfte es der Vorführung des Festgenommenen vor den Richter, der allein über die Anordnung der Haft zu entscheiden hatte.

Im Erkenntnisverfahren ist auf eine heute nicht mehr bestehende Besonderheit hinzuweisen. Das frühere Recht kannte den förmlichen Widerspruch gegen die Anklageschrift, den der Angeklagte innerhalb von zwei Wochen nach Zustellung erheben konnte. Mit dem Widerspruch konnten bestimmte Mängel der Anklage gerügt werden (z. B. Fehlen der Tatbestandsmerkmale der dem Beschuldigten zur Last gelegten Tat, Unzuständigkeit des Anklägers, Unzuständigkeit des Gerichts, Schuld- oder Strafausschließungsgründe). Die Berücksichtigung des Widerspruchs führte zur vollständigen oder teilweisen Einstellung des Verfahrens oder zur Versendung der Akten an die zuständigen Organe.

In den dreißiger Jahren machten sich in Polen autoritäre Tendenzen bemerkbar, die eine zunehmende Beschränkung der demokratischen Elemente im Strafprozeß bewirkten. Die persönliche Unabhängigkeit der Richter wurde durch das neue Gerichtsverfassungsgesetz vom 14. 4. 1937 auf ein rein theoretisches Prinzip reduziert, denn „im Interesse der Rechtspflege“ konnten nunmehr Richter von Amts wegen dauernd oder zeitweise ihres Amtes enthoben oder an eine andere Stelle oder in den Ruhestand versetzt werden. Die Exekutive erhielt mehr Rechte bei der Ernennung der Richter, für die bisher die Grundsätze der kollegialen Kooptation und Rekommendation gegolten hatten. Die Stellung der Staatsanwaltschaft und der Polizei wurde verstärkt. Art. 20 der Einführungsbestimmungen zum Strafverfahrensgesetz in der Fassung des Dekrets vom 21. 11. 1938 erlaubte dem Staatsanwalt und der Polizei während des Ermittlungsverfahrens die Vornahme der meisten richterlichen Untersuchungshandlungen, soweit „es für die Sicherung von Spuren und Beweisen der Straftat erforderlich erscheint“. Da die Polizei weitgehend von dieser Befugnis Gebrauch machte, gelangte auf diese Weise die Voruntersuchung in erheblichem Umfang in die Hände eines außergerichtlichen Organs. Ferner kam es zu einer bedeutenden Beschränkung der Rechte des Angeklagten. So wurde im Jahre 1932 das Verbot der reformatio in peius beschränkt. Einen ähnlichen Charakter hatte die Nichtanrechnung der Untersuchungshaft für die Zeit nach Erlaß des Strafurteils in erster Instanz, falls die Berufung des Angeklagten ohne Erfolg geblieben war. Das traurigste Zeugnis für den faschistischen Einfluß auf die Strafrechtspflege war schließlich die Verordnung des Staatspräsidenten vom 17. 6. 1934 betreffend Personen, die die öffentliche Sicherheit, Ruhe und Ordnung gefährden. Sie ermöglichte es, Personen, deren Tätigkeit oder Handlungsweise Grund zur Annahme bot, daß von ihrer Seite eine Verletzung der öffentlichen Sicherung, Ruhe und Ordnung drohte, festzunehmen und zu internieren (Art. 1). Über die zwangsweise Internierung entschied der Untersuchungsrichter auf Antrag der Verwaltungsbehörde, wobei der mit einer Begründung versehene Antrag zum Erlaß eines Internierungsbeschlusses genügte. Der Beschluß war unanfechtbar. Die Höchstdauer der Internierung betrug drei Monate, konnte aber aufgrund einer Äußerung der Lagerbehörde über das Verhalten des Internierten auf unbestimmte Zeit verlängert werden.

Da das erste einheitliche Strafgesetzbuch Polens (Kodeks Karny) vom 11. 7. 1932 (Dz. U. Nr. 60 Pos. 571*, in Kraft getreten am 1. 9. 1932) nur Verbrechen und Vergehen umfaßte, wurden die Übertretungen in einem besonderen Gesetzbuch geregelt (Dz. U. Nr. 60 Pos. 572), das ebenfalls am 1. 9. 1932 in Kraft getreten ist. Übertretungen wurden grundsätzlich im Verwaltungsstrafverfahren abgeurteilt.

Neben der ordentlichen Gerichtsbarkeit gab es die Militärgerichtsbarkeit und das standrechtliche Verfahren. Die Verordnung des Präsidenten vom Jahre 1928 über das standrechtliche Verfahren, das ein Teil der Prozeßordnung wurde, führte bei einstimmigem Schuldspruch primär die Todesstrafe als absolute Strafe ein, nur bei Vorliegen besonderer Umstände konnte eine außerordentliche Milderung zugebilligt werden. Das Prinzip „nulla poena sine lege" wurde aufgegeben und anstelle der gesetzlichen Strafandrohung für die betreffende Straftat trat die verschärfte Strafe nach der Verordnung von 1928. Gegen das Urteil gab es kein Rechtsmittel; das Verfahren war sehr vereinfacht und wurde beschleunigt durchgeführt.

Weitere Verfahrensvorschriften enthielt das Dekret vom 3. 11. 1936 über das Finanzstrafrecht (Dz. U. Nr. 84 Pos. 581) und die Ausführungsverordnung hierzu vom 1. 7. 1937 (Dz. U. Nr. 51 Pos. 398).

Nach Ausbruch des zweiten Weltkriegs wurde das gesamte polnische Staatsgebiet, mit Ausnahme der von der Sowjetarmee besetzten Ostgebiete, bis an die Bug-Narew-San-Linie von deutschen Truppen besetzt und bald darauf in deutsche Verwaltung übernommen. Dabei wurden die einzelnen Gebietsteile unterschiedlich behandelt. Die bis 1918/19 zu Preußen gehörenden Gebiete wurden sofort annektiert und, vergrößert um angrenzende Landesteile (Bezirk Zichenau, Lodz, Ostoberschlesien, Suwałki, Freie Stadt Danzig), dem Reichsgebiet einverleibt. Das hatte zur Folge, daß in den das Reich eingegliederten Gebieten das gesamte Reichsrecht und das preußische Recht eingeführt wurden. Im sogenannten Generalgouvernement herrschte ein eigenartiger Rechtsdualismus. Das deutsche Strafrecht wurde von den hier errichteten „deutschen Gerichten", auch von den

* Dziennik Ustaw Polkiej Rzeczypospolitej Ludowej, Numer 60, Pozycja 571.

Sondergerichten, später sogar von den Polizeistandgerichten, angewendet. Die polnischen Gerichte (mit Ausnahme der Appellationsgerichte und des Obersten Gerichts) blieben aber weiter bestehen und urteilten nach polnischem Recht. Allerdings war ihre Zuständigkeit insofern stark begrenzt, als sie nicht in Strafsachen tätig werden durften, für die die deutschen Gerichte zuständig waren, d. h. für Reichs- und Volksdeutsche, und wenn deutsche Belange betroffen waren. Vorausgreifend sei schon an dieser Stelle erwähnt, daß aufgrund des Dekrets vom 6. 6. 1945 (Dz. U. Nr. 25 Pos. 151) die Entscheidungen deutscher Gerichte gegen Polen für ungültig und ohne rechtliche Folgen erklärt wurden, weil die gesetzgeberischen Maßnahmen der deutschen Besatzungsbehörden als völkerrechtswidrig und deswegen nichtig angesehen wurden. Die von polnischen Gerichten ergangenen Entscheidungen behielten weiterhin Geltung, soweit sie nicht auf Gesetzgebungsakten deutscher Behörden beruhten oder gegen die polnische Rechtsordnung verstießen.

Nach Ausbruch des deutsch-sowjetischen Krieges und der Zurückdrängung der Sowjetarmeen wurde das Gebiet des Generalgouvernements um die Wojewodschaften Lemberg, Tarnopol und Stanislawv (als Distrikt Galizien) erweitert. Dagegen wurden die übrigen vor 1939 zu Polen gehörenden Wojewodschaften der Ostgebiete nicht an das Generalgouvernement angeschlossen. Bialystok kam zu Ostpreußen, die Wojewodschaften Wolhynien und Polesien kamen zum Reichskommissariat Ukraine, während das Wilnaer Gebiet an das Reichskommissariat Ost angeschlossen wurde.

3. Nach der **Wiederherstellung Polens im Jahre 1944** wurde aufgrund des Potsdamer Abkommens vom 2. 8. 1945, das die Oder-Neiße-Linie als polnische Westgrenze festlegte, der Geltungsbereich des polnischen Strafrechts und Strafverfahrensrechts auf die „wiedergewonnenen Gebiete“ ausgedehnt. Nachdem die Polnische Arbeiterpartei (PPR) durch Verschmelzung mit der Sozialdemokratischen Partei (PPS) zur Polnischen Vereinigten Arbeiterpartei (PZPR) geworden war und nach Ausschaltung der Opposition die politisch führende Rolle übernommen hatte, forderte sie, daß das überlieferte alte Recht zunächst als reformbedürftig angesehen und nur in einem neuen, marxistisch-kommunistischen Sinne angewendet werden sollte. Das bisherige Recht sollte dann weiter im Wege einer Novellengesetzgebung ergänzt und schließlich unter Ausschaltung der antiliberalen und antidemokratischen Bestandteile möglichst in Anlehnung an das sowjetische Rechtsmodell in Form und Inhalt vollständig umgestaltet werden.

Den ersten Rechtsakt in dieser neuen Richtung stellte das Dekret vom 12. 9. 1944 über die Sonderstrafgerichte für faschistisch-hitlerische Verbrecher dar. Diese Sondergerichte, die in der Besetzung von 1 Richter und 2 Schöffen entschieden, wurden für die Aburteilung von Personen eingerichtet, die unter das sogenannte Kriegsverbrecherdekret vom 31. 8. 1944 über die „Bestrafung faschistisch-hitlerischer Verbrecher, die sich der Tötung oder Mißhandlung der Zivilbevölkerung oder von Kriegsgefangenen schuldig gemacht haben, und für Verräter des polnischen Volkes" fielen. Das Dekret brachte mehrere Änderungen des Strafverfahrens. Es ließ das Untersuchungsverfahren entfallen, führte die obligatorische Untersuchungshaft, die vom Staatsanwalt angeordnet wurde, ein, gestattete die Aburteilung des Angeklagten in Abwesenheit im Falle seiner Flucht und verlangte die sofortige Abfassung der Urteilsgründe.

Zur gleichen Zeit wurden im Verfahren vor den Militärgerichten gemäß dem Dekret vom 23. 9. 1944 betreffend die Militärgerichtsordnung (Dz. U. Nr. 6 Pos. 29) Schöffengerichte eingeführt. Schöffengerichte waren ferner in den Verfahren wegen Verleugnung der polnischen Nationalität während des Krieges und im Rehabilitationsverfahren (Dekret vom 28. 6. 1946) tätig.

Eine sehr weitgehende Änderung der Verfahrensvorschriften brachte die Militärstrafprozeßordnung vom 23. 6. 1945 (Dz. U. Nr. 36 Pos. 216). Sie schaffte die Untersuchungsgerichte ab und unterstellte das ganze vorbereitende Verfahren dem Militärstaatsanwalt, der die Aufsicht über die Ermittlungsorgane hatte, sich aber jederzeit auch selbst einschalten konnte. Das Dreiinstanzensystem wurde beseitigt und als einziges Rechtsmittel gegen Urteile die Revision zugelassen. Außerdem gab es noch eine Revision im Aufsichtsweg, die sogar nach rechtskräftigem Abschluß des Verfahrens statthaft war.

Schöffengerichte entschieden auch in dem durch Dekret vom 16. 11. 1945 neugeregelten standrechtlichen Verfahren (Dz. U. Nr. 53 Pos. 301; 1949 Nr. 33 Pos. 244) sowie im Verfahren vor dem Obersten Nationalen Tribunal, das durch Dekret vom 22. 1. 1946 (Dz. U. Nr. 5 Pos. 45) zur Aburteilung der Hauptkriegsverbrecher und der Verbrechen gegen die Menschlichkeit gebildet wurde.

Eine der ersten Rechtsverordnungen, das Dekret des polnischen Befreiungskomitees vom 23. 10. 1944, hatte zwar die Wiedereinführung der Schwurgerichte und der Friedensrichter gebracht; da jedoch die erforderlichen ministeriellen Ausführungsvorschriften nicht erlassen wurden, blieb das Gesetz ohne praktische Bedeutung. Formell beseitigt wurden die Schwurgerichte durch das Gesetz vom 27. 4. 1949, eine Novelle zum Gerichtsverfassungsgesetz (Dz. U. Nr. 32 Pos. 237), das die Schwurgerichte durch Schöffengerichte ersetzte. Als Ausnahme vom Grundsatz gerichtlicher Rechtspflege ist noch die Einsetzung der Sonderkommission zur Bekämpfung der Übergriffe und der Wirtschaftssabotage durch das Dekret vom 16. 11. 1945 (Dz. U. Nr. 53 Pos. 312) zu erwähnen, die erst durch das Dekret vom 23. 12. 1954 (Dz. U. Nr. 57 Pos. 282) mit Wirkung vom 31. 3. 1955 aufgehoben wurde. Das Verfahren wurde ohne Teilnahme eines Verteidigers durchgeführt. Gegen die Entscheidungen gab es keine Rechtsmittel (einheitlicher Text: Dz. U. 1950 Nr. 41 Pos. 374).

Die erste größere Veränderung des Prozeßsystems brachten die Gesetze vom 27. 4. 1949 über die Änderung des Gerichtsverfassungsgesetzes, des Strafverfahrensgesetzes und des standrechtlichen Verfahrens. Von den bedeutendsten Änderungen sind hier zu erwähnen:

1. die Überweisung der wichtigeren Strafsachen im ersten Rechtszug an die Appellationsgerichte (Wojewodschaftsgerichte);
2. die Einführung des Kollegialitätsprinzips für die Spruchkörper sowohl in erster als auch in zweiter Instanz mit gewissen Ausnahmen bei den Burggerichten;
3. die grundsätzliche Zuständigkeit des Schöffengerichts (1 Richter und 2 Schöffen) in erster Instanz;
4. die Vereinheitlichung des vorbereitenden Verfahrens als staatsanwaltliche Untersuchung;
5. die bedeutende Stärkung der Stellung des Staatsanwalts im vorbereitenden Verfahren, die besonderen Ausdruck in der Ermächtigung zur Anordnung von verfahrenssichernden Maßnahmen (Haftbefehl, Verbot, den Aufenthaltsort zu wechseln usw.) und anderen prozessualen Zwangsmitteln fand;
6. die Einführung des Zweiinstanzensystems mit der Revision gegen erstinstanzliche Urteile;
7. die Einführung der außerordentlichen Revision als besonderes Überprüfungsmittel von rechtskräftigen, das Verfahren abschließenden Entscheidungen;
8. die Einführung des neuen Instituts der Richtlinien für die Rechtsprechung und die gerichtliche Praxis, die vom Obersten Gericht erlassen werden.

Eine zweite eingehende Reform der Strafrechtspflege erfolgte schon ein Jahr später durch vier gleichzeitig verabschiedete Gesetze vom 20. 7. 1950 (Dz. U. Nr. 38):

1. Gesetz über die Staatsanwaltschaft der Volksrepublik Polen (Pos. 346);
2. Gesetz über die Abänderung des Gerichtsverfassungsgesetzes (Pos. 347);
3. Gesetz über die Abänderung der Vorschriften des Strafverfahrensgesetzes (Pos. 348);
4. Gesetz betreffend die Abänderung des Dekrets über die Bildung und den Aufgabenbereich der Sonderkommission vom 20. 7. 1950 (Dz. U. Nr. 41 Pos. 347).

In dieser weitreichenden Reform wurde der eingeschlagene Weg der Sozialisierung des Rechts im Sinne einer Anlehnung an die sowjetischen Grundsätze und Formen deutlich erkennbar. Auch die Rechtswissenschaft schloß sich nun dieser Entwicklung an. Weitere Novellen zum Strafverfahrensgesetz dienten der schrittweisen Vorbereitung eines neuen Gesetzes. So stellte die Novelle vom 21. 12. 1955 (Dz. U. Nr. 46 Pos. 309) die Trennung des vorbereitenden Verfahrens in Untersuchungs- und Ermittlungsverfahren wieder her und brachte eine Verbesserung der Stellung des Angeklagten (Beschluß über die Eröffnung der Beschuldigungen, Garantien beim Verfahrensabschluß usw.). Weitere Novellierungen erfolgten durch die Gesetze vom 28. 3. 1958 (Dz. U. Nr. 18 Pos. 76), vom 18. 6. 1959 (Dz. U. Nr. 36 Pos. 229) und vom 27. 11. 1961 (Dz. U. Nr. 53 Pos. 296).

Eine vom Justizminister einberufene Kommission erhielt schließlich die Aufgabe, ein vom Vorkriegsrecht unabhängiges neues Gesetzeswerk zu entwerfen, das den sozialen, politischen und wirtschaftlichen Erfordernissen der sozialistischen Volksrepublik Polen entsprechen sollte. Ein erster Entwurf aus dem Jahre 1963 wurde durch einen anderen vom Jahre 1967 abgelöst, der aufgrund der vorangegangenen Diskussionen eine bessere Grundlage für eine abschließende Bearbeitung des Strafverfahrensgesetzes bot.

4. Durch Gesetz vom 19. 4. 1969 (Dz. U. Nr. 13 Pos. 96) wurde endlich **das neue Strafverfahrensgesetzbuch** verabschiedet, das am 1. 1. 1970 in Kraft trat. Gleichzeitig verabschiedete der Sejm ein neues Strafgesetzbuch (Pos. 94), die Einführungsbestimmungen zu diesem Gesetz (Pos. 95) und zum Strafverfahrensgesetz (Pos. 97) sowie ein Strafvollstreckungsgesetz (Pos. 98). Diese Gesetze traten alle gleichzeitig am 1. 1. 1970 in Kraft.

Am 1. 1. 1972 löste auch das neue Übertretungsgesetzbuch vom 20. 5. 1971 (Dz. U. Nr. 12 Pos. 114) das Übertretungsrecht vom 11. 7. 1932 ab. Das Gesetz über das Verwaltungsstrafverfahren vom 5. 12. 1951 (einheitlicher Text: Dz. U. 1966 Nr. 39 Pos. 233) wurde durch das Verfahrensgesetz in Übertretungssachen (Dz. U. 1971 Nr. 12 Pos. 116) nebst Einführungsvorschriften (Pos. 117) ersetzt. Schließlich wurde das Finanzstrafgesetz vom 13. 4. 1960 (Dz. U. Nr. 21 Pos. 123) zum 1. 1. 1972 außer Kraft gesetzt. An seine Stelle trat das neue Finanzstrafgesetz vom 26. 10. 1971 (Dz. U. Nr. 28 Pos. 260). Es enthält außer materiellrechtlichen auch verfahrensrechtliche Bestimmungen sowie solche über die Zuständigkeit der Gerichte und Verwaltungsorgane (Finanz- und Zollbehörden). Die neue Strafprozeßordnung regelt jedoch nicht das Verfahren in Jugendsachen. Daher bleiben vorläufig, bis zur Verabschiedung eines Gesetzes über die Vorbeugung und Bekämpfung der Jugendkriminalität, die diesbezüglichen Vorschriften des Strafverfahrensgesetzes von 1928 (Art. 474—495) weiterhin in Kraft.

Wie aus der Begründung zum Entwurf des Gesetzes und den offiziellen Erklärungen hervorgeht, liegen der Neuordnung folgende Prinzipien zugrunde:

1. die stärkere Betonung der demokratischen und humanitären Grundsätze des sozialistischen Strafprozesses und die bessere Sicherung der Gesetzlichkeit und der Interessen der Staatsbürger in diesem Verfahren;
2. die Integration und Bereinigung der bisherigen Vorschriften;

3. die bessere Anpassung des Verfahrens an die Erfordernisse der Praxis.

Von den vielen Änderungen, die durch das neue Strafverfahrensgesetz hinsichtlich der bisherigen Prinzipien eingeführt wurden, sind hervorzuheben:

1. die ausdrückliche Formulierung einiger Prozeßprinzipien (gerechte Sanktion, materielle Wahrheit, Unschuldsvermutung, in dubio pro reo, ne bis in idem);
2. die beträchtliche Erweiterung des Anwendungsbereichs der kontradiktorischen Verfahrensweise im vorbereitenden Verfahren;
3. die Einrichtung des Nebenklägers;
4. die Einführung des gesellschaftlichen Vertreters;
5. die bedingte Einstellung des Verfahrens;
6. die Einführung der gerichtlichen Kontrolle der von dem Staatsanwalt angeordneten Untersuchungshaft und der bedingten Verfahrenseinstellung;
7. die verstärkten Prozeßgarantien im Falle einer Verurteilung zum Tode (2 Richter und 3 Schöffen, obligatorische Erwägung der Einlegung der außerordentlichen Revision);
8. die wesentlichen Änderungen im Rechtsmittelverfahren (Entformalisierung);
9. die Erweiterung der Anwendungsfälle der notwendigen Verteidigung;
10. die Abschaffung des standrechtlichen Verfahrens und des Strafbefehlsverfahrens;
11. die Betonung der vorbeugenden Funktion des Strafprozesses und der Rolle der gesamten Gesellschaft im Kampf gegen die Kriminalität.

5. Einzelne der unter Ziff. 1 erwähnten **Grundsätze des neuen Strafverfahrens** sollen hier eingehender besprochen werden, da sie im Gesetz jetzt ausdrücklich oder anders als früher formuliert werden. Zu diesen gehören: das Prinzip der objektiven Wahrheit, die Unschuldsvermutung, der Grundsatz in dubio pro reo sowie die Grundsätze der Kontinuität der Hauptverhandlung, der Unmittelbarkeit des Verfahrens, des kontradiktorischen Verfahrens, der Legalität und schließlich als Neuerung das Prinzip der amtlichen Loyalität (nobile officium).

Der Grundsatz der objektiven oder materiellen Wahrheit findet als Fundamentalgrundsatz seinen gesetzgeberischen Ausdruck in Art. 2 § 1. Hieraus folgt die in Art. 3 § 1 den zuständigen Organen auferlegte Pflicht zur Ermittlung und Berücksichtigung von Umständen, die sowohl zugunsten als auch zuungunsten des Beschuldigten sprechen (Grundsatz der Objektivität). Dieser Grundsatz beherrscht auch das Rechtsmittelsystem (Art. 374—414) und die außerordentlichen

Rechtsbehelfe gegen rechtskräftige Urteile, wie die außerordentliche Revision (Art. 462—473) und die Wiederaufnahme des Verfahrens (Art. 474—483). Auch das Beweisverfahren ist unter diesem Gesichtspunkt geregelt (Unmittelbarkeit, Öffentlichkeit und Mündlichkeit des Verfahrens). Ein Geständnis des Angeklagten bedarf der Nachprüfung. Nur wenn keine Zweifel bestehen oder wenn alle Zweifel ausgeräumt sind, kann sich das Gericht mit Zustimmung der Parteien mit einer nur teilweise durchgeführten Beweisaufnahme begnügen (Art. 333). Das Bestreben nach Feststellung der materiellen Wahrheit kommt in der Pflicht des Angeklagten zum Ausdruck, sich zu Beweiszwecken verschiedenen Untersuchungen zu unterziehen.

Die Vermutung der Unschuld (Art. 3 § 2) ist als wesentlicher Grundsatz im Gesetz verankert und besteht in der Annahme, daß der Angeklagte nicht für schuldig angesehen werden darf, bevor er nicht in einem gesetzmäßigen Verfahren überführt wird, also die Vermutung widerlegt ist. Demzufolge kann Grundlage eines verurteilenden Erkenntnisses nur die bewiesene Schuld sein, die keinen Zweifel bestehen läßt. Bei jedem, noch so geringfügigen Zweifel, der sich nicht ausräumen läßt, hat Freispruch zu erfolgen. Die Beweisführungspflicht hat nicht der Angeklagte, sondern der Kläger bzw. das Gericht. Allerdings führt die Nichterweislichkeit der Schuld nicht zum Freispruch des Angeklagten wegen Schuldlosigkeit, sondern nur zum Freispruch wegen mangelnder Beweise. Die Unschuldsvermutung gilt vor allem im vorbereitenden Verfahren. Obwohl durch die Einreichung der Anklageschrift bei Gericht der öffentliche Ankläger seine gegenteilige Ansicht zum Ausdruck gebracht hat, ist er dennoch während des gerichtlichen Verfahrens verpflichtet, falls neue Umstände bekannt werden, die sich entlastend auswirken könnten, diesbezügliche Beweise zu erheben. Dasselbe gilt für das Gericht. Die Vermutung endet erst mit der Rechtskraft des Strafurteils.

Mit dem Grundsatz der Unschuldsvermutung steht das Prinzip in dubio pro reo in engem Zusammenhang, das in Art. 3 § 3 ausdrücklich normiert ist. Zweifel, die sich nicht ausräumen lassen, dürfen nicht zuungunsten des Angeklagten gewertet werden. Tatsachen, die Zweifel stützen, können nicht als Grundlage einer Verurteilung dienen, da die Wahrheit nicht in unumstößlicher Weise festgestellt worden ist. Als Beweisregel gilt dieser Grundsatz aber nicht für Zweifel rechtlicher Natur, was jedoch nicht unbestritten ist.

Der Grundsatz der freien Beweiswürdigung gilt nicht nur für den Richter, sondern auch für die Staatsanwaltschaft.

Ausdrücklich ist in Art. 5 § 1 das Legalitätsprinzip eingeführt, demzufolge der öffentliche Ankläger verpflichtet ist, das Strafverfahren wegen jeder von Amts wegen zu verfolgenden Straftat einzuleiten, ohne Rücksicht darauf, ob dies in dem betreffenden Fall im öffentlichen Interesse liegt. Dasselbe gilt für die Bürgermiliz (Polizei). In Verbindung damit steht die Vorschrift des Art. 256 § 2, wonach allen staatlichen und gesellschaftlichen Organen die Rechtspflicht auferlegt ist, Fälle, in denen sie von der Begehung einer von Amts wegen zu verfolgenden Straftat erfahren, unverzüglich dem Staatsanwalt oder der Bürgermiliz anzuzeigen. Auch jeder Bürger hat die gesellschaftliche Pflicht zur Anzeige; es sind keine rechtlichen Sanktionen im Falle der Nichterfüllung dieser Pflicht vorgesehen.

Ausnahmen vom Legalitätsprinzip bestehen nur bei der Außerverfolgungsetzung von Jugendlichen (Art. 478 § 2 Strafverfahrensgesetz von 1928), falls die Anwendung von Erziehungs- oder Besserungsmaßnahmen unzweckmäßig erscheint, ferner bei der Übernahme eines Privatklageverfahrens durch den Staatsanwalt, wenn die Strafverfolgung nach seiner Ansicht im gesellschaftlichen Interesse geboten ist (Art. 50 § 1). Hier kommt also das Opportunitätsprinzip zur Anwendung, im ersten Fall zugunsten des Angeklagten, im zweiten zu seinen Ungunsten. Es kann jedoch auch hier vorkommen, daß der Staatsanwalt sich zugunsten des Angeklagten einsetzt, je nachdem, welche Belange im Vordergrund stehen.

Nur im Wege des kontradiktorischen Verfahrens kann der Strafprozeß sein Hauptziel, die Wahrheitsermittlung, erreichen. Beide Parteien, Staatsanwalt und Angeklagter, sollen sich gleichberechtigt gegenüberstehen und ihre Ansichten in einer „Streitverhandlung" vorbringen und darlegen. Die Widersprüche in der Stellungnahme der Prozeßbeteiligten sollen dadurch offenbar werden und die Beweise und Argumente aufeinandertreffen, so daß man der Wahrheit näherkommen kann. Dies gilt nicht nur für die Hauptverhandlung, sondern auch für das vorbereitende Verfahren. Insbesondere stehen dem Beschuldigten und dem Verletzten sowie deren Vertretern in diesem Prozeßstadium folgende Rechte zu:

1. das Recht, eine Untersuchungs- oder Ermittlungshandlung zu beantragen (Art. 271);
2. an diesen Handlungen teilzunehmen, falls sie nicht in der Hauptverhandlung wiederholt werden können; dieses Recht kann bei Gefahr im Verzuge beschränkt werden, sofern Beweisverlust oder -entstellung droht (Art. 272);
3. das Recht, auch an anderen Untersuchungs- oder Ermittlungshandlungen teilzunehmen, wobei aber der Staatsanwalt im Interesse der Untersuchung dieses Verlangen zurückweisen kann (Art. 273 § 2);
4. das Recht, an der Vernehmung von Sachverständigen teilzunehmen und Einsicht in die schriftlichen Gutachten zu nehmen (Art. 274);
5. das Recht der Beschwerde gegen den Einstellungsbeschluß. Die neue Prozeßordnung gibt dieses Recht auch dem Beschuldigten, was hinsichtlich der Begründung des Einstellungsbeschlusses von Bedeutung sein kann (Art. 280 § 3);

6. das Beschwerderecht gegen alle Beschlüsse, Verfügungen und andere Handlungen im vorbereitenden Verfahren, soweit die Rechte einer Partei oder Dritter davon berührt werden (Art. 268);
7. das Recht auf Einsichtnahme in die Akten innerhalb der für die Ausübung der Parteirechte notwendigen Grenzen (Art. 142—144, 277, 280, 299, 485, 282, 368, 472 § 2, 390, 230, 438).

Die Erweiterung des Geltungsbereichs der kontradiktorischen Verhandlungsmaxime findet ferner Ausdruck in dem Recht auf Teilnahme an wichtigen Gerichtssitzungen außerhalb der Hauptverhandlung (Art. 88), in dem Grundsatz der obligatorischen Teilnahme des Staatsanwalt an der Hauptverhandlung, falls das Gesetz nichts anderes bestimmt (Art. 37), und in dem Recht, eine Gegenerklärung gegen eine Revision abzugeben (Art. 398 § 2).

Die Teilnahme des Angeklagten an der Hauptverhandlung ist grundsätzlich zwingend, mit Ausnahme des vereinfachten Verfahrens (in Sachen von minderer Bedeutung), in dem ein Abwesenheitsurteil möglich ist (Art. 425). Gegen das Abwesenheitsurteil steht dem Angeklagten jedoch die Revision zu. Aus dieser kurzen Darstellung wird schon ersichtlich, daß das neue Strafverfahrensgesetz dem Grundsatz der kontradiktorischen Verhandlung in beträchtlich erweitertem Maße Geltung verschafft.

Der Verteidiger hat das Recht auf freien mündlichen und schriftlichen Verkehr mit dem in Haft befindlichen Angeklagten. Er darf ihn grundsätzlich auch ohne Aufsicht sprechen. Im vorbereitenden Verfahren kann der Staatsanwalt bis zur Benachrichtigung des Beschuldigten vom Termin der abschließenden Vernehmung verlangen, daß er selbst oder eine von ihm bestimmte Person bei der Aussprache zugegen ist. In Ausnahmefällen kann er die Aussprache untersagen, um eine Gefährdung des Untersuchungszwecks zu verhindern. Während des gerichtlichen Verfahrens ist der mündliche und schriftliche Verkehr unbeschränkt gestattet.

Der Verletzte hat im vorbereitenden Verfahren die Stellung einer Partei. Im gerichtlichen Verfahren kann er ebenfalls Partei werden, und zwar als Zivilkläger, der seinen Anspruch auf Wiedergutmachung des ihm durch die Straftat verursachten Schadens geltend macht, als Privatkläger im Falle der im Privatklageverfahren verfolgbaren Straftaten und schließlich als Nebenkläger durch Anschlußerklärung, die nach Einreichung der Anklageschrift bis zum Beginn der Verhandlung zur Sache abgegeben werden kann. Das Gericht läßt sich bei dem zu erlassenden Beschluß von der Erwägung leiten, ob die Zulassung im Interesse der Rechtspflege geboten erscheint. Obwohl der Nebenkläger grundsätzlich nur neben dem öffentlichen Ankläger handeln kann, verliert er seine Rechte nicht, falls der öffentliche Ankläger die Anklage zurücknimmt bzw. die Klage fallenläßt (Art. 47). Er wird dann zum einzigen Vertreter der Strafverfolgung. Gegen ein freisprechendes oder das Verfahren einstellendes Urteil wegen einer von Amts wegen zu verfolgenden Straftat kann der Nebenkläger selbständig Rechtsmittel einlegen, was bisher nicht statthaft war. Allerdings kann das Rechtsmittel sich nur gegen den Schuldspruch richten und nur auf die Revisionsgründe des Art. 387 Ziff. 1—3 gestützt werden. Hinsichtlich des Strafmaßes, der Sicherungsmaßnahmen usw. ist die Revision nicht zulässig, auch nicht zugunsten des Angeklagten. Dagegen ist der Verletzte gegen eine bedingte Einstellung des Verfahrens im vorbereitenden Verfahren beschwerdeberechtigt (Art. 299 § 1, 374 §§ 1, 3). Er kann auch die Wiederaufnahme eines bedingt eingestellten Verfahrens (Art. 484 § 1) beantragen, sofern die in Art. 29 § 3 des Strafgesetzbuchs bestimmten Voraussetzungen vorliegen.

Ein Anzeichen für die fortschreitende Demokratisierung des polnischen Strafprozesses ist in der neu eingeführten Institution des gesellschaftlichen Vertreters (Art. 81—84) zu sehen. Wenn es geboten erscheint, das gesellschaftliche Interesse im Rahmen des satzungsgemäßen Aufgabenbereichs einer gesellschaftlichen Organisation zu schützen, so kann ein Vertreter dieser Organisation zur Teilnahme am Verfahren zugelassen werden. Er hat das Recht auf Anwesenheit in der Hauptverhandlung und kann selbständig Anträge stellen und Erklärungen abgeben, sowohl zugunsten als auch zuungunsten des Angeklagten. Er kann auch die Bereitschaft eines Kollektivs der Werktätigen zur Übernahme einer Bürgschaft oder einer Aufsicht über den Angeklagten zum Ausdruck bringen (Art. 84), was besonders bei der bedingten Einstellung des Verfahrens oder der bedingten Strafaussetzung von Bedeutung sein kann. Die Leistung einer Bürgschaft besteht in der Zusicherung von Bemühungen mit dem Ziel, daß der Täter die Rechtsordnung achten und insbesondere keine weiteren Straftaten begehen wird (Art. 28 Strafgesetzbuch).

Außer der in Art. 84 erwähnten Bürgschaft, deren Inhalt sich aus Art. 28 des Strafgesetzbuchs ergibt, ist noch die prozeßrechtliche Bürgschaft (Art. 225, 226, 231, 232) zu nennen, die die Verschonung des Beschuldigten von der Untersuchungshaft zum Ziel hat, und zwar in den Fällen, in denen sie nicht obligatorisch ist. Sie soll sicherstellen, daß der Angeklagte bzw. der Beschuldigte sich auf jede Ladung hin stellen und das Verfahren nicht erschweren wird. Es ist dies also eine Art Vorbeugemaßnahme, die, wenn sie vermögensrechtlichen Charakter hat, auch Sicherheitsleistung oder Kaution genannt wird.

Als Fortschritt gegenüber dem bisherigen Recht ist auch die gerichtliche Kontrolle über die Anordnung der Untersuchungshaft anzusehen. Gegen den Haftbefehl des Staatsanwalts ist nunmehr die Beschwerde an das Gericht statthaft (Art. 212 § 2), und eine Verlängerung der Untersuchungshaft über 6 Monate gehört jetzt zur Zuständigkeit der Wojewodschaftsgerichte (Art. 222 § 2 Ziff. 2). Die neue Strafprozeßordnung hat auch die heute obligatorische Anrechnung der Untersuchungshaft auf die verhängte Freiheitsstrafe eingeführt, und zwar nicht nur bei Freiheitsentzug, sondern auch bei Freiheitsbeschränkung und Geldstrafen. Ferner ist die Anrechnung der in einer anderen Sache angeordneten Untersuchungshaft möglich, allerdings nur unter folgenden Voraussetzungen:

1. das Verfahren muß in der anderen Sache zur gleichen Zeit anhängig gewesen sein;
2. die Strafsache muß mit einem Freispruch oder einer Einstellung des Verfahrens geendet haben;
3. es muß eine Anrechnung auf eine Freiheitsstrafe (Art. 365) in Betracht kommen.

Das neue Prozeßrecht vereinfacht und verbessert das System der besonderen Verfahrensarten. Das standrechtliche Verfahren und das Strafbefehlsverfahren wurden abgeschafft. Dagegen wurden das vereinfachte Verfahren in geringfügigen Strafsachen und das beschleunigte Verfahren bei Rowdytum beibehalten, ferner das gerichtliche Verfahren in Übertretungssachen, die dem Gericht überwiesen worden sind, sowie das neugeregelte Verfahren gegen Abwesende. Außerdem wurde das Verfahren in Militärstrafsachen in die Strafprozeßordnung eingefügt (Art. 563—592).

Der Grundsatz der Kontinuität der Hauptverhandlung, das sog. Konzentrationsprinzip, erfordert, daß die Hauptverhandlung in ununterbrochener Anwesenheit des Gerichts in gleicher Besetzung stattfindet. Nach der Aussetzung durch Gerichtsbeschluß muß sie von vorn begonnen werden. Dies gilt nicht im Falle einer Unterbrechung auf Anordnung des Vorsitzenden, die jedesmal höchstens 21 Tage dauern darf. Die unterbrochene Verhandlung wird im nächsten Termin fortgesetzt; sie ist von neuem zu beginnen, wenn das Gericht aus eigener Initiative oder auf Antrag der Parteien dies für geboten hält oder die Besetzung des Gerichts sich geändert hat, es sei denn, daß das Gericht mit Zustimmung der Parteien anders bestimmt. Bei Überschreitung der Unterbrechungsfrist gilt die Verhandlung als ausgesetzt (Art. 348). Die Urteilsverkündung darf höchstens bis zu 3 Tagen ausgesetzt werden. Wird diese Frist nicht eingehalten, hat die Verhandlung wieder von vorn zu beginnen.

Der Grundsatz der Kontinuität der Hauptverhandlung steht in engem Zusammenhang mit dem Prinzip der Unmittelbarkeit der Beweisaufnahme, da deren Ergebnisse die einzige Grundlage für das Urteil bilden. Wenn dies auch nicht ausdrücklich im Gesetz ausgesprochen ist, so geht es doch aus den Artikeln 357, 85 und anderen Vorschriften hervor und besitzt allgemeine Geltung, freilich nur für die erste Instanz. Zwar sind alle Beweise, die direkten wie die indirekten, zulässig, aber sie sollen unmittelbar vor dem Gericht geführt werden. Obwohl das Prinzip der Unmittelbarkeit der Beweisaufnahme in Verbindung mit dem Grundsatz der kontradiktorischen

Verhandlung infolge der Teilnahme der Parteien an der Hauptverhandlung diesen die Kontrolle über die Beweise zur Zeit ihrer Erhebung sowie ihre Mitwirkung bei der Gestaltung des Beweismaterials am besten garantiert, so bedingen doch verfahrenstechnische Notwendigkeiten Ausnahmen von diesem Prinzip. Diese Ausnahmen sind in den Artikeln 334, 337, 338 und 339 geregelt. Danach können Protokolle über Aussagen des anwesenden Angeklagten verlesen werden, die er vor Gericht oder im vorbereitenden Verfahren in derselben oder in einer anderen Sache gemacht hat, wenn er weitere Aussagen verweigert oder von früheren abweichende Erklärungen abgibt oder erklärt, sich bestimmter Einzelheiten nicht zu erinnern. Nach der Verlesung kann der Angeklagte auf Aufforderung des Vorsitzenden sich zum Inhalt des Protokolls äußern. Es ist zu betonen, daß Protokolle über Erklärungen des Angeklagten, die er als Zeuge vor einem Verwaltungsorgan oder als Partei in einem Zivilverfahren abgegeben hat, ohne Zustimmung der Parteien nicht verlesen werden dürfen. Ausnahmsweise können im vereinfachten Verfahren die früheren Aussagen des Angeklagten verlesen werden, wenn er nicht erschienen ist, ohne eine Vertagung beantragt und ohne sein Ausbleiben entschuldigt zu haben (Art. 428). Protokolle über Zeugenvernehmungen können ohne Rücksicht darauf, ob die Zeugen als Zeugen oder als Partei in einer anderen Sache ausgesagt haben, verlesen werden; es genügt, daß die Aussagen in irgendeinem gesetzlich geregelten Verfahren gemacht wurden. Die Verlesung ist unter der Voraussetzung gestattet, daß der anwesende Zeuge die Aussage unbegründet verweigert oder erklärt, sich an bestimmte Punkte nicht mehr erinnern zu können, weiter im Falle seines Nichterscheinens, sofern die Ladung unzustellbar war, wenn er sich im Ausland befindet, wenn er wegen unüberwindlicher Hindernisse nicht erschienen ist oder gemäß Art. 296 § 2 nicht geladen war (Art. 337 § 2). Ferner können Protokolle über Aussagen von Angeklagten und Zeugen, die in einem gesetzlich geregelten Verfahren vernommen worden sind, verlesen werden, wenn die direkte Beweiserhebung nicht unumgänglich ist und keine der Parteien dem widerspricht. Der Widerspruch eines nicht von der Aussage betroffenen Prozeßbeteiligten ist unbeachtlich. Sachverständigengutachten können verlesen werden, sofern sie im vorbereitenden oder gerichtlichen Verfahren erstattet wurden. Außerdem ist ohne Einschränkung die Verlesung anderer Urkunden oder Schriftstücke statthaft, insbesondere die Verlesung der Strafanzeige, des Strafregisterauszugs, der Erhebungen über die soziale Umwelt, der ärztlichen Zeugnisse und der gegen den Angeklagten ergangenen Strafurteile. Der Beweiswert der in Erhebungen über die soziale Umwelt enthaltenen Behauptungen sowie der sonstigen schriftlichen Äußerungen (z. B. des Strafanstaltsleiters, Schullehrers) bleibt der freien Würdigung des Gerichts überlassen. Schließlich können auch eine zwischenbehördliche Korrespondenz sowie Protokolle über die im Wege der Rechtshilfe vorgenommenen Handlungen der Beweiserhebung verlesen werden. Anstelle der förmlichen Verlesung können verlesungsfähige Protokolle auch ohne Verlesung als zur Kenntnis des Gerichts gebracht anerkannt werden; auf Antrag einer Partei müssen sie aber verlesen werden.

Aus Art. 10 folgt endlich das Postulat, daß die Prozeßorgane in ihrem Verhalten gegenüber den Prozeßbeteiligten den Grundsatz der Loyalität der Staatsorgane einhalten müssen, mit anderen Worten den Gedanken des nobile officium in Anwendung zu bringen haben. Dieser Grundsatz kommt hauptsächlich darin zum Ausdruck, daß in den Fällen, in denen das Gesetz den prozeßführenden Organen die ausdrückliche Pflicht auferlegt, die Prozeßbeteiligten über ihre Rechte und Pflichten zu belehren, eine Nichtbelehrung oder eine unrichtige Belehrung keine nachteiligen Folgen für die betreffenden Personen haben darf (Art. 10 § 1). Soweit jedoch die Belehrung nur eine Sollvorschrift ist (Art. 10 § 2), also fakultativen Charakter hat, hat ihre Nichtbefolgung keine prozessualen Folgen. Sie stellt auch keinen Verfahrensfehler dar, so daß eine Verfahrensrüge in der Revisionsinstanz unbeachtlich bliebe, auch wenn sie damit begründet wird, daß die Nichtbelehrung Einfluß auf den Inhalt der Entscheidung hatte, d. h. daß dem Prozeßbeteiligten ein Nachteil entstanden sei, den er vermieden hätte, falls er belehrt worden wäre. Insbesondere gilt das hinsichtlich des für den Angeklagten wichtigen Rechts, Fragen nicht beantworten zu müssen und Angaben verweigern zu können, besonders im vorbereitenden Verfahren. Erfolgt die Belehrung im Hauptverfahren, so wird das Gericht darauf hinweisen, daß im Falle der Aussageverweigerung frühere Aussagen verlesen werden können, was sich zuungunsten des Angeklagten auswirken könnte. Die obligatorische Belehrungspflicht ist enthalten z. B. in den Artikeln 5 § 4; 66 § 1; 91 § 2; 105 § 2; 115; 133 § 2; 172; 173 § 2; 191 § 2; 228 § 2; 260 § 3; 277 § 1; 280 § 3; 302 § 1; 310; 332 § 3; 346; 422 § 1. Das nobile officium steht in enger Verbindung mit der sozialistischen Gesetzlichkeit. Erst die Praxis wird ergeben, inwieweit das Postulat auch in bezug auf die Ermessensvorschrift des Art. 10 § 2 verwirklicht wird.

Es soll noch kurz auf das Rechtsmittelsystem eingegangen werden. Grundsätzlich gilt das Zweiinstanzenprinzip. Gegen Urteile ist die Revision zulässig. Gegen richterliche Beschlüsse und Verfügungen, die den Erlaß eines Urteils hindern oder die eine Sicherungsmaßnahme betreffen, und gegen andere Beschlüsse in den gesetzlich vorgesehenen Fällen gibt es die Beschwerde. Die Beschwerde ist auch gegen alle Handlungen im vorbereitenden Verfahren statthaft, durch die Rechte des Beschwerdeführers verletzt werden (Art. 268, 414).

Aus den beispielhaft dargestellten Verfahrensprinzipien ist zu ersehen, daß das neue polnische Strafverfahrensgesetzbuch ein modernes sozialistisches Gesetz ist, das in seiner Gesamtheit eine hohe

Wirksamkeit der Strafrechtspflege zum Schutz der sozialistischen Staats- und Gesellschaftsordnung und der Rechte und Interessen der Bürger gewährleistet. Man kann annehmen, daß es sich auch in der Praxis bewähren wird. In Anbetracht der Dynamik der politischen, gesellschaftlichen und wirtschaftlichen Verhältnisse sind Änderungen dieses Gesetzes insbesondere im Zuge der angestrebten Vereinheitlichung der Rechtssysteme aller sozialistischen Staaten Europas aber keineswegs ausgeschlossen.

# STRAFVERFAHRENSGESETZBUCH

**Gesetz vom 19. April 1969**

(Dz. U. 1969, Nr. 13 Pos. 96)

## KAPITEL I

### Einleitende Bestimmungen

**Art. 1.** Strafverfahren werden nach den Bestimmungen dieses Gesetzes durchgeführt, soweit die Gerichte zuständig sind.

**Art. 2.** § 1. Die Bestimmungen dieses Gesetzes dienen dem Zweck, das Strafverfahren so zu gestalten, daß:

1. der Täter einer Straftat ermittelt und zur strafrechtlichen Verantwortung gezogen wird, eine unschuldige Person hingegen nicht verurteilt wird,
2. wirklichkeitsgetreue tatsächliche Feststellungen die Grundlage für alle Entscheidungen bilden,
3. die Aufgaben des Strafverfahrens durch richtige Anwendung der im Strafrecht vorgesehenen Maßnahmen und durch Aufklärung der die Begehung einer Straftat begünstigenden Umstände erfüllt werden, und zwar nicht nur hinsichtlich der Bekämpfung, sondern auch hinsichtlich der Verhütung von Straftaten sowie hinsichtlich der Festigung der Achtung vor dem Recht und vor den Grundsätzen des gesellschaftlichen Zusammenlebens.

§ 2. Das Strafverfahren findet unter Mitwirkung des gesellschaftlichen Elements statt.

**Art. 3.** § 1. Die Organe, die ein Strafverfahren durchführen, sind verpflichtet, sowohl die zugunsten als auch die zuungunsten des Angeklagten sprechenden Umstände zu ermitteln und zu berücksichtigen.

§ 2. Der Angeklagte wird solange als nicht schuldig angesehen, bis seine Schuld in einem in diesem Gesetz vorgesehenen Verfahren nachgewiesen ist.

§ 3. Zweifel, die sich nicht ausräumen lassen, dürfen nicht zuungunsten des Angeklagten entschieden werden.

**Art. 4.** § 1. Der Richter entscheidet aufgrund seiner in der Beweisaufnahme gewonnenen Überzeugung, die auf freier Beweiswürdigung unter Berücksichtigung wissenschaftlicher Erkenntnisse und der Lebenserfahrung beruht.

§ 2. Rechtskräftige Gerichtsentscheidungen, die ein Recht oder ein Rechtsverhältnis gestalten, sind jedoch bindend.

**Art. 5.** § 1. Der öffentliche Ankläger hat die Pflicht, wegen einer von Amts wegen zu verfolgenden Straftat ein Verfahren einzuleiten; die gleiche Pflicht obliegt den Organen der Bürgermiliz.

§ 2. Falls zur Verfolgung einer bestimmten Person kraft ausdrücklicher gesetzlicher Bestimmung eine Genehmigung erforderlich ist, hat der Ankläger eine solche Genehmigung einzuholen.

§ 3. Bei einer Straftat, die nur auf Antrag verfolgt wird, wird das Verfahren mit der Antragstellung eingeleitet; das Verfahren wird dann von Amts wegen geführt.

§ 4. Wird der Strafantrag nur in bezug auf einzelne Täter der Straftat gestellt, so ist der öffentliche Ankläger verpflichtet, auch Mittäter, Anstifter, Gehilfen und andere Personen zu verfolgen, die eine Straftat begangen haben, die mit der Straftat des im Antrag bezeichneten Täters in engem Zusammenhang steht; darüber ist der Antragsteller vorher zu belehren. Diese Bestimmung findet gegenüber den nächsten Angehörigen[1] des Antragstellers keine Anwendung.

**Art. 6.** Das Gericht eröffnet das Verfahren nur auf Antrag eines berechtigten Anklägers.

**Art. 7.** § 1. Die Bürgermiliz hat im Bereich des Strafverfahrens den Weisungen des Gerichts und des Staatsanwalts zu folgen; sie führt unter Aufsicht des Staatsanwalts das vorbereitende Verfahren durch.

§ 2. Alle staatlichen und gesellschaftlichen Institutionen sind verpflichtet, innerhalb ihres Tätigkeitsbereichs den Organen, die ein Strafverfahren durchführen, Hilfe zu leisten.

**Art. 8.** § 1. Im Verfahren sind festzustellen: die Identität des Angeklagten, sein Alter, seine Familien- und Vermögensverhältnisse, seine Ausbildung, sein Beruf und seine Beschäftigung, ferner sind Angaben über Vorstrafen und, falls es tunlich erscheint, Angaben

[1] Vgl. Art. 120 § 5 StGB: Nächste Angehörige sind: der Ehegatte, Aszendenten, Deszendenten, Geschwister, in der gleichen Linie bzw. im gleichen Grad Verschwägerte, im Adoptionsverhältnis stehende Personen und deren Ehegatten, sowie Personen, die faktisch in Lebensgemeinschaft stehen.

über seine Charaktereigenschaften, seine persönlichen Verhältnisse und seine Lebensführung zu sammeln.

§ 2. Bei Soldaten und Funktionären der Bürgermiliz sind außerdem noch Angaben über die Laufbahn, über Auszeichnungen und über Disziplinarstrafen zu sammeln.

**Art. 9.** Der Angeklagte hat das Recht auf Verteidigung und das Recht, die Hilfe eines Verteidigers in Anspruch zu nehmen.

**Art. 10.** § 1. Ist das Organ, welches das Verfahren durchführt, verpflichtet, die Verfahrensbeteiligten über ihre Pflichten und Rechte zu belehren, so darf der Mangel einer solchen Belehrung oder eine falsche Belehrung keine nachteiligen Prozeßfolgen für die betreffende Person nach sich ziehen.

§ 2. Das Organ, welches das Verfahren durchführt, hat außerdem, falls dies tunlich erscheint, die Verfahrensbeteiligten über ihre Rechte und Pflichten auch in den Fällen zu belehren, in denen das Gesetz eine derartige Pflicht nicht ausdrücklich bestimmt.

**Art. 11.** Ein Verfahren ist nicht einzuleiten und ein eingeleitetes Verfahren ist einzustellen, wenn ein Umstand vorliegt, der die Durchführung eines Strafverfahrens hindert, insbesondere wenn:

1. die Tat nicht begangen worden ist oder nicht die gesetzlichen Merkmale eines Straftatbestandes aufweist oder nach den Bestimmungen des Gesetzes die Verantwortlichkeit des Täters ausgeschlossen ist,
2. das Gesetz bestimmt, daß die Tat wegen ihrer geringfügigen gesellschaftlichen Gefährlichkeit keine Straftat darstellt oder daß der Täter straffrei ausgeht,
3. der Täter nicht der Strafgerichtsbarkeit unterworfen ist,
4. keine Klage eines berechtigten Anklägers oder keine Genehmigung zur Verfolgung oder kein Strafantrag einer antragsberechtigten Person vorliegt,
5. der Täter verstorben ist,
6. Verjährung eingetreten ist,
7. ein Strafverfahren wegen derselben Tat gegen dieselbe Person rechtskräftig abgeschlossen oder ein früher eingeleitetes anhängig ist.

**Art. 12.** Wird die Einleitung eines Strafverfahrens abgelehnt oder wird ein Verfahren eingestellt, so kann das Gericht oder der Staatsanwalt, falls eine Tat festzustellen ist, durch die Dienstpflichten oder Grundsätze des gesellschaftlichen Zusammenlebens verletzt werden, die Sache an ein gesellschaftliches Gericht oder an ein anderes zur Aburteilung derartiger Taten zuständiges Organ abgeben.

**Art. 13.** Wird im Verlauf des Verfahrens eine erhebliche Verfehlung bei der Tätigkeit einer staatlichen oder gesellschaftlichen Institution festgestellt, insbesondere eine Verfehlung, die die Begehung weiterer Straftaten begünstigt, so benachrichtigen das Gericht, der Staatsanwalt oder die Bürgermiliz das zur Aufsicht über die betreffende Organisationseinheit berufene Organ und, falls es tunlich erscheint, das Kontrollorgan von dieser Verfehlung; das benachrichtigende Organ kann eine Stellungnahme zu der festgestellten Verfehlung verlangen.

**Art. 14.** Von der Einleitung oder Einstellung eines von Amts wegen durchzuführenden Verfahrens gegen Personen, die bei staatlichen oder gesellschaftlichen Institutionen beschäftigt sind, gegen Schüler und Hörer von Lehranstalten aller Art sowie gegen Soldaten sind die Vorgesetzten dieser Personen unverzüglich zu benachrichtigen.

**Art. 15.** § 1. Besteht ein lange fortdauerndes Hindernis, das die Fortführung des Verfahrens unmöglich macht, insbesondere wenn man des Angeklagten nicht habhaft werden kann oder dieser an dem Verfahren wegen einer psychischen oder einer anderen schweren Krankheit nicht teilnehmen kann, wird das Verfahren für die Dauer des Hindernisses ausgesetzt.

§ 2. Gegen den Aussetzungsbeschluß ist die Beschwerde statthaft.

§ 3. Während der Aussetzung des Verfahrens sind jedoch notwendige Maßnahmen zur Sicherung der Beweise vor Verlust oder Entstellung zu ergreifen.

## KAPITEL II

## Das Gericht

### ABSCHNITT 1

### Zuständigkeit und Besetzung des Gerichts

**Art. 16.** Das Bezirksgericht[2] ist als erkennendes Gericht des ersten Rechtszugs in allen Strafsachen zuständig, soweit nicht durch Gesetz die Zuständigkeit eines anderen Gerichts begründet wird.

**Art. 17.** § 1. Das Wojewodschaftsgericht ist als erkennendes Gericht des ersten Rechtszugs für folgende Straftaten zuständig:

---

[2] Bisher Kreisgericht. Die Änderung beruht auf dem Gesetz vom 28. 5. 1975 über die Neugliederung der Staatsverwaltung (Dz. U. 1975, Nr. 16, Pos. 91).

1. für Verbrechen, die im Strafgesetzbuch sowie in Sondergesetzen geregelt sind mit Ausnahme der in Art. 210 § 1 Strafgesetzbuch geregelten Verbrechen,
2. für Vergehen, die in Abschnitt XIX sowie in Art. 140 § 1, 148 § 2, 149, 150, 227 § 2, 260 § 2 und 276 Strafgesetzbuch geregelt sind,
3. für Vergehen, die aufgrund einer Sondervorschrift zur Zuständigkeit des Wojewodschaftsgerichts gehören.

§ 2. Das Wojewodschaftsgericht kann auf Antrag des Wojewodschaftsstaatsanwalts oder von Amts wegen jede Strafsache als Gericht des ersten Rechtszugs an sich ziehen, falls es dies im Hinblick auf die besondere Bedeutung oder Schwierigkeit der Sache für angezeigt hält.

§ 3. Das Wojewodschaftsgericht entscheidet außerdem über Rechtsmittel gegen Entscheidungen und Verfügungen des Bezirksgerichts, die im ersten Rechtszug ergangen sind, sowie in anderen ihm durch Gesetz zugewiesenen Sachen.

**Art. 18.** Das Oberste Gericht entscheidet über:

1. Rechtsmittel gegen Entscheidungen und Verfügungen des Wojewodschaftsgerichts, die im ersten Rechtszug ergangen sind,
2. außerordentliche Revisionen,
3. andere ihm gesetzlich zugewiesene Strafsachen.

**Art. 19.** § 1. In der Hauptverhandlung entscheidet das Gericht in der Besetzung von einem Richter und zwei Schöffen, sofern das Gesetz nicht etwas anderes bestimmt. Der Gerichtspräsident kann jedoch zur Aburteilung einer Strafsache, die zur Zuständigkeit des betreffenden Gerichts im ersten Rechtszug gehört, die Besetzung von drei Richtern anordnen, wenn er dies im Hinblick auf die besondere Schwierigkeit der Sache für tunlich hält.

§ 2. Bei Straftaten, für die das Gesetz die Todesstrafe vorsieht, entscheidet das Gericht in der Besetzung von zwei Richtern und drei Schöffen; über die Revision gegen ein Urteil, durch das die Todesstrafe ausgesprochen, oder eine Revision, mit der die Todesstrafe beantragt wird, entscheidet das Gericht in der Besetzung von fünf Richtern.

**Art. 20.** § 1. In der Revisionsverhandlung oder -sitzung entscheidet das Gericht in der Besetzung von drei Richtern, falls das Gesetz nicht etwas anderes bestimmt. Der Gerichtspräsident kann jedoch zur Entscheidung einer Strafsache in einer Sitzung des Gerichts des ersten Rechtszugs die Besetzung von einem Richter und zwei Schöffen anordnen.

§ 2. Das Bezirksgericht entscheidet in einer Sitzung in der Besetzung von einem Richter. Der Gerichtspräsident kann jedoch zur Entscheidung einer Strafsache die Besetzung von einem Richter und zwei Schöffen anordnen.

**Art. 21.** § 1. Örtlich zuständig ist für die Aburteilung einer Strafsache dasjenige Gericht, in dessen Bezirk die Straftat begangen wurde.

§ 2. Ist die Straftat auf einem polnischen Schiff oder Luftfahrzeug begangen und greift § 1 nicht ein, so ist das Gericht des Heimathafens zuständig.

§ 3. Ist die Straftat in mehreren Gerichtsbezirken begangen worden, so ist das Gericht zuständig, bei dem das Verfahren zuerst anhängig geworden ist.

**Art. 22.** § 1. Kann der Ort der Begehung einer Straftat nicht festgestellt werden, so ist das Gericht zuständig, in dessen Bezirk:

1. die Straftat aufgedeckt wurde,
2. der Angeklagte festgenommen wurde,
3. der Angeklagte vor Begehung der Straftat seinen ständigen Wohnsitz oder seinen zeitweiligen Aufenthaltsort hatte, und zwar je nachdem, bei welchem dieser Gerichte das Verfahren zuerst anhängig geworden ist.

§ 2. Die Bestimmung des § 1 findet entsprechende Anwendung, wenn die Straftat im Ausland begangen worden ist.

§ 3. Kann die örtliche Zuständigkeit des Gerichts nach Maßgabe der vorstehenden Bestimmungen nicht festgestellt werden, so wird die Sache vor dem für den Stadtbezirk Stadtmitte der Hauptstadt Warszawa zuständigen Gericht abgeurteilt.

**Art. 23.** § 1. Ist eine Person wegen mehrerer Straftaten angeklagt und gehören diese zur Zuständigkeit verschiedener Gerichte gleicher Ordnung, so ist dasjenige Gericht zuständig, bei dem das Verfahren zuerst anhängig geworden ist.

§ 2. Gehören die Straftaten zur Zuständigkeit von Gerichten ungleicher Ordnung, so entscheidet das Gericht höherer Ordnung.

**Art. 24.** § 1. Das Gericht, das für den Täter zuständig ist, ist auch zuständig für Gehilfen, Anstifter sowie für andere Personen, die eine Straftat begangen haben, die mit der Straftat des Täters in engem Zusammenhang steht, falls das Verfahren gegen diese Personen gleichzeitig anhängig wird.

§ 2. Strafsachen gegen die in § 1 genannten Personen sind zu einem gemeinsamen Verfahren zu verbinden; Art. 23 findet entsprechende Anwendung.

§ 3. Liegen Umstände vor, die eine gemeinsame Aburteilung der in §§ 1 und 2 genannten Strafsachen erschweren, so kann das Verfahren gegen einzelne Personen oder wegen einzelner Taten abgetrennt und gesondert entschieden werden; die Zuständigkeit für die Entscheidung über die abgetrennte Strafsache richtet sich nach den allgemeinen Grundsätzen.

**Art. 25.** § 1. Das Gericht prüft seine Zuständigkeit von Amts wegen; stellt es seine Unzuständigkeit fest, so verweist es die Sache an das zuständige Gericht oder an ein anderes Organ.

§ 2. Stellt das Gericht in der Hauptverhandlung fest, daß es örtlich unzuständig oder daß ein Gericht niedrigerer Ordnung zuständig ist, so darf es die Sache nur dann verweisen, wenn im Falle der Durchführung der Verhandlung eine Aussetzung notwendig wäre.

§ 3. Gegen den Beschluß über die Zuständigkeit ist die Beschwerde statthaft.

**Art. 26.** Das übergeordnete Gericht kann die Sache vom zuständigen Gericht auf ein anderes, diesem gleichgeordnetes übertragen, falls die Mehrzahl der Personen, die zur Verhandlung zu laden sind, in der Nähe dieses Gerichts, jedoch weit entfernt vom zuständigen Gericht wohnt.

**Art. 27.** Das Oberste Gericht kann auf Anregung des zuständigen Gerichts oder auf Antrag des Staatsanwalts die Sache einem anderen gleichgeordneten Gericht zur Aburteilung übertragen, wenn dies zum Nutzen der Rechtspflege erforderlich ist.

**Art. 28.** § 1. Über einen Zuständigkeitsstreit zwischen gleichgeordneten Gerichten entscheidet endgültig dasjenige höhere Gericht, das dem Gericht übergeordnet ist, das den Streit begonnen hat.

§ 2. Während des Streits hat jedes dieser Gerichte die Handlungen vorzunehmen, die keinen Aufschub gestatten.

**Art. 29.** Überträgt ein Militärgericht die Sache einem ordentlichen Gericht oder lehnt es die Annahme einer ihm von einem ordentlichen Gericht übertragenen Sache ab, so ist für diese Sache das ordentliche Gericht zuständig.

## ABSCHNITT 2

## Ausschließung eines Richters

**Art. 30.** § 1. Ein Richter ist kraft Gesetzes von der Mitwirkung an einer Strafsache ausgeschlossen, wenn:

1. die Strafsache diesen Richter unmittelbar betrifft,

2. er mit einer Partei oder einem Geschädigten oder mit deren Verteidiger, Bevollmächtigtem oder gesetzlichem Vertreter verheiratet ist,
3. er mit den in Ziff. 2 genannten Personen in gerader Linie verwandt oder verschwägert ist, in der Seitenlinie bis zum 3. Grad verwandt oder durch Adoption, Vormundschaft oder Pflegschaft verbunden ist,
4. er Zeuge der Tat war, derentwegen die Strafsache anhängig ist, oder wenn er in derselben Sache als Zeuge vernommen worden oder als Sachverständiger aufgetreten ist,
5. er in der Sache als Staatsanwalt, Verteidiger, Bevollmächtigter, gesetzlicher Vertreter einer Partei oder als gesellschaftlicher Vertreter mitgewirkt oder wenn er das vorbereitende Verfahren geführt hat,
6. er in einer unteren Instanz beim Erlaß der angefochtenen Entscheidung mitgewirkt oder die angefochtene Verfügung selbst erlassen hat,
7. er beim Erlaß einer Entscheidung mitgewirkt hat, die aufgehoben worden ist, und die Sache zur erneuten Verhandlung zurückverwiesen wurde.

§ 2. Die Ausschließungsgründe gelten unbeschadet der Beendigung der sie bedingenden Ehe, Adoption, Vormundschaft oder Pflegschaft.

§ 3. Ein Richter, der an einer Entscheidung mitgewirkt hat, die mit einem Antrag auf Wiederaufnahme des Verfahrens oder mit der außerordentlichen Revision angefochten wird, darf nicht über diesen Antrag oder diese Revision entscheiden.

**Art. 31.** § 1. Ein Richter ist auszuschließen, wenn zwischen ihm und einer der Parteien persönliche Beziehungen vorliegen, die Zweifel an der Unvoreingenommenheit dieses Richters hervorrufen können.

§ 2. Ein Antrag auf Ausschließung eines Richters aufgrund des § 1, der nach Beginn der Verhandlung zur Sache gestellt wird, wird nicht beschieden, es sei denn, daß der Ausschließungsgrund erst nach Beginn der Verhandlung entstanden oder zur Kenntnis einer Partei gelangt ist.

**Art. 32.** § 1. Die Ausschließung erfolgt auf Verlangen des Richters, oder von Amts wegen oder auf Antrag einer Partei.

§ 2. Ist ein Richter der Auffassung, daß ein ihn nach Art. 30 ausschließender Grund vorliegt, so erklärt er sich selbst für ausausgeschlossen und gibt eine schriftliche Äußerung zu den Akten; an seine Stelle tritt ein anderer Richter.

§ 3. Ein Richter, gegen den ein Ausschließungsantrag aufgrund des Art. 31 gestellt wird, kann eine entsprechende schriftliche Erklärung zu den Akten geben; er enthält sich der Mitwirkung in der Sache, ist jedoch verpflichtet, Handlungen vorzunehmen, die keinen Aufschub gestatten.

§ 4. Außer in dem in § 2 bezeichneten Fall entscheidet über die Ausschließung das Gericht, bei dem das Verfahren anhängig ist; dabei darf der von der Ausschließung betroffene Richter nicht teilnehmen. Ist die Bildung eines solchen Spruchkörpers nicht möglich, so entscheidet über die Ausschließung das höhere Gericht.

**Art. 33.** Ist infolge der Ausschließung von Richtern die Aburteilung einer Sache durch das zuständige Gericht nicht möglich, so überträgt das höhere Gericht die Sache einem anderen, jenem gleichgeordneten Gericht.

**Art. 34.** Die Bestimmungen dieses Abschnitts finden auf Schöffen entsprechende Anwendung.

## KAPITEL III

## Parteien, Verteidiger, Bevollmächtigte und gesellschaftliche Vertreter

### ABSCHNITT 3

### Der öffentliche Ankläger

**Art. 35.** § 1. Der Staatsanwalt ist öffentlicher Ankläger vor allen Gerichten.

§ 2. Das Recht, die Tätigkeit eines öffentlichen Anklägers auszuüben, steht auch anderen Organen im Rahmen einer gesetzlichen Ermächtigung zu.

**Art. 36.** Die Rücknahme der Anklage durch den öffentlichen Ankläger ist für das Gericht nicht verbindlich.

**Art. 37.** In Verfahren wegen Straftaten, die im Wege der öffentlichen Anklage verfolgt werden, ist die Teilnahme des Staatsanwalts an der Verhandlung obligatorisch, falls das Gesetz nicht etwas anderes bestimmt.

**Art. 38.** § 1. Art. 30 § 1 Ziff. 1—4 sowie § 2, ebenso Art. 31 und 32 finden auf Personen, die das vorbereitende Verfahren durchführen, sowie auf den öffentlichen Ankläger entsprechende Anwendung.

§ 2. Die in § 1 genannten Personen sind auch dann ausgeschlossen, wenn sie in der Sache als Richter, Verteidiger, Bevollmächtigter oder als gesetzlicher Vertreter der Partei mitgewirkt haben.

**Art. 39.** § 1. Über die Ausschließung des öffentlichen Anklägers oder einer Person, die ein vorbereitendes Verfahren durchführt, entscheidet der unmittelbar vorgesetzte oder der die Aufsicht über das Verfahren führende Staatsanwalt. Ist ein öffentlicher Ankläger ausgeschlossen, so bestimmt dieser Staatsanwalt einen anderen Ankläger.

§ 2. Die von einer ausgeschlossenen Person vor der Ausschließung vorgenommenen Handlungen sind aus diesem Grunde nicht unwirksam.

ABSCHNITT 4

## Der Geschädigte

**Art. 40.** § 1. Geschädigter ist eine natürliche oder juristische Person, deren Rechtsgut unmittelbar durch die Straftat verletzt oder bedroht worden ist.

§ 2. Geschädigter kann auch eine staatliche oder gesellschaftliche Institution sein, selbst wenn sie keine Rechtspersönlichkeit hat.

**Art. 41.** § 1. In Strafsachen wegen Taten, durch die ein Schaden am gesellschaftlichen Vermögen angerichtet worden ist, können die Rechte des Geschädigten, soweit sich nicht ein Organ der geschädigten staatlichen oder gesellschaftlichen Institution damit befaßt, von denjenigen Organen der staatlichen Inspektion und Kontrolle wahrgenommen werden, die in ihrem Tätigkeitsbereich die Straftat aufgedeckt oder die Einleitung eines Strafverfahrens beantragt haben.

§ 2. Als Geschädigter wird auch eine Versicherungsanstalt angesehen, soweit sie den Schaden gedeckt hat, der dem Geschädigten durch die Straftat zugefügt wurde.

**Art. 42.** § 1. Für einen Geschädigten, der nicht natürliche Person ist, nimmt das zur Geschäftsführung befugte Organ die Prozeßhandlungen vor.

§ 2. Ist der Geschädigte minderjährig oder ganz oder teilweise entmündigt, so werden seine Rechte von seinem gesetzlichen Vertreter oder von der Person, unter deren Obhut er steht, wahrgenommen.

**Art. 43.** Stirbt der Geschädigte, so können die Rechte, die ihm zustehen, von seinem Ehegatten, von Verwandten in gerader Linie, von Geschwistern sowie von Adoptiveltern oder einem Adoptivkind wahrgenommen werden.

ABSCHNITT 5

## Der Nebenkläger

**Art. 44.** § 1. In Strafsachen wegen Taten, die im Wege der öffentlichen Anklage verfolgt werden, kann nach Einreichung der Anklageschrift durch den öffentlichen Ankläger der Geschädigte bis zum Beginn der Verhandlung zur Sache im ersten Rechtszug schriftlich oder zu Protokoll eine Erklärung abgeben, daß er als Nebenkläger mitwirken will.

§ 2. Der Nebenkläger hat das Recht, sich an dem gerichtlichen Verfahren als Partei zu beteiligen.

**Art. 45.** § 1. Das Gericht läßt den Nebenkläger zur Teilnahme am Verfahren zu, falls es der Auffassung ist, daß seine Teilnahme im Interesse der Rechtspflege tunlich ist. Das Gericht lehnt die Zulassung des Nebenklägers zur Teilnahme am Verfahren ab, wenn die Erklärung von einer nicht berechtigten Person oder nach Ablauf der Frist abgegeben worden ist.

§ 2. Das Gericht entzieht dem Nebenkläger die Rechte, wenn sich in der Verhandlung herausstellt, daß er nicht nebenklageberechtigt ist oder daß die Erklärung nach Ablauf der Frist abgegeben worden ist oder daß die Teilnahme dieses Klägers das Verfahren beträchtlich erschwert.

§ 3. Gegen den Gerichtsbeschluß ist keine Beschwerde statthaft.

**Art. 46.** Verzichtet der Nebenkläger auf seine Rechte, so kann er sich nicht noch einmal dem Verfahren anschließen.

**Art. 47.** Nimmt der öffentliche Ankläger die Anklage zurück, so bleiben die Rechte des Nebenklägers, der sich dem Verfahren angeschlossen hat, unberührt.

**Art. 48.** Der Tod des Nebenklägers hemmt den Gang des Verfahrens nicht; die in Art. 43 genannten Personen können ihre Teilnahme am Verfahren als Nebenkläger in jedem Stadium des Verfahrens anmelden; über ihre Zulassung entscheidet das Gericht.

## ABSCHNITT 6

## Der Privatkläger

**Art. 49.** § 1. Ein Geschädigter kann als Privatkläger eine Klage erheben und unterstützen, soweit es sich um Straftaten handelt, die im Wege der Privatklage verfolgbar sind.

§ 2. Ist eine Privatklage anhängig, so kann ein anderer durch dieselbe Tat Geschädigter bis zum Beginn der Verhandlung zur Sache in der Hauptverhandlung dem anhängigen Verfahren beitreten.

**Art. 50.** § 1. In Strafsachen wegen Taten, die im Wege der Privatklage verfolgbar sind, kann der Staatsanwalt ein Verfahren einleiten oder sich einem schon anhängigen Verfahren anschließen, falls seinem Ermessen nach das gesellschaftliche Interesse dies erfordert.

§ 2. Das Verfahren wird dann von Amts wegen fortgeführt, und der Geschädigte, der vorher eine Privatklage erhoben hatte, erhält die Rechtsstellung eines Nebenklägers; auf einen Geschädigten, der noch keine Privatklage erhoben hatte, finden Art. 44—47 Anwendung.

§ 3. Nimmt der Staatsanwalt, der sich dem Verfahren angeschlossen hatte, die Anklage zurück, so erhält der Geschädigte im weiteren Verfahren wieder die Rechte eines Privatklägers.

§ 4. Ein Geschädigter, der keine Klage erhoben hat, kann innerhalb einer Ausschlußfrist von 14 Tagen von dem Tage an, an dem er davon Kenntnis erlangt hat, daß der Staatsanwalt von der Verfolgung abgesehen hat, eine Anklageschrift einreichen oder eine Erklärung abgeben, daß er die Klage als Privatklage aufrecht halte; falls er eine solche Erklärung nicht abgibt, stellt das Gericht das Verfahren ein.

**Art. 51.** § 1. Nach dem Tod des Privatklägers wird das Verfahren ausgesetzt; die in Art. 43 genannten Personen können in die Rechte des Verstorbenen eintreten.

§ 2. Ist innerhalb einer Ausschlußfrist von drei Monaten von dem Todestage des Privatklägers an die dazu berechtigte Person nicht in die Rechte des Verstorbenen eingetreten, so stellt das Gericht das Verfahren ein.

## ABSCHNITT 7

## Der Zivilkläger

**Art. 52.** Der Geschädigte kann bis zum Beginn der Verhandlung zur Sache in der Hauptverhandlung eine Zivilklage gegen den Angeklagten erheben, um seine vermögensrechtlichen Ansprüche, die sich unmittelbar aus der Begehung der Straftat ergeben, im Strafverfahren geltend zu machen.

**Art. 53.** § 1. Nach dem Tod des Geschädigten kann die Zivilklage gegen den Angeklagten wegen vermögensrechtlicher Ansprüche, die sich aus der Begehung der Straftat ergeben, von den in Art. 43 genannten Personen innerhalb der in Art. 52 bestimmten Frist erhoben werden.

§ 2. Nach dem Tod des Zivilklägers können die in Art. 43 genannten Personen in die Rechte des Verstorbenen eintreten, jedoch hemmt das Nichteintreten dieser Personen den Gang des Verfahrens nicht; ergeht eine das Verfahren abschließende Entscheidung, so läßt das Gericht die Zivilklage unbeschieden.

**Art. 54.** Innerhalb der in Art. 52 bestimmten Frist kann der Staatsanwalt die Zivilklage zugunsten des Geschädigten oder einer der in Art. 53 § 1 genannten Personen erheben oder die vom Geschädigten oder diesen Personen erhobene Klage unterstützen, falls nach seinem Ermessen das gesellschaftliche Interesse dies erfordert.

**Art. 55.** § 1. Vor Beginn der Verhandlung zur Sache lehnt das Gericht die Annahme der Zivilklage ab, wenn:

1. die Zivilklage nach Maßgabe einer besonderen Vorschrift unzulässig ist,
2. der Anspruch nicht in unmittelbarem Zusammenhang mit der in der Anklage erhobenen Beschuldigung steht,
3. die Zivilklage von einer dazu nicht berechtigten Person erhoben worden ist,
4. derselbe Anspruch Gegenstand eines anderen Verfahrens ist oder rechtskräftig über ihn entschieden worden ist,
5. die Gerichtsgebühren für die Zivilklage nicht ordnungsgemäß entrichtet worden sind.

§ 2. Entspricht die Klageschrift den formellen Erfordernissen und liegen keine der in § 1 genannten Umstände vor, so spricht das Gericht die Annahme der Zivilklage aus.

§ 3. Trotz Zulassung der Zivilklage läßt das Gericht diese unbeschieden, falls nach Beginn der Verhandlung zur Sache ein in § 1 genannter Umstand bekannt wird.

§ 4. Läßt das Gericht die Zivilklage nicht zu oder läßt es sie nach § 3 unbeschieden, so ist dagegen keine Beschwerde statthaft.

**Art. 56.** Der Zivilkläger kann nur für solche Umstände Beweis führen, auf die er seinen Anspruch stützt.

**Art. 57.** § 1. Hat das Gericht die Zulassung der Zivilklage abgelehnt oder sie unbeschieden gelassen, so kann der Zivilkläger seinen Anspruch in einem Zivilverfahren geltend machen.

§ 2. Beantragt der Zivilkläger innerhalb einer Ausschlußfrist von 30 Tagen, nachdem die Zivilklage nicht zugelassen oder unbeschieden gelassen wurde, die Überweisung der Klage an das für Zivilsachen zuständige Gericht, so wird als Tag der Erhebung der Klage der Tag betrachtet, an dem die Klage im Strafverfahren eingereicht worden ist.

**Art. 58.** Wird das Verfahren vor dem Strafgericht ausgesetzt, so kann der Zivilkläger die Überweisung der erhobenen Klage an das für Zivilsachen zuständige Gericht verlangen.

**Art. 59.** § 1. Ist die Zivilklage schon während des vorbereitenden Verfahrens erhoben worden, so fügt das Organ, welches das Verfahren durchführt, die Klageschrift den Akten bei; der Beschluß über die Zulassung der Klage wird durch das Gericht erst nach Eingang der Akten und der Klageschrift erlassen; als Tag der Erhebung der Klage gilt dann der Tag, an dem die Klageschrift eingereicht worden ist.

§ 2. Wird zugleich mit der Zivilklage ein Antrag auf Sicherung des Anspruchs gestellt, so entscheidet über diesen Antrag der Staatsanwalt.

§ 3. Gegen den Beschluß über die Sicherung des Anspruchs ist die Beschwerde statthaft.

§ 4. Bei Einstellung, bedingter Einstellung oder Aussetzung des vorbereitenden Verfahrens kann der Geschädigte innerhalb einer Ausschlußfrist von 30 Tagen von dem Tage der Zustellung des Beschlusses an die Überweisung der Sache an das für Zivilsachen zuständige Gericht verlangen. Stellt der Geschädigte innerhalb dieser Frist einen solchen Antrag nicht, so wird die Sicherung gegenstandslos und die vorher eingereichte Klage hat keine Rechtsfolgen.

**Art. 60.** In Fragen, welche die Zivilklage betreffen und die nicht durch Bestimmungen dieses Gesetzes geregelt sind, finden die Bestimmungen der Zivilprozeßordnung entsprechende Anwendung.

## ABSCHNITT 8
## Der Angeklagte

**Art. 61.** § 1. Als Beschuldigter wird eine Person angesehen, gegen die ein Beschluß über die Eröffnung der Beschuldigungen ergangen ist; als Angeklagter wird eine Person angesehen, gegen die eine Anklageschrift eingereicht worden ist.

§ 2. Verwendet dieses Gesetz die Bezeichnung „Angeklagter" in einem allgemeinen Sinne, so finden die entsprechenden Bestimmungen auch auf den Beschuldigten Anwendung.

**Art. 62.** Ist der Angeklagte der polnischen Sprache nicht mächtig, so werden ihm der Beschluß über die Eröffnung der Beschuldigungen, die Anklageschrift sowie anfechtbare oder das Verfahren abschließende Entscheidungen zusammen mit einer Übersetzung zugestellt oder verkündet.

**Art. 63.** Der Angeklagte hat das Recht, Erklärungen abzugeben; er kann sich jedoch ohne Angabe von Gründen weigern, einzelne Fragen zu beantworten oder irgendwelche Angaben zu machen.

**Art. 64.** § 1. Ein in Untersuchungshaft befindlicher Angeklagter kann sich mit seinem Verteidiger mündlich ohne Anwesenheit anderer Personen oder auch schriftlich verständigen.

§ 2. Im vorbereitenden Verfahren kann sich der Staatsanwalt, wenn er dem Angeklagten die Erlaubnis gibt, sich mit dem Verteidiger in Verbindung zu setzen, vorbehalten, daß er selbst oder eine von ihm ermächtigte Person zugegen ist; in Ausnahmefällen kann der Staatsanwalt die Erteilung einer solchen Erlaubnis verweigern. Ein solcher Vorbehalt oder eine solche Verweigerung darf nicht nach der Benachrichtigung des Beschuldigten und seines Verteidigers vom Termin zur abschließenden Sichtung der Materialien des Verfahrens erfolgen, auch dann nicht, wenn später der Staatsanwalt deren Ergänzung anordnet.

**Art. 65.** § 1. Falls es für Beweiszwecke notwendig ist, ist der Angeklagte verpflichtet:

1. die Einnahme eines Augenscheins an seinem Körper sowie andere, ohne Verletzung der körperlichen Unversehrtheit durchführbare Untersuchungen zu dulden; insbesondere dürfen dem Angeklagten Abdrücke abgenommen und Lichtbilder von ihm gemacht werden, ferner darf er zur Wiedererkennung anderen Personen unter sachgemäß rekonstruierten Bedingungen gegenübergestellt werden.
2. psychologische und psychiatrische Untersuchungen, die mit Eingriffen in seinen Körper — mit Ausnahme von chirurgischen — verbunden sind, zu dulden, wenn sie von einem dazu berechtigten Angestellten des Gesundheitsdienstes unter Beachtung der Regeln ärztlicher Kunst vorgenommen werden und die Gesundheit des Angeklagten nicht gefährden; insbesondere ist der Angeklagte unter diesen Voraussetzungen verpflichtet, die Entnahme von Blutproben und die Untersuchung von Ausscheidungen seines Körpers zu dulden.

§ 2. Der Minister für Gesundheitswesen und Sozialfürsorge bestimmt im Einvernehmen mit dem Justizminister, dem Minister des Innern sowie dem Generalstaatsanwalt der Volksrepublik Polen durch Verordnung im einzelnen, unter welchen Bedingungen und auf welche Art und Weise ärztliche Untersuchungen des Angeklagten vorzunehmen sind[3].

**Art. 66.** § 1. Der auf freiem Fuß befindliche Angeklagte ist verpflichtet, jeder Ladung im Laufe des Strafverfahrens Folge zu leisten und das Organ, das das Verfahren durchführt, von jedem Wechsel seines Wohnorts oder des Orts eines länger dauernden Aufenthalts zu benachrichtigen; darüber ist der Angeklagte bei seiner ersten Vernehmung zu belehren.

---

[3] Verordnung vom 12. 10. 1970 (Dz. U. 1970, Nr. 27 Pos. 219). Siehe unten S. 143.

§ 2. Bei unentschuldigtem Ausbleiben kann der Angeklagte zwangsweise vorgeführt werden.

**Art. 67.** Ist der Angeklagte minderjährig oder entmündigt, so kann der gesetzliche Vertreter oder die Person, unter deren Obhut er sich befindet, zu seinen Gunsten sämtliche Prozeßhandlungen vornehmen, vor allem Rechtsmittel einlegen, Anträge stellen und einen Verteidiger bestellen.

**Art. 68.** Ein Angeklagter darf nicht mehr als drei Verteidiger gleichzeitig haben.

**Art. 69.** Ein Angeklagter, der keinen Wahlverteidiger hat, kann verlangen, daß ihm von Amts wegen ein Verteidiger bestellt wird, falls er nachweist, daß er nicht imstande ist, die Kosten der Verteidigung zu tragen, ohne daß sein eigener notwendiger Unterhalt und der seiner Familie Einbuße erleidet.

**Art. 70.** § 1. Im Strafverfahren muß der Angeklagte einen Verteidiger haben, wenn:

1. er taub, stumm oder blind ist,
2. begründete Zweifel an seiner Zurechnungsfähigkeit bestehen.

§ 2. In den in § 1 genannten Fällen ist die Teilnahme des Verteidigers an der Hauptverhandlung obligatorisch.

**Art. 71.** Der Angeklagte muß im Verfahren vor dem Wojewodschaftsgericht als Gericht des ersten Rechtszugs einen Verteidiger haben. Die Teilnahme des Verteidigers an der Hauptverhandlung ist obligatorisch; dasselbe gilt für die Revisionsverhandlung vor dem Obersten Gericht, wenn der Gerichtspräsident oder das Gericht es für notwendig erachten.

## ABSCHNITT 9

## Verteidiger und Bevollmächtigte

**Art. 72.** Verteidiger kann nur eine Person sein, die nach Maßgabe des Gesetzes über die Verfassung der Rechtsanwaltschaft zur Verteidigung berechtigt ist.

**Art. 73.** § 1. Der Angeklagte wählt den Verteidiger selbst; solange ein nicht auf freiem Fuß befindlicher Angeklagter noch keinen Verteidiger gewählt hat, kann sein nächster Angehöriger einen Verteidiger wählen.

§ 2. Die Vollmacht zur Verteidigung kann schriftlich oder zu Protokoll des Organs, das das Strafverfahren durchführt, erteilt werden.

**Art. 74.** § 1. Hat der Angeklagte in den in Art. 69 und 70 genannten Fällen keinen Wahlverteidiger, so bestimmen während des vorbereitenden Verfahrens der Präsident des zur Aburteilung zuständigen Gerichts und im gerichtlichen Verfahren der Gerichtspräsident von Amts wegen einen Verteidiger oder das Anwaltskollegium, dessen Leiter einen Verteidiger abordnet.

§ 2. Auf die in Art. 71 genannten gerichtlichen Verfahren findet § 1 ebenfalls Anwendung.

**Art. 75.** § 1. Die Wahl eines Verteidigers oder die Bestellung eines Verteidigers von Amts wegen gilt, soweit sie keine Einschränkungen enthält, für das gesamte Verfahren; die Handlungen nach Eintritt der Rechtskraft der Entscheidung sind nicht ausgenommen.

§ 2. Wird ein Verteidiger von Amts wegen bestellt, so obliegt diesem die Pflicht, alle Prozeßhandlungen bis zum rechtskräftigen Abschluß des Verfahrens vorzunehmen. Sind jedoch Handlungen außerhalb des Sitzes oder Wohnortes des bestellten Verteidigers vorzunehmen, so bestimmen auf Antrag des bisherigen Verteidigers der Präsident des Gerichts, vor dem die Handlung vorzunehmen ist, und im vorbereitenden Verfahren der Präsident des Bezirksgerichts des Handlungsorts der Vornahme der Handlung einen anderen Verteidiger aus dem Kreis der Anwälte am Ort oder das Anwaltskollegium, dessen Leiter einen Verteidiger abordnet.

**Art. 76.** Ein Verteidiger kann mehrere Angeklagte verteidigen, wenn deren Interessen sich nicht widersprechen.

**Art. 77.** § 1. Ein Verteidiger kann nur zugunsten des Angeklagten Prozeßhandlungen vornehmen.

§ 2. Wirkt ein Verteidiger im Verfahren mit, so schließt dies die persönliche Beteiligung des Angeklagten an dem Verfahren nicht aus.

**Art. 78.** Verletzt ein Verteidiger offenbar seine Pflichten, insbesondere in bezug auf die Verteidigung, so benachrichtigen das Gericht und im vorbereitenden Verfahren der Staatsanwalt den Anwaltsrat.

**Art. 79.** § 1. Auf den Bevollmächtigten finden die Art. 68, 72, 73, 75, 76 und 77 § 2 entsprechende Anwendung.

§ 2. Bevollmächtigter einer staatlichen oder gesellschaftlichen Institution kann auch ein Rechtsberater oder ein anderer Bediensteter dieser Institution oder des dieser Institution übergeordneten Organs sein.

**Art. 80.** In Fragen, die einen Bevollmächtigten betreffen und die nicht durch Bestimmungen des Strafverfahrens geregelt sind, finden die für Zivilverfahren geltenden Bestimmungen entsprechende Anwendung.

## ABSCHNITT 10

## Der gesellschaftliche Vertreter

**Art. 81.** § 1. Im gerichtlichen Verfahren kann bis zum Beginn der Verhandlung zur Sache im ersten Rechtszug ein Vertreter einer gesellschaftlichen Organisation seine Mitwirkung im Verfahren anmelden, falls eine Verteidigung gesellschaftlicher Interessen notwendig ist, die satzungsgemäß von dieser Organisation wahrgenommen werden, insbesondere in Strafsachen, die den Schutz des gesellschaftlichen Vermögens oder der Bürgerrechte betreffen.

§ 2. Der Justizminister stellt im Einvernehmen mit dem Generalstaatsanwalt der Volksrepublik Polen durch Verordnung ein Verzeichnis der gesellschaftlichen Organisationen auf und bezeichnet die Abteilungen dieser Organisationen, die eine Teilnahme ihres Vertreters am Strafverfahren anmelden können[4].

§ 3. In der Anmeldung macht die gesellschaftliche Organisation die Person ihres Vertreters namhaft; der Vertreter hat eine entsprechende schriftliche Vollmacht vorzulegen.

§ 4. Das Gericht läßt den Vertreter einer gesellschaftlichen Organisation zu, falls es der Auffassung ist, daß dessen Beteiligung am gerichtlichen Verfahren im Interesse der Rechtspflege liegt.

**Art. 82.** Der zur Teilnahme am gerichtlichen Verfahren zugelassene Vertreter einer gesellschaftlichen Organisation kann im Laufe dieses Verfahrens, vor allem in der Verhandlung, seine Meinung darlegen und Anträge stellen, mit deren Hilfe er seine Stellungnahme im Hinblick auf das gesellschaftliche Interesse darzulegen wünscht.

**Art. 83.** Ist der Angeklagte Soldat oder ein Funktionär eines nach den Grundsätzen militärischer Disziplin organisierten Dienstes, so kann ein Delegierter, der zu diesem Zweck von einem Kollektiv der Soldaten oder Bediensteten gewählt ist, seine Beteiligung am gerichtlichen Verfahren anmelden; die Wahl des Delegierten wird vom Befehlshaber oder vom Vorgesetzten der Einheit bestätigt, indem dieser eine Bescheinigung entsprechenden Inhalts ausstellt.

**Art. 84.** Der Vertreter einer gesellschaftlichen Organisation oder der Delegierte eines Kollektivs, bei dem der Angeklagte arbeitet, Militärdienst leistet oder Unterricht erhält, kann die Bereitschaft erklären, eine Bürgschaft zu übernehmen oder Aufsicht über den Angeklagten zu führen; dabei legt er einen diesbezüglichen Beschluß der Organisation oder des Kollektivs vor.

---

[4] Verordnung vom 10. 12. 1969 (Dz. U. 1969, Nr. 37 Pos. 323). Siehe unten S. 148.

## KAPITEL IV
## Prozeßhandlungen

### ABSCHNITT 11
### Entscheidungen und Verfügungen

**Art. 85.** Grundlage einer Entscheidung kann nur die Gesamtheit der im Verfahren ermittelten, für die Entscheidung bedeutsamen Umstände sein.

**Art. 86.** § 1. Soweit das Gesetz nicht den Erlaß eines Urteils vorschreibt, entscheidet das Gericht durch Beschluß.

§ 2. Der Präsident des Gerichts entscheidet in Angelegenheiten, die keinen Beschluß erfordern, durch Verfügung. Eine Verfügung kann auch vom Vorsitzenden einer Abteilung oder von einem dazu befugten Richter erlassen werden.

**Art. 87.** In den gesetzlich vorgesehenen Fällen entscheidet das Gericht in einer Verhandlung, in den sonstigen Fällen in einer Sitzung. Entscheidungen, die in einer Sitzung gefällt werden, können auch in der Verhandlung ergehen.

**Art. 88.** Der Staatsanwalt kann an der Sitzung teilnehmen oder schriftlich einen Antrag stellen; andere Parteien können an der Sitzung teilnehmen, wenn dies gesetzlich vorgesehen ist.

**Art. 89.** Ergibt sich in einer Sitzung vor der Beschlußfassung die Notwendigkeit, tatsächliche Umstände nachzuprüfen, so nimmt diese Nachprüfung das Gericht selbst vor oder es bestimmt dazu einen Richter aus dem Spruchkörper oder es ersucht das örtlich zuständige Bezirksgericht um die Durchführung von bestimmten Handlungen.

**Art. 90.** § 1. Die Gründe einer Entscheidung sind gleichzeitig mit der Entscheidung schriftlich abzusetzen, falls das Gesetz nicht etwas anderes bestimmt.

§ 2. Eine Verfügung bedarf einer schriftlichen Begründung, wenn sie anfechtbar ist.

§ 3. Die Zulassung eines Beweisantrags und die einem Antrag, dem eine andere Partei nicht widersprochen hat, stattgebende Entscheidung bedürfen keiner Begründung, es sei denn, die Entscheidung wäre anfechtbar.

**Art. 91.** § 1. Eine Entscheidung oder eine Verfügung, die in der Verhandlung ergeht, wird mündlich verkündet.

§ 2. Eine außerhalb der Verhandlung ergehende Entscheidung oder Verfügung ist dem Staatsanwalt sowie der Partei, der ein Rechtsmittel zusteht, zuzustellen, falls sie nicht an der Sitzung teilgenommen haben oder bei der Verkündung nicht zugegen waren; in den anderen Fällen sind die Parteien von dem Inhalt der Entscheidung oder der Verfügung in Kenntnis zu setzen.

§ 3. Das in einer Sitzung erlassene Urteil wird den Parteien zugestellt.

§ 4. Gewährt das Gesetz keine Befreiung von der gleichzeitigen Abfassung der Gründe, so wird die Entscheidung zusammen mit den Gründen zugestellt oder verkündet.

§ 5. Ist in einer Sache wegen eines wichtigen Staatsinteresses unter Ausschluß der Öffentlichkeit entschieden worden, so wird statt der Gründe eine Nachricht, daß die Gründe abgesetzt worden sind, zugestellt.

§ 6. Nach der Verkündung oder bei der Zustellung einer Entscheidung sind die Prozeßbeteiligten darüber zu belehren, ob die Entscheidung anfechtbar ist, welches Rechtsmittel ihnen zusteht, in welcher Frist und auf welche Art und Weise das Rechtsmittel einzulegen ist.

**Art. 92.** § 1. Offensichtliche Schreib- und Rechenfehler sowie Unrichtigkeiten bei der Berechnung von Fristen in einer Entscheidung oder Verfügung oder in den Gründen dürfen jederzeit berichtigt werden.

§ 2. Die Berichtigung wird von dem Organ vorgenommen, das den Fehler begangen hat. Ist das Verfahren beim Rechtsmittelgericht anhängig, so kann dieses von Amts wegen die Entscheidung des erstinstanzlichen Gerichts berichtigen.

§ 3. Die Berichtigung einer Entscheidung erfolgt durch Beschluß, die Berichtigung einer Verfügung durch Verfügung.

§ 4. Gegen einen Berichtigungsbeschluß oder eine Berichtigungsverfügung der ersten Instanz ist die Beschwerde statthaft.

**Art. 93.** Im vorbereitenden Verfahren finden die Art. 86 § 2, 91 § 2 und 92 § 2 entsprechende Anwendung.

**Art. 94.** § 1. Das Gericht, das über vermögensrechtliche Ansprüche entschieden hat, erteilt auf Antrag der berechtigten Person die Vollstreckungsklausel, wenn die Entscheidung im Wege der Zwangsvollstreckung vollstreckbar ist.

§ 2. Als Entscheidung über vermögensrechtliche Ansprüche wird auch die vom Gericht auferlegte Verpflichtung, einen Schaden wiedergutzumachen, angesehen, wenn das Gericht die Vollstreckung einer bedingt ausgesetzten Strafe anordnet.

## ABSCHNITT 12

## Beratung und Abstimmung

**Art. 95.** § 1. Der Verlauf der Beratung und der Abstimmung über eine Entscheidung ist geheim; eine Entbindung von der Geheimhaltungspflicht ist unzulässig.

§ 2. Bei der Beratung und Abstimmung ist außer den Mitgliedern des erkennenden Gerichts nur der Protokollführer zugegen, es sei denn, daß der Vorsitzende dessen Anwesenheit für entbehrlich hält.

§ 3. Über den Hergang der Beratung und der Abstimmung wird kein Protokoll geführt.

**Art. 96.** § 1. Beratung und Abstimmung werden vom Vorsitzenden geleitet; sollten in bezug auf die Ordnungsgemäßheit und die Art und Weise der Beratung und Abstimmung Zweifel entstehen, so entscheidet darüber der Spruchkörper.

§ 2. Nach der Beratung sammelt der Vorsitzende die Stimmen, zuerst von den Schöffen, ihrem Lebensalter nach, danach von den Richtern, ihrem Dienstalter nach, jeweils mit dem Jüngsten beginnend; er selbst gibt seine Stimme zuletzt ab. Ist ein Berichterstatter ernannt, so gibt dieser zuerst seine Stimme ab.

**Art. 97.** Beratung und Abstimmung über ein Urteil finden getrennt nach Schuld und rechtlicher Qualifikation der Tat sowie über die Strafe und andere Fragen statt.

**Art. 98.** § 1. Entscheidungen werden mit Stimmenmehrheit gefällt.

§ 2. Sind die Meinungen so geteilt, daß keine von ihnen die Mehrheit für sich erreicht, so werden die für den Angeklagten ungünstigsten Stimmen den ihnen am meisten angenäherten Stimmen so lange hinzugezählt, bis sich eine Mehrheit ergibt.

**Art. 99.** Ein Richter, der gegen die Schuld des Angeklagten gestimmt hat, kann sich der Stimmabgabe über die Strafe enthalten; in diesem Fall wird die Stimme dieses Richters zu den für den Angeklagten günstigsten Stimmen hinzugezählt.

**Art. 100.** Die Entscheidung wird von allen Mitgliedern des Spruchkörpers unterschrieben, auch von den überstimmten.

**Art. 101.** § 1. Bei der Unterzeichnung der Entscheidung hat jedes Mitglied des Spruchkörpers das Recht, auf der Entscheidung seine abweichende Meinung zu vermerken.

§ 2. Die abweichende Meinung kann sich auch nur auf die Entscheidungsgründe beziehen; dann wird sie bei der Unterzeichnung der Gründe vermerkt.

§ 3. Wird eine abweichende Meinung vertreten, so sind die Gründe des Urteils von Amts wegen abzusetzen; derjenige, der die abweichende Meinung vertritt, ist verpflichtet, diese zu begründen.

## ABSCHNITT 13

## Prozeßhandlungen der Parteien

**Art. 102.** § 1. Eine Person, die zur Mitwirkung an einer Prozeßhandlung berechtigt ist, wird vom Zeitpunkt und Ort ihrer Vornahme benachrichtigt.

§ 2. Die Prozeßhandlung wird nicht durchgeführt, wenn die berechtigte Person ausgeblieben ist und nicht bewiesen werden kann, daß sie von der Prozeßhandlung benachrichtigt wurde, ferner dann nicht, wenn die Annahme begründet ist, daß das Ausbleiben durch höhere Gewalt oder andere besondere Gründe verursacht worden ist.

§ 3. Bleibt eine Partei, ein Verteidiger oder ein Bevollmächtigter aus und ist das Erscheinen obligatorisch, so wird die Prozeßhandlung nicht vorgenommen.

§ 4. Der Justizminister und der Minister für Gesundheitswesen und Sozialfürsorge bestimmen durch Verordnung die Voraussetzungen sowie die Art und Weise der Entschuldigung des Ausbleibens von Angeklagten, Zeugen und anderen Prozeßbeteiligten wegen Krankheit[5].

**Art. 103.** § 1. Die Bedeutung einer Prozeßhandlung wird nach dem Inhalt der abgegebenen Erklärung beurteilt.

§ 2. Eine unrichtige Bezeichnung der Prozeßhandlung, insbesondere eines Rechtsmittels, nimmt der Handlung nicht ihre rechtliche Bedeutung.

**Art. 104.** § 1. Eine Prozeßschrift soll enthalten:

1. die Bezeichnung des Organs, an das sie gerichtet ist, und der Sache, auf die sie sich bezieht,
2. die Bezeichnung dessen, der das Schriftstück einreicht,
3. den Inhalt des Antrags oder der Erklärung und, soweit nötig, eine Begründung,
4. die Unterschrift dessen, der das Schriftstück einreicht.

§ 2. Für eine Person, die nicht unterschreiben kann, unterschreibt eine von ihr ermächtigte Person das Schriftstück mit einem Hinweis darauf, aus welchem Grund sie es unterschreibt.

---

[5] Verordnung vom 24. 10. 1970 (Dz. U. 1970, Nr. 27 Pos. 218). Siehe unten S. 149.

**Art. 105.** § 1. Entspricht das Schriftstück nicht den formellen Erfordernissen, die in Art. 104 oder in besonderen Bestimmungen vorgesehen sind, und ist der Mangel derart, daß das Schriftstück nicht zur Erledigung weitergeleitet werden kann, oder beruht der Mangel darauf, daß anfallende Gebühren nicht entrichtet worden sind oder daß die Vollmacht zur Vornahme einer Prozeßhandlung nicht vorgelegt worden ist, so wird die Person, von der das Schriftstück stammt, aufgefordert, den Mangel binnen einer Frist von 7 Tagen zu beseitigen.

§ 2. Nach fristgemäßer Beseitigung des Mangels hat das Schriftstück Rechtsfolgen von dem Tag seines Eingangs an. Wird der Mangel nicht fristgemäß beseitigt, so bleibt das Schriftstück unwirksam, worüber bei Zustellung der Aufforderung zu belehren ist.

**Art. 106.** Verweigert eine an einer Prozeßhandlung beteiligte Person ihre Unterschrift oder konnte sie nicht unterschreiben, so ist der Grund des Fehlens der Unterschrift zu vermerken.

## ABSCHNITT 14
## Fristen

**Art. 107.** § 1. Die Fristen zur Einlegung von Rechtsmitteln sind Ausschlußfristen. Ausschlußfristen sind außerdem diejenigen Fristen, die das Gesetz als solche betrachtet.

§ 2. Eine Prozeßhandlung, die nach Ablauf einer Ausschlußfrist vorgenommen wird, ist unwirksam.

**Art. 108.** § 1. Zum Zeitablauf einer Frist wird der Tag nicht hinzugerechnet, von dem an die betreffende Frist zu laufen beginnt.

§ 2. Ist die Frist nach Wochen, Monaten oder Jahren bestimmt, so fällt das Ende der Frist auf den Tag der Woche oder des Monats, der dem Beginn der Frist entspricht. Fehlt dieser Tag in dem betreffenden Monat, so fällt das Ende der Frist auf den letzten Tag dieses Monats.

§ 3. Fällt das Ende einer Frist auf einen nach dem Gesetz arbeitsfreien Tag, so kann die Handlung noch am folgenden Tag vorgenommen werden.

**Art. 109.** Die Frist ist gewahrt, wenn vor ihrem Ablauf das Schriftstück bei einem polnischen Postamt oder bei einem polnischen Konsulat oder von einem Soldaten bei der Kommandantur einer militärischen Einheit oder von einer nicht auf freiem Fuß befindlichen Person bei der Verwaltung der Strafanstalt abgegeben worden ist oder wenn es von einem Besatzungsmitglied eines polnischen Schiffes dem Kapitän überreicht wird.

**Art. 110.** Ein vor Ablauf der Frist irrtümlich bei einem unzuständigen Gericht oder Staatsanwalt eingegangenes Schriftstück gilt als rechtzeitig eingereicht.

**Art. 111.** § 1. Ist eine Ausschlußfrist aus Gründen, die nicht von der Partei abhängen, nicht eingehalten worden, so kann diese innerhalb einer Ausschlußfrist von 7 Tagen nach Wegfall des Hindernisses unter gleichzeitiger Nachholung der Handlung, die innerhalb der Frist hätte vorgenommen werden sollen, das Gesuch auf Wiedereinsetzung in den vorigen Stand[6] stellen; das gleiche gilt für Personen, die nicht Partei sind.

§ 2. Über die Wiedereinsetzung in den vorigen Stand entscheidet das Gericht oder der Staatsanwalt, bei dem die Handlung vorzunehmen war.

§ 3. Gegen die Ablehnung der Wiedereinsetzung in den vorigen Stand ist die Beschwerde statthaft.

**Art. 112.** Durch das Gesuch auf Wiedereinsetzung in den vorigen Stand wird die Vollstreckung der Entscheidung nicht gehemmt. Das Organ, bei dem das Gesuch eingereicht worden ist, oder das zur Entscheidung über das Rechtsmittel zuständige Organ kann jedoch die Vollstreckung aussetzen; die Ablehnung der Aussetzung bedarf keiner Begründung.

## ABSCHNITT 15

## Zustellungen

**Art. 113.** § 1. Entscheidungen und Verfügungen werden in beglaubigten Abschriften zugestellt, falls ihre Zustellung gesetzlich vorgeschrieben ist.

§ 2. Sämtliche Schriftstücke, die an einen auf freiem Fuß befindlichen Angeklagten gerichtet sind, werden so zugestellt, daß ihr Inhalt unbefugten Personen nicht zugänglich wird.

**Art. 114.** § 1. In einer Ladung ist das Absendeorgan zu bezeichnen und anzugeben, in welcher Sache, in welcher Eigenschaft, an welchem Ort und zu welcher Zeit der Adressat sich stellen soll und ob seine Gestellung obligatorisch ist; er ist auch auf die Folgen seines Ausbleibens hinzuweisen.

§ 2. Die Vorschrift des § 1 findet auf Mitteilungen entsprechende Anwendung.

---

[6] Wörtlich: „Wiedereinräumung der Frist" bzw. „Wiedergewährung der Frist".

**Art. 115.** Beginnt vom Zustellungstag an der Lauf einer Frist zur Vornahme einer Prozeßhandlung, so ist der Adressat darüber zu belehren.

**Art. 116.** § 1. Ladungen, Mitteilungen und sonstige Schriftstücke, von deren Zustellungstag an Fristen zu laufen beginnen, werden mit der Post oder durch einen Funktionär des Absendeorgans gegen Empfangsbestätigung zugestellt.

§ 2. Die Bürgermiliz stellt Schriftstücke zu, falls die Zustellung im Zusammenhang mit einer Handlung steht, welche der Bürgermiliz vom Gericht oder vom Staatsanwalt aufgetragen worden ist.

**Art. 117.** § 1. Das Schriftstück wird dem Adressaten zu eigenen Händen zugestellt.

§ 2. Ist der Adressat zeitweilig von seiner Wohnung abwesend, so wird das Schriftstück einem erwachsenen Hausgenossen zugestellt; wenn es eine solche Person nicht gibt, wird es der Hausverwaltung, dem Hauswart oder dem Ortsvorsteher zugestellt, sofern diese sich bereit erklären, das Schriftstück dem Adressaten zu geben.

**Art. 118.** § 1. Kann die Zustellung nicht in der in Art. 117 bestimmten Weise bewirkt werden, so wird das Schriftstück beim Präsidium des Nationalrats oder bei der nächsten Einheit der Bürgermiliz hinterlegt; dagegen wird ein mit der Post übersandtes Schriftstück beim nächsten Postamt hinterlegt.

§ 2. Von der Hinterlegung des Schriftstücks nach Maßgabe des § 1 bringt der Zusteller eine sichtbare Mitteilung an der Wohnungstür des Adressaten an mit dem Hinweis, wo und wann das Schriftstück hinterlegt worden ist und daß es binnen 7 Tagen abzuholen ist; in gleicher Weise ist im Falle einer Zustellung des Schriftstücks an die Hausverwaltung, den Hauswart oder den Ortsvorsteher zu verfahren.

§ 3. Das Schriftstück kann auch einer zur Entgegennahme der Korrespondenz befugten Person an dem Ort der ständigen Beschäftigung des Adressaten überlassen werden.

**Art. 119.** § 1. Schriftstücke, die an Soldaten und Funktionäre der Bürgermiliz sowie des Gefängnisdienstes gerichtet sind, können den Adressaten durch Vermittlung ihrer Vorgesetzten zugestellt werden; dabei werden Ladungen, die für Soldaten des Grundwehrdienstes bestimmt sind, zum Zweck der Zustellung und der Anordnung der Gestellung nach Maßgabe der Ladung an den Befehlshaber der militärischen Einheit gesandt, bei welcher der Soldat Dienst leistet.

§ 2. An Personen, die sich nicht auf freiem Fuß befinden, wird das Schriftstück durch Vermittlung des Verwaltungsorgans der Strafanstalt zugestellt.

§ 3. Ein Schriftstück, das an einen Adressaten, der keine natürliche Person ist, an einen Verteidiger oder an einen Bevollmächtigten gerichtet ist, wird im Büro des Adressaten einer dort beschäftigten Person zugestellt.

**Art. 120.** Von Verhandlungen und Sitzungen wird dem Staatsanwalt Mitteilung gemacht, indem ihm ein Verzeichnis der Straftaten zugestellt wird, die an dem gegebenen Tage abgeurteilt werden sollen.

**Art. 121.** § 1. Der Empfänger eines Schriftstücks bestätigt den Zeitpunkt des Empfangs mit seiner Unterschrift auf einer Bestätigung, die zurückzusenden ist.

§ 2. Die mit der Zustellung beauftragte Person stellt auf der zurückzusendenden Empfangsbestätigung die Art und Weise der Zustellung fest und versieht diese Feststellung mit ihrer Unterschrift.

**Art. 122.** § 1. Verweigert der Adressat die Annahme eines Schriftstücks oder die Ausstellung einer Empfangsbestätigung oder ist ihm die Ausstellung einer Empfangsbestätigung unmöglich, so macht die mit der Zustellung beauftragte Person auf der zurückzusendenden Empfangsbestätigung einen entsprechenden Vermerk; in diesem Fall gilt die Zustellung als bewirkt.

§ 2. Ein vom Adressaten nicht entgegengenommenes Schriftstück wird an das Organ zurückgesandt, das es abgesandt hat.

**Art. 123.** In Fällen, die keinen Aufschub gestatten, können Personen telegraphisch, telephonisch oder auf eine andere den Umständen nach geeignete Weise geladen werden.

**Art. 124.** Eine im Ausland befindliche Person hat die Pflicht, für Zustellungen eine Adresse im Inland anzuzeigen; wird dies nicht befolgt, so gilt ein Schriftstück, das an die zuletzt bekannte Adresse im Inland übersandt oder in Ermangelung einer solchen Adresse den Akten beigefügt wurde, als zugestellt.

**Art. 125.** § 1. Hat eine Partei ihren Wohnort gewechselt und die neue Adresse nicht zur Kenntnis des Organs gebracht, vor dem das Verfahren anhängig ist, so gilt ein Schriftstück, das an die von der Partei angegebene Adresse gesandt ist, als zugestellt.

§ 2. Im gerichtlichen Verfahren findet § 1 auf die an den Angeklagten abgesandten Schriftstücke erst nach Zustellung der Anklageschrift Anwendung.

§ 3. Die Bestimmung des § 1 gilt nicht für Schriftstücke, die erstmals nach dem rechtskräftigen Abschluß des Verfahrens abgesandt werden; sie gilt auch nicht für den Angeklagten, gegen den das Verfahren eingestellt oder ein freisprechendes Urteil ergangen ist, es sei denn, daß der Angeklagte schon von der Zulassung der Revision des Anklägers benachrichtigt worden ist.

**Art. 126.** Entscheidungen, Verfügungen, Mitteilungen sowie Abschriften davon, deren Zustellung an die Parteien gesetzlich vorgeschrieben ist, sind auch dem Verteidiger eines nicht auf freiem Fuß befindlichen Angeklagten sowie dessen gesetzlichem Vertreter zuzustellen, soweit das Gesetz nicht etwas anderes bestimmt.

**Art. 127.** Der Justizminister erläßt im Einvernehmen mit dem Minister für Postwesen durch Verordnung ins einzelne gehende Regeln über die Art und Weise der Zustellung von gerichtlichen Schriftstücken mit der Post.

**Art. 128.** Eine Zustellung gilt trotz Nichtbeachtung der Bestimmungen dieses Abschnitts als bewirkt, sofern derjenige, für den das Schriftstück bestimmt war, erklärt, es erhalten zu haben.

## ABSCHNITT 16

## Protokolle

**Art. 129.** § 1. Ein Protokoll muß aufgenommen werden:

1. bei der Entgegennahme einer mündlichen Strafanzeige oder eines Strafantrags,
2. bei der Vernehmung eines Angeklagten, Zeugen oder Sachverständigen,
3. bei der Durchsuchung von Räumen und Personen,
4. bei der Einnahme eines Augenscheins, der Durchführung eines Experiments, einer Gegenüberstellung und einer Vorstellung zum Zweck der Wiedererkennung,
5. bei der Öffnung von Briefen und Sendungen,
6. wenn dem Beschuldigten die im vorbereitenden Verfahren gesammelten Materialien zur Kenntnisnahme eröffnet werden,
7. bei der Übernahme einer Bürgschaft,
8. über den Verlauf einer Verhandlung.

§ 2. Über sonstige Handlungen im Verfahren wird ein Protokoll aufgenommen, wenn eine besondere Vorschrift dies bestimmt oder wenn derjenige, der die Handlung durchführt, dies für tunlich hält; andernfalls reicht die Anfertigung eines amtlichen Vermerks aus.

**Art. 130.** § 1. Das Verhandlungsprotokoll wird von einem Referendar oder von einem Bediensteten der Geschäftsstelle niedergeschrieben. Das Protokoll kann auch von einem Assessor niedergeschrieben werden, wenn er nicht zum Spruchkörper gehört.

§ 2. Andere Protokolle können außer von den in § 1 genannten Personen auch von demjenigen, der die Handlung durchführt, oder von einer von ihm als Potokollführer zugezogenen Person niedergeschrieben werden.

§ 3. Einer Person, die als Protokollführer zugezogen wurde und die nicht Bediensteter des das Verfahren durchführenden Organs ist, wird ein Gelöbnis folgenden Inhalts abgenommen: „Ich gelobe feierlich, die mir anvertrauten Pflichten eines Protokollführers gewissenhaft zu erfüllen".

**Art. 131.** § 1. Über die Vornahme einer Handlung kann neben der Protokollniederschrift zusätzlich ein Stenogramm angefertigt werden, das vom Stenographen in gewöhnliche Schrift übertragen wird; dabei vermerkt er, welches Systems er sich bedient hat; die Urschrift des Stenogramms wird dem Protokoll beigefügt.

§ 2. Art. 130 § 3 findet entsprechende Anwendung.

**Art. 132.** § 1. Der Protokollführer und der Stenograph sind aus den gleichen Gründen wie ein Richter ausgeschlossen.

§ 2. Über die Ausschließung entscheidet während der Verhandlung oder Sitzung das Gericht, in sonstigen Fällen die Person, welche die zu protokollierende Handlung durchführt.

**Art. 133.** § 1. Der Verlauf einer zu protokollierenden Handlung kann zusätzlich mit Hilfe von Lichtbildern oder Tonträgern festgehalten werden; hierauf sind die an der Handlung beteiligten Personen vor der Inbetriebnahme dieser technischen Hilfsmittel hinzuweisen.

§ 2. Der Justizminister bestimmt im Einvernehmen mit dem Generalstaatsanwalt der Volksrepublik Polen durch Verordnung, welche Apparaturen und technischen Mittel zur Aufnahme von Bild und Ton zu prozessualen Zwecken verwendet werden können und wie das Fixierte sicher verwahrt und reproduziert wird.

**Art. 134.** § 1. Ein Protokoll soll enthalten:

1. die Bezeichnung der Handlung, die Zeit und den Ort ihrer Vornahme sowie die daran Beteiligten,
2. den Verlauf der Handlung sowie die Erklärungen und Anträge der Beteiligten,
3. die während der Handlung erlassenen Beschlüsse und Verfügungen und, falls die Beschlüsse oder Verfügungen gesondert abgefaßt werden, den Vermerk über ihren Erlaß,
4. die Feststellung sonstiger den Verlauf der Handlung betreffenden Umstände, sofern es tunlich erscheint.

§ 2. Erklärungen, Aussagen, Angaben und Anträge der Beteiligten sowie die Feststellung bestimmter Handlungen seitens des das

Verfahren durchführenden Organs werden in das Protokoll möglichst genau aufgenommen; die an der Handlung Beteiligten können in allem, was ihre Rechte und Belange betrifft, die Anteilnahme in das Protokoll verlangen.

**Art. 135.** § 1. Das Protokoll über eine Verhandlung und über eine Sitzung wird vom Vorsitzenden und vom Protokollführer unterschrieben.

§ 2. Das Stenogramm sowie dessen Übertragung wird vom Stenographen unterschrieben, außerdem auch vom Vorsitzenden der Verhandlung oder von demjenigen, der die Handlung durchführt.

§ 3. Kann der Vorsitzende das Protokoll nicht unterschreiben, so unterschreibt ein Mitglied des erkennenden Gerichts an seiner Stelle das Protokoll, wobei der Grund, weshalb der Vorsitzende nicht unterschreibt, anzugeben ist.

§ 4. Wurde eine der erforderlichen Unterschriften nicht sofort unter das Protokoll gesetzt, so kann sie später unter Angabe des Datums der Unterzeichnung und des Grundes der Nachholung nachgeholt werden.

**Art. 136.** § 1. Die nicht in Art. 135 § 1 genannten Protokolle werden von den an der Handlung Beteiligten unterschrieben. Ein solches Protokoll ist vor der Unterzeichnung vorzulegen; dies muß vermerkt werden.

§ 2. Eine an der Handlung beteiligte Person kann bei der Unterzeichnung des Protokolls zugleich Einwendungen gegen dessen Inhalt erheben; diese Einwendungen sind, falls es tunlich erscheint, zusammen mit einer Stellungnahme der Person, die die protokollierte Handlung vornimmt, in das Protokoll aufzunehmen.

**Art. 137.** Streichungen, Verbesserungen und Ergänzungen, die im Protokoll vorgenommen worden sind, bedürfen einer Erläuterung, die von den das Protokoll unterzeichnenden Personen unterschrieben wird.

**Art. 138.** § 1. Die Parteien und Personen, die ein rechtliches Interesse daran haben, können einen Antrag auf Berichtigung des Protokolls über eine Verhandlung oder eine Sitzung stellen, wobei sie auf Ungenauigkeiten und Lücken hinweisen.

§ 2. Der Antrag auf Berichtigung des Verhandlungs- oder Sitzungsprotokolls bleibt unbeschieden, wenn er nach Absendung der Akten an die höhere Instanz gestellt wird.

**Art. 139.** § 1. Der Vorsitzende kann nach Anhörung des Protokollführers dem Antrag stattgeben und die Berichtigung des Protokolls anordnen; andernfalls entscheidet das Gericht nach Anhörung des Protokollführers über die Berichtigung, und zwar in der Besetzung, in welcher es in der Sache entschieden hat.

§ 2. Kann derselbe Spruchkörper nicht gebildet werden, so kommt kein Beschluß zustande, jedoch geben die einzelnen Mitglieder und der Protokollführer ihre Erklärungen über die Begründetheit des Antrags zu den Akten.

§ 3. Wird dem Antrag stattgegeben, so ist in dem berichtigten Protokoll ein diesbezüglicher Vermerk anzubringen, der vom Vorsitzenden und vom Protokollführer unterschrieben wird.

**Art. 140.** Die Berichtigung von offensichtlichen Schreib- und Rechenfehlern im Verhandlungs- oder Sitzungsprotokoll kann jederzeit auf Antrag oder von Amts wegen erfolgen; Art. 139 findet entsprechende Anwendung.

**Art. 141.** Die Parteien werden vom Inhalt der Berichtigung benachrichtigt; von der Ablehnung des Antrags wird die Person, die den Antrag auf Berichtigung gestellt hat, benachrichtigt.

## ABSCHNITT 17

## Akteneinsicht und Anfertigung von Abschriften

**Art. 142.** § 1. Den Parteien und ihren Verteidigern, Bevollmächtigten und gesetzlichen Vertretern sowie den gesellschaftlichen Vertretern, die zur Teilnahme an dem Verfahren zugelassen sind, werden die Akten zugänglich gemacht, und es wird ihnen Gelegenheit gegeben, sich Abschriften anzufertigen. Mit Zustimmung des Gerichtspräsidenten können die Akten auch anderen Personen zugänglich gemacht werden.

§ 2. Der Gerichtspräsident kann bei einem berechtigten Anliegen verfügen, daß beglaubigte Abschriften von den Akten erteilt werden.

**Art. 143.** § 1. Dem Angeklagten ist auf Verlangen von jeder Entscheidung unentgeltlich eine beglaubigte Abschrift auszuhändigen; auch die Gründe sind auszuhändigen, falls welche abgesetzt sind.

§ 2. In Strafsachen, in denen die Öffentlichkeit wegen eines wichtigen Staatsinteresses ausgeschlossen wurde, darf dem Angeklagten nur eine Abschrift der Entscheidung, die das Verfahren in dem betreffenden Rechtszug abschließt, ohne die Gründe ausgehändigt werden.

§ 3. Die Akteneinsicht während des vorbereitenden Verfahrens und die Anfertigung von Abschriften aus diesen sowie die Entgegennahme von beglaubigten Abschriften bedarf der Genehmigung dessen, der das vorbereitende Verfahren durchführt.

**Art. 144.** Der Staatsanwalt kann die Akten in jedem Stadium des Verfahrens einsehen und zu diesem Zweck deren Übersendung verlangen, sofern dadurch der Gang des Verfahrens nicht aufgehalten wird.

## ABSCHNITT 18

## Wiederherstellung von abhanden gekommenen oder vernichteten Akten

**Art. 145.** § 1. Das Verfahren in dem Fall, daß Akten in einem anhängigen Verfahren ganz oder zum Teil abhanden kommen oder vernichtet werden, wird von dem Gericht durchgeführt, bei dem die Sache zuletzt anhängig war.

§ 2. Das Oberste Gericht führt ein solches Verfahren nur zur Wiederherstellung der Akten dieses Gerichts durch.

§ 3. Kommen Akten einer rechtskräftig abgeschlossenen Sache abhanden oder werden sie vernichtet, so wird das Verfahren von dem Gericht durchgeführt, bei dem die Sache im ersten Rechtszug anhängig war.

§ 4. Bei der Wiederherstellung der Akten im Laufe eines vorbereitenden Verfahrens wendet der Staatsanwalt die Vorschriften dieses Abschnitts entsprechend an, wenn es sich um eine zu seinem Zuständigkeitsbereich gehörige Sache handelt.

**Art. 146.** Sind Akten einer rechtskräftig abgeschlossenen Sache abhanden gekommen oder vernichtet worden, so erfolgt die Wiederherstellung hinsichtlich der Teile, die zur Vollstreckung der Entscheidung, zur Wiederaufnahme des Verfahrens, zur Durchführung des Verfahrens der außerordentlichen Revision oder zur Wahrnehmung von berechtigten Interessen der Parteien unentbehrlich sind.

**Art. 147.** Der Gerichtspräsident fordert die Parteien auf, innerhalb einer bestimmten Frist Anträge hinsichtlich der Art und Weise der Wiederherstellung der Akten zu stellen und Urkunden vorzulegen, die ihre Wiederherstellung ermöglichen.

**Art. 148.** § 1. Der Gerichtspräsident fordert Personen, die benötigte Urkunden besitzen, auf, diese dem Gericht vorzulegen; falls es tunlich erscheint, ordnet er die zwangsweise Wegnahme dieser Urkunden an; Art. 189—204 finden entsprechende Anwendung.

§ 2. Nach der Anfertigung von beglaubigten Abschriften sind die Urkunden an die Person zurückzugeben, die sie hergegeben hat oder der sie abgenommen worden sind.

**Art. 149.** Das Verfahren zur Wiederherstellung der Akten und das hierzu für notwendig erachtete Beweisverfahren wird vom Gericht durchgeführt; insbesondere berücksichtigt das Gericht Eintragungen in Strafregistern, Verzeichnissen und sonstigen Büroakten, Ton- und Bildaufnahmen; es kann Richter, Staatsanwälte, Protokollführer, Rechtsanwälte und andere Personen als Zeugen vernehmen, wenn sie an dem Verfahren beteiligt waren oder über den Inhalt der Akten Aussagen machen können.

**Art. 150.** § 1. In dem Beschluß über die Wiederherstellung der Akten wird der Umfang der Wiederherstellung bestimmt oder es wird festgestellt, daß die Wiederherstellung der Akten nicht möglich ist.

§ 2. Gegen diesen Beschluß ist die Beschwerde statthaft.

**Art. 151.** Können die Akten einer nicht rechtskräftig abgeschlossenen Sache überhaupt nicht wiederhergestellt werden oder sind sie nur teilweise wiederhergestellt worden, so sind die Prozeßhandlungen in dem für die Fortsetzung des Verfahrens unentbehrlichen Umfang zu wiederholen.

## KAPITEL V

## Beweise

### ABSCHNITT 19

### Allgemeine Bestimmungen

**Art. 152.** Beweise werden auf Antrag der Parteien oder von Amts wegen erhoben.

**Art. 153.** Allgemeinbekannte Tatsachen bedürfen keines Beweises; das gleiche gilt für gerichtsbekannte Tatsachen, jedoch sind die Parteien auf diese hinzuweisen.

**Art. 154.** § 1. In einem Beweisantrag ist anzugeben, welche Tatsachen auf welche Art und Weise bewiesen werden sollen.

§ 2. Der Beweisantrag kann sich auf die Ermittlung oder die Würdigung eines Beweises beziehen.

**Art. 155.** § 1. Ein Beweisantrag wird abgelehnt, wenn:

1. die Erhebung des Beweises unzulässig ist,
2. die zu beweisende Tatsache für die Entscheidung der Sache ohne Bedeutung oder im Sinne des Antragstellers schon erwiesen ist,
3. das Beweismittel zur Feststellung der angegebenen Tatsache ungeeignet oder die Beweisaufnahme undurchführbar ist.

§ 2. Die Ablehnung des Beweisantrags erfolgt durch Beschluß.

§ 3. Ein Beweisantrag darf nicht allein aus dem Grunde abgelehnt werden, daß die bisherigen Beweisaufnahmen bereits das Gegenteil dessen erwiesen hätten, was der Antragsteller zu beweisen versucht.

**Art. 156.** Die Ablehnung eines Beweisantrags steht der späteren Zulassung des Beweises nicht entgegen, auch wenn neue Umstände nicht aufgetaucht sind.

**Art. 157.** § 1. Einer Person, die vernommen wird, ist Gelegenheit zu geben, sich zunächst frei innerhalb des durch den Zweck der betreffenden Prozeßhandlung bestimmten Rahmens zu äußern, erst danach können Fragen gestellt werden, die auf Ergänzung, Klärung oder Kontrolle der Aussagen hinzielen.

§ 2. Erklärungen, Aussagen und Angaben, die unter Verhältnissen abgegeben werden, die eine freie Äußerung nicht gewährleisten, können nicht Beweismittel sein.

§ 3. Die vernommenen Personen können einander gegenübergestellt werden, damit Widersprüche aufgeklärt werden.

**Art. 158.** Angaben des Angeklagten oder Aussagen eines Zeugen können in ihrer Eigenschaft als Beweismittel nicht durch den Inhalt von Aufzeichnungen oder Schriftstücken ersetzt werden.

**Art. 159.** § 1. Ein Dolmetscher muß zugezogen werden, wenn zu vernehmen ist:

1. eine taube oder stumme Person, sofern eine schriftliche Verständigung mit ihr nicht ausreicht,
2. eine Person, die der polnischen Sprache nicht mächtig ist.

§ 2. Ein Dolmetscher muß auch dann zugezogen werden, wenn es erforderlich ist, daß ein in fremder Sprache abgefaßtes Schriftstück ins Polnische oder ein in polnischer Sprache abgefaßtes Schriftstück in eine Fremdsprache übersetzt wird.

§ 3. Auf den Dolmetscher finden die Bestimmungen über Sachverständige entsprechende Anwendung.

## ABSCHNITT 20

## Zeugen

**Art. 160.** § 1. Jede als Zeuge geladene Person ist verpflichtet, zu erscheinen und auszusagen.

§ 2. Ein Zeuge, der auf eine ihm zugegangene Ladung wegen Krankheit, Gebrechlichkeit oder wegen eines anderen unüberwindlichen Hindernisses nicht erscheinen kann, darf an seinem Aufenthaltsort vernommen werden.

**Art. 161.** Als Zeuge darf nicht vernommen werden:

1. ein Verteidiger über Tatsachen, die er bei der Erteilung einer Rechtsberatung oder bei der Wahrnehmung einer Rechtssache erfahren hat,
2. ein Geistlicher über Tatsachen, die er in der Beichte erfahren hat.

**Art. 162.** § 1. Personen, die zur Wahrung eines Staatsgeheimnisses verpflichtet sind, können über Umstände, auf die sich diese Pflicht erstreckt, nur dann vernommen werden, wenn sie von ihrer Verpflichtung zur Geheimhaltung durch ein dazu befugtes Organ entbunden sind.

§ 2. Die Entbindung von der Pflicht zur Geheimhaltung darf nur dann verweigert werden, wenn die Aussage dem Staat einen ernsten Nachteil zufügen könnte.

§ 3. Das Gericht oder der Staatsanwalt können das zuständige oberste Organ der Staatsverwaltung um die Entbindung des Zeugen von der Geheimhaltungspflicht ersuchen.

**Art. 163.** Personen, die zur Wahrung eines Dienstgeheimnisses oder eines mit der Ausübung eines Berufs oder einer Funktion verbundenen Geheimnisses verpflichtet sind, können die Aussage über einen Umstand, auf den sich diese Pflicht bezieht, verweigern, es sei denn, daß sie durch das Gericht oder den Staatsanwalt von der Pflicht zur Geheimhaltung entbunden werden.

**Art. 164.** § 1. In den in Art. 162 und 163 genannten Fällen vernimmt das Gericht eine solche Person unter Ausschluß der Öffentlichkeit.

§ 2. Der Justizminister bestimmt im Einvernehmen mit dem Generalstaatsanwalt der Volksrepublik Polen durch Verordnung, wie Protokolle von Aussagen über Umstände, auf die sich die Pflicht zur Geheimhaltung eines Staats-, Dienst- oder Berufsgeheimnisses erstreckt, verwahrt werden.

**Art. 165.** § 1. Die nächsten Angehörigen des Angeklagten können die Aussage verweigern.

§ 2. Das Aussageverweigerungsrecht besteht unbeschadet der Beendigung der Ehe oder des Adoptionsverhältnisses.

**Art. 166.** § 1. Ein Zeuge kann die Auskunft auf eine Frage verweigern, deren Beantwortung ihn selbst oder einen seiner nächsten Angehörigen in die Gefahr strafrechtlicher Verantwortlichkeit bringen würde.

§ 2. Der Zeuge kann verlangen, daß er in der Verhandlung unter Ausschluß der Öffentlichkeit vernommen wird, wenn der Inhalt der

Aussage ihm oder einem seiner nächsten Angehörigen zur Unehre gereichen würde.

**Art. 167.** Von der Aussagepflicht oder der Pflicht zur Beantwortung von Fragen kann derjenige befreit werden, der in einem besonders nahen persönlichen Verhältnis zum Angeklagten steht und um die Befreiung ersucht.

**Art. 168.** Erklärt eine zur Aussageverweigerung berechtigte oder eine nach Maßgabe des Art. 167 befreite Person spätestens bei Beginn der Aussage in der Verhandlung vor dem erstinstanzlichen Gericht, daß sie von ihrem Recht Gebrauch machen wolle, so können die vorher gemachten Aussagen weder als Beweis dienen noch verlesen werden.

**Art. 169.** § 1. Nur das Gericht oder ein beauftragter Richter können einem Zeugen das Gelöbnis abnehmen.

§ 2. Von der Abnahme des Gelöbnisses eines Zeugen kann abgesehen werden, wenn die anwesenden Parteien dem nicht widersprechen.

§ 3. Der Zeuge leistet das Gelöbnis vor Beginn der Aussage.

**Art. 170.** § 1. Der Zeuge leistet das Gelöbnis in der Weise, daß er dem Richter die Worte nachspricht: „Der Bedeutung meiner Worte und der rechtlichen Verantwortung bewußt, gelobe ich feierlich, daß ich die reine Wahrheit sagen und nichts verschweigen werde, wovon ich Kenntnis habe".

§ 2. Während der Abgabe des Gelöbnisses erheben sich alle Personen einschließlich der Richter.

§ 3. Stumme und taube Personen leisten das Gelöbnis durch Unterzeichnung der Gelöbnisformel.

§ 4. Ein Zeuge, der in der zu verhandelnden Sache schon ein Gelöbnis geleistet hat, wird bei einer erneuten Vernehmung vom Gericht auf dieses Gelöbnis hingewiesen, es sei denn, daß das Gericht die erneute Abnahme des Gelöbnisses für tunlich hält.

**Art. 171.** Ein Gelöbnis wird nicht abgenommen:

1. von Personen, die das 17. Lebensjahr noch nicht vollendet haben,
2. wenn der begründete Verdacht besteht, daß sich der Zeuge wegen Geistesstörung nicht in genügendem Maße der Bedeutung des Gelöbnisses bewußt ist,
3. wenn der Zeuge verdächtig ist, die Straftat, die Gegenstand des Verfahrens bildet oder eine Straftat, die in engem Zusammenhang mit der zu verhandelnden Tat steht, begangen zu haben, oder wenn er wegen einer Straftat der genannten Art verurteilt worden ist,

4. wenn der Zeuge wegen Falschaussage rechtskräftig verurteilt worden ist.

**Art. 172.** § 1. Vor Beginn der Vernehmung ist der Zeuge über die strafrechtliche Verantwortlichkeit für Falschaussagen zu belehren.

§ 2. Im vorbereitenden Verfahren unterschreibt der Zeuge eine Erklärung, daß er über diese Verantwortlichkeit belehrt worden ist.

**Art. 173.** § 1. Die Vernehmung beginnt damit, daß der Zeuge über Vornamen, Alter, Beschäftigung, Wohnort, Vorstrafen wegen Falschaussage sowie über seine Beziehung zu den Parteien befragt wird.

§ 2. Der Zeuge ist über den Inhalt des Art. 165 zu belehren sowie über den Inhalt der Art. 166 und 167, sofern die in diesen Bestimmungen genannten Umstände bekannt werden.

**Art. 174.** § 1. Ist es für Beweiszwecke unerläßlich, so kann ein Zeuge mit seinem Einverständnis der Einnahme eines Augenscheins am Körper und einer ärztlichen Untersuchung unterzogen werden.

§ 2. Ist die Strafbarkeit einer Tat vom Gesundheitszustand des Geschädigten abhängig, so darf er sich der Einnahme eines Augenscheins und Untersuchungen, die nicht mit einem chirurgischen Eingriff oder mit einer Beobachtung in einer Heilanstalt verbunden sind, nicht widersetzen. Dies gilt nicht für Personen, die ihre Aussage verweigert haben oder von der Aussage nach Maßgabe der Art. 165 oder 167 befreit sind.

§ 3. Bestehen Zweifel hinsichtlich des Geisteszustandes eines Zeugen, des Standes seiner geistigen Entwicklung, seiner Wahrnehmungsfähigkeit und seiner Fähigkeit zur Wiedergabe eigener Sinneswahrnehmungen, so können das Gericht oder der Staatsanwalt die Vernehmung des Zeugen unter Mitwirkung eines sachverständigen Arztes oder Psychologen anordnen.

**Art. 175.** Die im Strafverfahren aufgenommenen Protokolle über die Einnahme eines Augenscheins am Körper werden in der Verhandlung verlesen, und zwar selbst dann, wenn die in Augenschein genommene Person Angaben oder Aussagen verweigert oder von der Aussagepflicht aufgrund der Art. 165 oder 167 befreit worden ist.

## ABSCHNITT 21

## Sachverständige

**Art. 176.** § 1. Erfordert die Feststellung von Umständen, die von wesentlichem Einfluß auf die Entscheidung der Sache sind, besondere Sachkenntnisse, so wird das Gutachten eines wissenschaftlichen Instituts oder eines Forschungsinstituts oder einer Spezialanstalt oder einer dazu berufenen Institution eingeholt, oder es werden ein oder mehrere Sachverständige zugezogen. Die Erhebung dieses Beweises wird durch Beschluß angeordnet.

§ 2. In dem in § 1 erwähnten Beschluß ist das Institut, die Anstalt oder die Institution oder die Person und das Fach des zugezogenen Sachverständigen zu bezeichnen, ferner der Gegenstand, der Umfang sowie die Frist für die Erstattung des aufgetragenen Gutachtens, und, falls es tunlich erscheint, sind auch Einzelfragen zu formulieren.

**Art. 177.** § 1. Das von einem Institut, einer Anstalt oder einer Institution erstattete Gutachten hat die bei der Erstattung mitwirkenden Personen unter Angabe ihrer Namen und Vornamen, ihrer Grade oder wissenschaftlichen Titel sowie der von ihnen bekleideten Stellungen anzuführen; das Gutachten ist von diesen Personen und von einer zur Unterzeichnung von Gutachten im Namen der Institution befugten Person zu unterschreiben.

§ 2. Die bei der Erstattung des Gutachtens mitwirkenden Personen sind im Bedarfsfall dazu berufen, als Sachverständige aufzutreten.

**Art. 178.** Zur Ausübung der Tätigkeit eines Sachverständigen ist nicht nur ein Gerichtssachverständiger verpflichtet, sondern auch jeder andere, der bekanntermaßen auf dem betreffenden Gebiet eine geeignete Sachkunde besitzt.

**Art. 179.** § 1. Die in Art. 161, 165 und 167 genannten Personen sowie diejenigen, auf die sich die Ausschließungsgründe der Art. 30 § 1 Ziff. 1, 2, 3 und 5 beziehen, ferner solche, die in der Sache als Zeugen benannt sind, dürfen nicht als Sachverständige tätig werden.

§ 2. Ergeben sich Gründe, die das Vertrauen in die Sachkunde oder die Unvoreingenommenheit des Sachverständigen erschüttern, oder sonstige gewichtige Gründe, so wird ein anderer Sachverständiger bestellt.

**Art. 180.** § 1. Der Sachverständige leistet ein Gelöbnis folgenden Inhalts: „Der Bedeutung meiner Worte und der rechtlichen Verantwortlichkeit bewußt gelobe ich feierlich, daß ich die mir übertragenen Pflichten mit äußerster Gewissenhaftigkeit und Unvoreingenommenheit erfüllen werde."

§ 2. Ein Gerichtssachverständiger beruft sich auf das bei seiner Anstellung geleistete Gelöbnis.

§ 3. Auf den Sachverständigen finden die Art. 160, 162, 163, 164, 169, 170 § 2 und 4 sowie die Art. 172 und 173 § 1 entsprechende Anwendung.

**Art. 181.** § 1. Der Sachverständige hat ein Recht auf Akteneinsicht; er wird zur Mitwirkung bei der Beweisaufnahme geladen, soweit dies tunlich erscheint.

§ 2. Der Sachverständige erstattet sein Gutachten mündlich oder schriftlich; es muß einen Bericht über vorgenommene Handlungen und Wahrnehmungen und die darauf gestützten Schlußfolgerungen enthalten.

**Art. 182.** Ist das Gutachten unvollständig oder unklar oder bestehen Widersprüche zwischen Gutachten, so kann ein weiteres Gutachten eines Instituts, einer Anstalt oder einer Institution eingeholt werden, oder es können auch erneut dieselben Sachverständigen geladen oder andere hinzugezogen werden.

**Art. 183.** Zur Begutachtung des Geisteszustandes des Angeklagten sind mindestens zwei psychiatrische Ärzte zuzuziehen.

**Art. 184.** § 1. Falls es tunlich erscheint, kann eine psychiatrische Untersuchung des Angeklagten mit der Beobachtung in einer Heilanstalt verbunden werden.

§ 2. Darüber entscheiden auf Antrag des Sachverständigen das Gericht oder der Staatsanwalt, wobei der Ort der Beobachtung bestimmt wird.

§ 3. Die Untersuchung in einer Heilanstalt soll nicht länger als 6 Wochen dauern; auf Antrag der Anstalt kann diese Frist für eine bestimmte Zeit, die zur Erstattung des Gutachtens notwendig ist, verlängert werden.

§ 4. Gegen den in §§ 2 und 3 genannten Beschluß ist die Beschwerde statthaft; über die Beschwerde gegen den Beschluß des Staatsanwalts entscheidet das zur Aburteilung der Sache zuständige Gericht.

## ABSCHNITT 22

## Augenschein und Sachbeweise

**Art. 185.** § 1. Ein Augenschein wird an einem Ort, an einer Person oder an einem Gegenstand eingenommen, falls es tunlich erscheint.

§ 2. Ist ein Gegenstand bei einer Untersuchung der Gefahr der Vernichtung oder der Entstellung ausgesetzt, so ist ein Teil dieses Gegenstands nach Möglichkeit in unverändertem Zustand zu erhalten; falls das nicht möglich ist, ist dieser Zustand auf andere Weise festzuhalten.

**Art. 186.** Zum Zweck der Überprüfung von Umständen, die von wesentlicher Bedeutung für die Sache sind, können Experimente oder Rekonstruktionen des Verlaufs von Ereignissen, die Gegenstand der Untersuchung sind, bzw. von Teilen derselben, vorgenommen werden.

**Art. 187.** Augenschein und Untersuchungen am Körper, die das Schamgefühl verletzen können, sind von einer Person des gleichen Geschlechts vorzunehmen, es sei denn, daß dies mit besonderen Schwierigkeiten verbunden ist; weitere Personen des anderen Geschlechts dürfen nur im Notfall zugegen sein.

**Art. 188.** § 1. Besteht der Verdacht, daß der Tod durch eine strafbare Handlung verursacht wurde, so ist stets eine Leichenschau und eine Leichenöffnung anzuordnen.

§ 2. Die Leichenöffnung ist unter Zuziehung eines Arztes, möglichst eines Gerichtssachverständigen, vorzunehmen; falls es tunlich erscheint, kann neben dem Sachverständigen der Arzt, der zuletzt den Verstorbenen behandelt hat, aufgefordert werden, der Leichenschau und Leichenöffnung beizuwohnen.

§ 3. Zum Zweck der Einnahme eines Augenscheins an der Leiche oder der Leichenöffnung kann das Gericht oder der Staatsanwalt anordnen, daß diese exhumiert wird.

**Art. 189.** Gegenstände, die in der Sache als Beweisstücke dienen können, sind auf Verlangen des Gerichts oder des Staatsanwalts herauszugeben, und in Fällen, die keinen Aufschub gestatten, auch auf Verlangen der Bürgermiliz; Art. 162—164 finden entsprechende Anwendung.

**Art. 190.** Zum Auffinden der in Art. 189 genannten Gegenstände kann eine Durchsuchung von Räumen und anderen Orten, auch einer Person oder einer Sache durchgeführt werden, wenn ein berechtigter Grund zur Annahme besteht, daß die Gegenstände sich dort befinden.

**Art. 191.** § 1. Nimmt die Bürgermiliz eine Durchsuchung vor, so legt sie der Person, bei der die Handlung durchgeführt werden soll, die Anordnung des Gerichts oder des Staatsanwalts vor.

§ 2. In Fällen, die keinen Aufschub gestatten, ist, falls eine Anordnung des Staatsanwalts nicht vorher erlassen werden konnte, ein Befehl des Leiters der zuständigen Einheit der Bürgermiliz oder der Dienstausweis vorzulegen; danach ist der Staatsanwalt um die Bestätigung der Vornahme der Durchsuchung zu ersuchen. Der Beschluß wird der Person, bei der die Durchsuchung durchgeführt wurde, auf ihr zu Protokoll genommenes Verlangen hin zugestellt; diese Person ist über ihr Recht, ein solches Verlangen zu stellen, zu belehren, und falls ein solches Verlangen vorgebracht wird, ist es zu Protokoll zu nehmen.

**Art. 192.** § 1. Die Durchsuchung von bewohnten Räumen darf in der Nachtzeit nur in Fällen erfolgen, die keinen Aufschub gestatten; als Nachtzeit gilt der Zeitraum von 21 Uhr bis 6 Uhr.

§ 2. Eine am Tage begonnene Durchsuchung kann trotz Anbruchs der Nachtzeit fortgesetzt werden.

§ 3. Zur Nachtzeit dürfen Räume durchsucht werden, die zu dieser Zeit einer unbestimmten Zahl von Personen zugänglich sind oder die zur Aufbewahrung von Sachen dienen.

**Art. 193.** § 1. Bei Beginn der Durchsuchung von Räumen einer staatlichen oder gesellschaftlichen Institution sind der Leiter dieser Institution oder sein Stellvertreter oder das übergeordnete Organ von der beabsichtigten Handlung in Kenntnis zu setzen und zur Teilnahme an der Handlung zuzulassen.

§ 2. Die Durchsuchung eines im Militärbesitz befindlichen Raumes darf nur im Beisein des Befehlshabers oder einer von ihm bestimmten Person stattfinden.

**Art. 194.** Die Durchsuchung einer Person und ihrer Bekleidung ist möglichst von einer Person des gleichen Geschlechts durchzuführen.

**Art. 195.** § 1. Der Person, bei der die Durchsuchung stattfinden soll, ist vor Beginn der Handlung deren Zweck bekanntzugeben, und sie ist zur Herausgabe der gesuchten Gegenstände aufzufordern.

§ 2. Bei der Durchsuchung haben die in § 1 genannte Person und die von demjenigen, der die Handlung durchführt, zugezogene Person das Recht auf Anwesenheit. Außerdem darf noch eine Person zugegen sein, die von demjenigen, bei welchem die Durchsuchung durchgeführt wird, benannt wird, soweit nicht dadurch die Durchsuchung unmöglich gemacht oder in beträchtlichem Maße erschwert wird.

§ 3. Ist bei der Durchsuchung der Inhaber der Räumlichkeit nicht anwesend, so ist zur Durchsuchung mindestens ein erwachsener Hausgenosse oder Nachbar hinzuzuziehen.

**Art. 196.** § 1. Erklärt die Person, bei der die Durchsuchung stattfindet, oder der Leiter der staatlichen oder gesellschaftlichen Institution, daß ein herausgegebenes oder bei der Durchsuchung vorgefundenes Schriftstück Tatsachen enthält, die unter ein Staatsgeheimnis fallen, so reicht das Organ, das die Handlung durchführt, das Schriftstück, ohne es zu lesen, unverzüglich in einem versiegelten Umschlag an den Staatsanwalt weiter. Art. 162 findet entsprechende Anwendung.

§ 2. Erklären die in § 1 erwähnten Personen, daß das Schriftstück Umstände enthält, die unter ein Dienst- oder Berufsgeheimnis fallen, so ist das Schriftstück in der in § 1 bezeichneten Weise weiterzuleiten. Art. 161 Ziff. 1, 163 und 164 finden entsprechende Anwendung.

§ 3. Schreiben, die persönlichen Charakter tragen, sind ebenfalls nach Maßgabe des § 1 weiterzuleiten.

§ 4. Ist der Inhaber des Schriftstücks eine Person, die einer Straftat beschuldigt wird, so finden die §§ 2 und 3 keine Anwendung.

**Art. 197.** § 1. Die bei der Durchsuchung herausgegebenen oder vorgefundenen Gegenstände sind nach Einnahme eines Augenscheins und Anfertigung einer Beschreibung in amtlichen Gewahrsam zu nehmen oder einer vertrauenswürdigen Person in Verwahrung zu geben mit dem Hinweis, daß diese pflichtgemäß auf jede Anforderung des Untersuchungs- oder Ermittlungsführers vorzulegen sind.

§ 2. Gleichermaßen ist mit den bei der Durchsuchung vorgefundenen Gegenständen zu verfahren, die als Beweismittel für eine andere Straftat dienen können, die eingezogen werden können oder deren Besitz verboten ist.

§ 3. Den daran interessierten Personen ist unverzüglich eine Empfangsbestätigung darüber auszuhändigen, welche Gegenstände und von wem zurückbehalten worden sind; sind Gegenstände ohne einen Beschluß über die Vornahme der Durchsuchung zurückbehalten worden, so ist auf Verlangen des Interessenten innerhalb von 7 Tagen der Beschluß des Staatsanwalts über die Bestätigung der Durchsuchung und der Zurückbehaltung der Gegenstände zuzustellen, oder die zurückbehaltenen Gegenstände sind herauszugeben.

**Art. 198.** § 1. Post-, Fernmelde- oder Zollbehörden sowie Transportunternehmen sind verpflichtet, dem Gericht oder dem Staatsanwalt auf Aufforderung Briefe und Sendungen, die für ein laufendes Verfahren von Bedeutung sind, herauszugeben. Nur das Gericht oder der Staatsanwalt sind zur Öffnung befugt.

§ 2. Gegen den diesbezüglichen Beschluß ist die Beschwerde statthaft.

§ 3. Die Verkündung des Beschlusses nach § 2 gegenüber dem Angeklagten kann auf eine bestimmte Zeit, die im Interesse der Sache notwendig ist, ausgesetzt werden.

§ 4. Die für das Strafverfahren bedeutungslosen Briefe und Sendungen sind unverzüglich an die in § 1 genannten zuständigen Behörden und Unternehmen zurückzugeben.

**Art. 199.** Die für das Strafverfahren entbehrlichen Gegenstände werden der berechtigten Person zurückgegeben, und, falls deren Besitz verboten ist, an die zuständige Behörde oder Institution überwiesen.

**Art. 200.** Ist bei einem Gegenstand fraglich, wem er auszuhändigen ist, so wird er bei der gerichtlichen Hinterlegungsstelle hinterlegt oder einer vertrauenswürdigen Person bis zur Klärung der Empfangsberechtigung in Verwahrung gegeben. Die Bestimmungen über die Liquidation von hinterlegten und nicht abgeholten Sachen finden entsprechende Anwendung.

**Art. 201.** § 1. Leicht verderbliche Gegenstände und Gegenstände, deren Verwahrung mit unverhältnismäßig hohen Kosten oder übermäßigen Schwierigkeiten verbunden wäre oder eine bedeutende Wertminderung der Sache bewirken würde, können ohne Versteigerung durch Vermittlung einer Einheit des vergesellschafteten Handels verkauft werden, wobei die Vorschriften über den Verkauf im Verfahren der Zwangsvollstreckung in bewegliche Sachen zu beachten sind.

§ 2. Der Erlös wird an die Hinterlegungsstelle überwiesen.

§ 3. Vom Zeitpunkt und von den Verkaufsbedingungen werden die daran Interessierten und der Angeklagte nach Möglichkeit benachrichtigt.

**Art. 202.** Bei der Hinterlegung von inländischem oder ausländischem Geld bestimmt das überweisende Organ die Art der Hinterlegung und die Art und Weise, in der über die in Verwahrung gegebenen Wertstücke verfügt werden soll.

**Art. 203.** Verfügungen über einen Gegenstand, die nach der Zurückhaltung oder der Sicherstellung vorgenommen werden, sind dem Fiskus gegenüber unwirksam.

**Art. 204.** Während des gerichtlichen Verfahrens werden Entscheidungen und Handlungen, die nach diesem Abschnitt der Staatsanwalt vorzunehmen hat, vom Gericht vorgenommen.

## KAPITEL VI

## Zwangsmittel

### ABSCHNITT 23

### Festnahme

**Art. 205.** Jedermann hat das Recht, eine Person auf frischer Tat oder bei einer Verfolgung, die unmittelbar nach der Begehung der Straftat aufgenommen wird, festzunehmen und sie der Bürgermiliz zu übergeben, wenn zu befürchten ist, daß sie sich verbergen werde, oder wenn ihre Identität nicht festgestellt werden kann.

**Art. 206.** § 1. Die Bürgermiliz hat das Recht, eine verdächtige Person festzunehmen, falls Gründe für die Annahme bestehen, daß sie eine Straftat begangen hat und zu befürchten ist, daß sie sich verbergen oder Spuren der Straftat vernichten werde. Der Zeitpunkt der Festnahme ist schriftlich festzuhalten.

§ 2. Der Festgenommene ist freizulassen, wenn der Grund für die Festnahme weggefallen ist.

§ 3. Unverzüglich nach der Festnahme der verdächtigen Person ist mit der Ermittlung der notwendigen Angaben zu beginnen und, sofern die in Art. 217 §§ 1 und 2 genannten Voraussetzungen vorliegen, der Antrag auf Untersuchungshaft beim Staatsanwalt zu stellen.

**Art. 207.** Wird innerhalb von 48 Stunden nach der Festnahme dem Festgenommenen eine Abschrift des Beschlusses über die Anordnung der Untersuchungshaft nicht zugestellt, so ist der Festgenommene unverzüglich freizulassen.

**Art. 208.** § 1. Das Gericht oder der Staatsanwalt können die Festnahme und die zwangsweise Vorführung einer verdächtigen Person anordnen. Zu diesem Zweck darf eine Durchsuchung angeordnet werden. Art. 191—193 und 195 finden entsprechende Anwendung.

§ 2. Auf Anordnung des Gerichts oder des Staatsanwalts wird ein Soldat, der im aktiven Militärdienst steht, von den zuständigen Militärorganen zwangsweise vorgeführt.

## ABSCHNITT 24

## Verfahrenssichernde Maßnahmen[7]

**Art. 209.** Verfahrenssichernde Maßnahmen können zur Gewährleistung des ordnungsgemäßen Ganges des Verfahrens angeordnet werden, wenn die gegen den Angeklagten gesammelten Beweise in ausreichendem Maße die Annahme begründen, daß er eine Straftat begangen hat.

**Art. 210.** § 1. Verfahrenssichernde Maßnahmen werden vom Gericht und vor Einreichung der Anklageschrift vom Staatsanwalt angeordnet.

§ 2. Der Staatsanwalt kann verfahrenssichernde Maßnahmen nur gegen eine Person anordnen, die in diesem Verfahren als Beschuldigter vernommen worden ist. Vor Anordnung der Untersuchungshaft oder einer Sicherheitsleistung vernimmt der Staatsanwalt den Beschuldigten persönlich.

**Art. 211.** § 1. In dem Beschluß über die Anordnung einer verfahrenssichernden Maßnahme ist dem Betroffenen die ihm zur Last gelegte Tat, deren rechtliche Qualifikation und die Rechtsgrundlage für die Anwendung der verfahrenssichernden Maßnahme anzugeben.

---

[7] Wörtlich: „Vorbeugungsmittel“, „Vorkehrungsmaßnahmen“.

§ 2. In dem Beschluß des Staatsanwalts über die Anordnung der Untersuchungshaft ist der Zeitpunkt der Festnahme und der Zeitpunkt, bis zu welchem die Haft dauern soll, anzugeben.

**Art. 212.** § 1. Gegen den Beschluß über eine verfahrenssichernde Maßnahme ist die Beschwerde nach den allgemeinen Grundsätzen statthaft, mit Ausnahme der in § 2 und in Art. 222 § 3 genannten Fälle.

§ 2. Gegen den Beschluß des Staatsanwalts über die Anordnung der Untersuchungshaft ist die Beschwerde an das für die Aburteilung der Sache zuständige Gericht statthaft.

§ 3. Gegen den gemäß § 2 ergangenen Gerichtsbeschluß steht dem Angeklagten die Beschwerde nicht zu.

**Art. 213.** Die verfahrenssichernde Maßnahme ist unverzüglich aufzuheben oder abzuändern, falls die Gründe, derentwegen sie angeordnet wurde, weggefallen sind oder Gründe entstehen, die ihre Aufhebung oder ihre Abänderung in eine mildere oder schärfere Maßnahme rechtfertigen.

**Art. 214.** Der Angeklagte kann jederzeit einen Antrag auf Aufhebung oder Abänderung der verfahrenssichernden Maßnahmen stellen; über den Antrag entscheidet innerhalb von 3 Tagen der Staatsanwalt und nach Einreichung der Anklageschrift das Gericht, bei dem die Sache anhängig ist.

**Art. 215.** Die Aussetzung des Verfahrens steht der Entscheidung über die Anordnung von verfahrenssichernden Maßnahmen nicht entgegen.

**Art. 216.** Die Aufsicht über die Ordnungsmäßigkeit der Festnahme und der Durchführung von verfahrenssichernden Maßnahmen während des vorbereitenden Verfahrens führt der Staatsanwalt, und während des gerichtlichen Verfahrens das Gericht.

**Art. 217.** § 1. Die Anordnung der Untersuchungshaft kann erfolgen, wenn:

1. zu befürchten ist, daß der Angeklagte sich verbergen werde, besonders dann, wenn er im Inland keinen festen Wohnsitz hat oder seine Identität nicht festgestellt werden kann,
2. zu befürchten ist, daß der Angeklagte andere zu einer Falschaussage verleiten oder in anderer Weise bestrebt sein werde, das Strafverfahren zu erschweren,
3. dem Angeklagten ein Verbrechen oder eine Handlung, die die im Strafgesetzbuch bestimmten Voraussetzungen des Rückfalls erfüllt, zur Last gelegt wird,
4. dem Angeklagten eine Tat zur Last gelegt wird, deren Grad an gesellschaftlicher Gefährlichkeit erheblich ist.

§ 2. Im vorbereitenden Verfahren darf eine Untersuchungshaft nicht angeordnet werden, wenn die Straftat mit einer Freiheitsentzugsstrafe von höchstens einem Jahr bedroht ist. Diese Beschränkung gilt nicht, falls die Identität des Angeklagten nicht festgestellt werden kann.

§ 3. Wird ein Angeklagter zu einer Freiheitsentzugsstrafe von über 2 Jahren wegen einer vorsätzlichen Straftat oder von über 3 Jahren wegen einer fahrlässigen Straftat verurteilt, so ordnet das erstinstanzliche Gericht die Untersuchungshaft an.

§ 4. Falls auf eine Strafe unterhalb der in § 3 bezeichneten Grenze erkannt worden ist, ist das Gericht verpflichtet, nach Anhörung der anwesenden Parteien einen Beschluß über die Fortdauer der Haft zu erlassen.

**Art. 218.** Von einer Anordnung der Untersuchungshaft wird abgesehen, wenn besondere Umstände entgegenstehen, insbesondere wenn der Freiheitsentzug:

1. eine ernste Gefahr für Leben oder Gesundheit des Angeklagten bedeuten würde,
2. außergewöhnlich schwere Folgen für den Angeklagten oder seine nächsten Familienangehörigen mit sich bringen würde.

**Art. 219.** Erfordert es der Gesundheitszustand des Angeklagten, so kann die Untersuchungshaft nur durch Unterbringung in einer geeigneten Heilanstalt vollzogen werden.

**Art. 220.** § 1. Das Gericht oder der Staatsanwalt haben die Pflicht, unverzüglich den nächsten Angehörigen des Angeklagten von der Anordnung der Untersuchungshaft zu benachrichtigen.

§ 2. Auf Antrag des Angeklagten kann auch eine andere Person anstelle oder neben der in § 1 bezeichneten Person benachrichtigt werden.

§ 3. Das Gericht oder der Staatsanwalt sind verpflichtet, unverzüglich die Arbeitsstelle oder die Lehranstalt oder bei Soldaten den Befehlshaber von der Anordnung der Untersuchungshaft zu benachrichtigen.

**Art. 221.** § 1. Im Falle der Anordnung der Untersuchungshaft hat das Gericht oder der Staatsanwalt die Pflicht:

1. das Vormundschaftsgericht zu benachrichtigen, wenn es tunlich erscheint, einen Vormund für die Kinder des Verhafteten zu bestellen,
2. die Abteilung für soziale Fürsorge zu benachrichtigen, wenn es tunlich erscheint, die Betreuung einer gebrechlichen oder kranken Person zu übernehmen, die sich in der Obhut des Verhafteten befand,

3. die zum Schutz des Vermögens und der Wohnung des Verhafteten notwendigen Vorkehrungen zu treffen.

§ 2. Über die getroffenen Vorkehrungen und erlassenen Anordnungen ist dem Verhafteten Mitteilung zu machen.

**Art. 222.** § 1. Der Staatsanwalt kann die Untersuchungshaft für eine Dauer von höchstens 3 Monaten anordnen.

§ 2. Kann im Hinblick auf besondere Umstände der Sache das vorbereitende Verfahren nicht in der in § 1 bestimmten Frist abgeschlossen werden, so kann die Untersuchungshaft während des Untersuchungsverfahrens notfalls verlängert werden:
1. vom Wojewodschaftsstaatsanwalt bis zu 6 Monaten,
2. vom Wojewodschaftsgericht auf Antrag des Wojewodschaftsstaatsanwalts auf eine weitere bestimmte Zeit, die für den Abschluß des Untersuchungsverfahrens benötigt wird.

§ 3. Gegen den in § 2 Ziff. 1 vorgesehenen Beschluß des Wojewodschaftsstaatsanwalts ist die Beschwerde an das örtlich zuständige Wojewodschaftsgericht als Rechtsmittelinstanz statthaft und gegen den in § 2 Ziff. 2 vorgesehenen Beschluß des Wojewodschaftsgerichts die Beschwerde an das Oberste Gericht.

**Art. 223.** Wird wegen Unzurechnungsfähigkeit des Beschuldigten das Verfahren eingestellt, so kann ungeachtet der in Art. 222 bestimmten Frist eine Entscheidung über die Fortdauer der Untersuchungshaft bis zum Abschluß des Verfahrens in der Sache, bzw. bis zur Entscheidung über eine Maßregel der Sicherung, getroffen werden.

**Art. 224.** Die Dauer der Untersuchungshaft wird vom Tag der Festnahme an berechnet.

**Art. 225.** Außer in dem Fall, daß die Untersuchungshaft obligatorisch ist, findet diese Maßnahme keine Anwendung, wenn eine Bürgschaft oder eine Aufsicht oder beide verfahrenssichernden Maßnahmen zusammen genügen.

**Art. 226.** § 1. Eine Sicherheitsleistung kann in Form von Geld, Wertpapieren, Pfandrechten oder Hypotheken vom Angeklagten oder einer anderen Person geleistet werden.

§ 2. Höhe, Art und Bedingungen der Sicherheitsleistung, insbesondere die Frist zur Hinterlegung des Gegenstandes der Sicherheitsleistung sind in einem Beschluß festzusetzen, wobei die Vermögenslage des Angeklagten und desjenigen, der die Sicherheit leistet, die Höhe des angerichteten Schadens sowie der Charakter der begangenen Tat zu berücksichtigen sind.

**Art. 227.** Die Person, die eine Sicherheit leistet, wird von jeder Ladung des Angeklagten zur Gestellung benachrichtigt; auf die Person, die eine Sicherheit für den Angeklagten leistet, finden die Art. 124 bis 125 § 1 entsprechende Anwendung.

**Art. 228.** § 1. Die den Gegenstand einer Sicherheitsleistung bildenden Vermögenswerte oder Verpflichtungen verfallen oder werden beigetrieben, wenn der Angeklagte flüchtig ist oder sich verborgen hält. Erschwert er das Strafverfahren in anderer Weise, so kann der Verfall oder die Beitreibung dieser Werte angeordnet werden.

§ 2. Über den Inhalt des § 1 sowie des Art. 229 ist die sicherheitsleistende Person vorher zu belehren.

**Art. 229.** § 1. Die verfallenen Gegenstände der Sicherheitsleistung oder die beigetriebenen Geldbeträge werden an den Fiskus überwiesen oder abgeführt; der Geschädigte hat dann an ihnen das Recht auf vorrangige Befriedigung seiner aus der Straftat herrührenden Ansprüche, falls eine Wiedergutmachung des Schadens auf andere Weise nicht erreicht werden kann.

§ 2. Sobald die geleistete Sicherheit frei wird, wird der Gegenstand der Sicherheitsleistung zurückerstattet bzw. ein Geldbetrag bereitgestellt, jedoch mit der Maßgabe, daß im Falle einer rechtskräftigen Verurteilung des Angeklagten zu einer Freiheitsentzugsstrafe dies erst bei seinem Strafantritt erfolgt. Bleibt der Angeklagte auf eine Ladung zum Strafantritt aus, so kommt Art. 228 § 1 zur Anwendung.

§ 3. Die Rücknahme einer Sicherheitsleistung wird erst wirksam, wenn eine neue Sicherheitsleistung angenommen, eine andere verfahrenssichernde Maßnahme angeordnet oder von einer solchen Maßnahme Abstand genommen wird.

§ 4. Die Bestimmungen der §§ 2 und 3 betreffen nicht die Rücknahme der Sicherheitsleistung und die Rückgabe ihrer Gegenstände, wenn ein Beschluß über deren Verfall oder die Beitreibung des Geldbetrags der Sicherheit schon ergangen ist.

**Art. 230.** § 1. Über den Verfall des Gegenstandes der Sicherheitsleistung oder die Beitreibung des Geldbetrags der Sicherheit entscheidet von Amts wegen das Gericht, bei dem das Verfahren anhängig ist; während des vorbereitenden Verfahrens entscheidet auf Antrag des Staatsanwalts das zur Aburteilung der Sache zuständige Gericht.

§ 2. Der Angeklagte und der eine Sicherheit Leistende haben das Recht, an der Gerichtssitzung teilzunehmen oder schriftliche Erklärungen abzugeben. Der nicht auf freiem Fuß befindliche Angeklagte wird zur Sitzung vorgeführt, falls der Gerichtspräsident bzw. das Gericht dies für tunlich halten.

§ 3. Gegen den in § 1 erwähnten Beschluß ist die Beschwerde statthaft.

**Art. 231.** § 1. Auf Antrag der Leitung des Betriebs, bei dem der Angeklagte beschäftigt ist, des Kollektivs, bei dem der Angeklagte arbeitet oder ausgebildet wird, oder auch der gesellschaftlichen Organisation, deren Mitglied der Angeklagte ist, kann die Bürgschaft dafür übernommen werden, daß der Angeklagte sich auf jede Ladung stellen und das Verfahren nicht erschweren werde; ist der Angeklagte Soldat, so kann die Bürgschaft von einem Soldatenkollektiv durch Vermittlung des zuständigen Befehlshabers übernommen werden.

§ 2. Dem Antrag auf Übernahme der Bürgschaft fügt die Betriebsleitung, das Kollektiv oder die gesellschaftliche Organisation einen Protokollauszug bei, der die Entscheidung oder den Beschluß über die Übernahme der Bürgschaft enthält und die Person angibt, welche die Pflichten eines Bürgen ausüben soll. Diese Person gibt eine Erklärung ab, daß sie diese Pflichten auf sich nimmt.

**Art. 232.** Die Bürgschaft dafür, daß der Angeklagte sich auf jede Ladung hin stellen und das Verfahren nicht erschweren werde, kann auch von einer vertrauenswürdigen Person übernommen werden.

**Art. 233.** § 1. Bei der Entgegennahme der Bürgschaft werden demjenigen, der die Bürgschaft leistet, sowohl der Inhalt der gegen den Angeklagten erhobenen Beschuldigung, als auch die aus der Bürgschaft sich ergebenden Pflichten, als auch die Folgen ihrer Nichterfüllung zur Kenntnis gebracht.

§ 2. Der Bürge ist verpflichtet, unverzüglich das Gericht oder den Staatsanwalt von den ihm bekannten Handlungen des Angeklagten zu benachrichtigen, die darauf hinzielen, sich der Gestellungspflicht aus der Ladung zu entziehen oder das Verfahren in anderer Weise zu erschweren.

**Art. 234.** Bleibt der Angeklagte trotz der Bürgschaft auf eine ergangene Ladung aus oder erschwert er in anderer Weise das Verfahren, so benachrichtigt das die verfahrenssichernde Maßnahme anordnende Organ denjenigen, der die Bürgschaft geleistet hat; außerdem kann es den unmittelbaren Vorgesetzten der Person, die die Bürgschaft übernommen hat, und die gesellschaftliche Organisation, der diese angehört, sowie das einem bürgenden Betrieb oder einer bürgenden gesellschaftlichen Organisation übergeordnete Organ davon benachrichtigen, wenn eine Vernachlässigung der aus der Bürgschaft hervorgehenden Pflichten festgestellt wird. Vor der erwähnten Benachrichtigung ist die Person, welche die Bürgschaft übernommen hat, aufzufordern, Erklärungen abzugeben.

**Art. 235.** § 1. Das Gericht oder der Staatsanwalt können den Angeklagten unter die Aufsicht der Bürgermiliz oder, wenn er Soldat ist, unter die Aufsicht des militärischen Vorgesetzten stellen.

§ 2. Der Beaufsichtigte hat die Pflicht, den im Beschluß des Gerichts oder Staatsanwalts enthaltenen Weisungen nachzukommen. Diese Pflicht kann das Verbot enthalten, sich zu entfernen, ferner das Gebot, sich bei dem Aufsichtsorgan in bestimmten Zeitabständen zu melden sowie von einer beabsichtigten Reise und dem Zeitpunkt der Rückkehr Mitteilung zu machen.

**Art. 236.** Ist der Aufenthaltsort des Angeklagten unbekannt, so wird die Fahndung angeordnet. Art. 208 findet entsprechende Anwendung.

**Art. 237.** § 1. Hält sich ein Angeklagter, gegen den ein Beschluß über die Anordnung der Untersuchungshaft ergangen ist, verborgen, so kann das Gericht oder der Staatsanwalt einen Beschluß über die Fahndung mit Hilfe eines Steckbriefs erlassen.

§ 2. In den Fällen, in denen noch kein Beschluß über die Anordnung der Untersuchungshaft ergangen ist, kann ein solcher Beschluß unabhängig davon ergehen, ob eine Vernehmung des Beschuldigten bereits stattgefunden hat.

**Art. 238.** § 1. Im Steckbrief werden angegeben:

1. das Gericht oder der Staatsanwalt, von dem der Beschluß über die Fahndung mit Hilfe eines Steckbriefs erlassen wurde,
2. Angaben, welche die Person betreffen und die Suche erleichtern können, vor allem Personalien, Personenbeschreibung, besondere Kennzeichen, Wohnsitz, Arbeitsstätte; soweit möglich, ist ein Lichtbild des Gesuchten beizufügen;
3. eine Angabe über den Inhalt der dem Angeklagten gegenüber erhobenen Beschuldigung und eine Angabe, die über den Beschluß über die Anordnung der Untersuchungshaft oder das ergangene Urteil informiert,
4. die Aufforderung an jeden, der den Aufenthaltsort des Gesuchten kennt, die nächste Einheit der Bürgermiliz, den Staatsanwalt oder das Gericht darüber zu benachrichtigen,
5. einen Hinweis auf die strafrechtlichen Folgen des Verbergens des Gesuchten oder der Hilfeleistung bei der Flucht.

§ 2. Im Steckbrief kann eine Belohnung für die Ergreifung oder für die Hilfe zur Ergreifung des Gesuchten ausgesetzt werden; auch kann die Zusicherung erteilt werden, daß die Informationsperson geheimgehalten wird.

§ 3. Der Steckbrief wird je nach Bedarf durch Versand, Plakatanschlag oder Veröffentlichung mit Hilfe von Presse, Rundfunk und Fernsehen verbreitet.

## ABSCHNITT 25

## Geleitbrief

**Art. 239.** Gibt ein im Ausland befindlicher Angeklagter die Erklärung ab, er werde unter der Bedingung zu dem anberaumten Termin vor Gericht erscheinen, daß er während des Prozesses auf freiem Fuß belassen werde, so kann das örtlich zuständige Wojewodschaftsgericht einen Geleitbrief erteilen.

**Art. 240.** Der Geleitbrief garantiert dem Angeklagten, daß er bis zum rechtskräftigen Abschluß des Verfahrens auf freiem Fuß belassen wird, falls er:

1. zu dem vom Gericht anberaumten Termin erscheint,
2. sich nicht ohne Einwilligung des Gerichts von dem im Inland gewählten Aufenthaltsort entfernt,
3. nicht Zeugen zu Falschaussagen verleitet oder in sonstiger Weise Beweise seiner Straftat beseitigt.

**Art. 241.** § 1. Die Erteilung des Geleitbriefes kann von einer Sicherheitsleistung abhängig gemacht werden.

§ 2. Bei Widerruf des Geleitbriefs wegen Nichterfüllung der in Art. 240 genannten Bedingungen verfallen die als Sicherheit geleisteten Vermögenswerte oder werden beigetrieben.

## ABSCHNITT 26

## Ordnungsstrafen

**Art. 242.** § 1. Zeugen, Sachverständige oder Dolmetscher, die ohne Entschuldigung auf eine ergangene Ladung des verfahrensführenden Organs ausgeblieben sind oder ohne Erlaubnis dieses Organs sich von dem Ort der Handlung vor Beendigung entfernt haben, können zu einer Geldbuße bis zu 2 000 zł verurteilt werden.

§ 2. In den in § 1 bestimmten Fällen kann außerdem die zwangsweise Vorführung des Zeugen angeordnet werden. Die zwangsweise Vorführung eines Sachverständigen oder Dolmetschers kann nur in einem Ausnahmefall vorgenommen werden. Für Soldaten findet Art. 208 § 2 Anwendung.

**Art. 243.** Die Geldbuße ist aufzuheben, wenn der Bestrafte sein Ausbleiben oder sein eigenmächtiges Entfernen entschuldigt. Die Entschuldigung kann innerhalb einer Woche nach dem Tag der Zustellung des Beschlusses über die Verhängung der Geldbuße oder bei der ersten Handlung, zu der die bestrafte Person geladen wird, erfolgen.

**Art. 244.** § 1. Art. 242 § 1 findet entsprechende Anwendung gegen eine Person, die ohne berechtigten Grund die Aussage, die Tätigkeit eines Sachverständigen oder Dolmetschers, die Leistung eines Gelöbnisses, die Herausgabe eines Gegenstandes, die Erfüllung der Pflichten eines Bürgen oder die Erfüllung einer anderen, ihr während des Verfahrens obliegenden Pflicht verweigert.

§ 2. Bei beharrlicher Weigerung auszusagen, als Sachverständiger oder Dolmetscher tätig zu werden sowie einen Gegenstand herauszugeben, kann neben der Geldbuße Haft für die Dauer von höchstens 30 Tagen angeordnet werden.

§ 3. Die Haft ist aufzuheben, wenn die inhaftierte Person ihre Pflicht erfüllt oder wenn das vorbereitende Verfahren oder das Verfahren in dem betreffenden Rechtszug abgeschlossen ist.

§ 4. Die Bestimmungen der §§ 1 und 2 finden keine Anwendung gegen die Prozeßparteien, ihre Verteidiger und Bevollmächtigten, und, soweit es um Strafen wegen Nichterfüllung einer Herausgabepflicht geht, gegen Personen, die ein Aussageverweigerungsrecht haben.

**Art. 245.** § 1. Erfüllt ein Soldat des aktiven Dienstes die in den Art. 242 § 1 und 244 bestimmten Pflichten nicht, so ersuchen das Gericht oder der Staatsanwalt den Befehlshaber der militärischen Einheit, bei welcher der Soldat dient, diesen zur disziplinarischen Verantwortung zu ziehen.

§ 2. Die Vorschrift des § 1 findet auch dann Anwendung, wenn wegen einer Verfehlung, die der Soldat vor Eintritt in das Militär sich hatte zuschulden kommen lassen, früher eine Ordnungsstrafe verhängt, aber bis dahin nicht vollstreckt worden war.

§ 3. Entscheidungen und Verfügungen, die nach Maßgabe der Art. 242 und 244 §§ 1 und 2 gegen Funktionäre der Bürgermiliz und des Gefängnisdienstes ergangen sind, werden von deren Vorgesetzten vollstreckt.

**Art. 246.** § 1. Einer Person, die durch die Nichterfüllung der in Art. 242 § 1 und 244 § 1 genannten Pflichten zusätzliche Verfahrenskosten verursacht hat, können diese Kosten auferlegt werden; es ist zulässig, mehreren Personen die Kosten gemeinsam aufzuerlegen. Einem Soldaten des Grundwehrdienstes werden solche Kosten nicht auferlegt.

§ 2. Wird die Ordnungsstrafe aufgehoben, so entfällt auch die Pflicht, die Verfahrenskosten zu tragen.

**Art. 247.** § 1. Die in diesem Abschnitt vorgesehenen Beschlüsse erläßt das Gericht; während des vorbereitenden Verfahrens erläßt sie der Staatsanwalt.

§ 2. Gegen die in diesem Abschnitt vorgesehenen Beschlüsse und Verfügungen ist die Beschwerde statthaft.

§ 3. Die Einlegung der Beschwerde hat hinsichtlich der Vollstreckung des Haftbeschlusses aufschiebende Wirkung.

## ABSCHNITT 27

## Sicherung am Vermögen

**Art. 248.** § 1. Ist eine Straftat begangen worden, für die auf Geldstrafe, auf die Strafe der Vermögenseinziehung oder auf Einziehung von Gegenständen erkannt werden kann, so darf von Amts wegen die Sicherung dieser Strafen am Vermögen des Angeklagten durchgeführt werden.

§ 2. Ist eine Straftat gegen das gesellschaftliche Vermögen begangen worden oder ist dem gesellschaftlichen Vermögen durch eine Straftat ein Schaden zugefügt worden, so kann außerdem von Amts wegen die Sicherung der Ansprüche auf Wiedergutmachung des Schadens erfolgen.

**Art. 249.** § 1. Die Sicherung der drohenden Geldstrafe und der Ansprüche auf Wiedergutmachung des Schadens erfolgt in der in Art. 747 Zivilprozeßordnung bestimmten Weise.

§ 2. Droht die Strafe der Einziehung des Vermögens oder von Gegenständen, so erfolgt die Sicherung durch Pfändung von beweglichen Sachen, von Forderungen und von anderen Vermögensrechten sowie durch Erlaß eines Verfügungs- und Belastungsverbots bezüglich der Liegenschaften. Dieses Verbot wird im Grundbuch eingetragen; in Ermangelung eines solchen wird es in der Sammlung niedergelegter Urkunden vermerkt. Soweit es tunlich erscheint, kann eine Zwangsverwaltung der Grundstücke oder des Unternehmens des Angeklagten angeordnet werden.

**Art. 250.** § 1. Der Sicherungsbeschluß wird vom Gericht erlassen; im vorbereitenden Verfahren wird er vom Staatsanwalt erlassen. In dem Beschluß wird der Umfang und die Art und Weise der Sicherung bestimmt, wobei die in Art. 134 § 1 des Strafvollstreckungsgesetzes aufgestellte Vermutung berücksichtigt wird.

§ 2. Gegen den Sicherungsbeschluß ist die Beschwerde statthaft.

**Art. 251.** Ist durch eine noch nicht rechtskräftige Entscheidung auf die Strafe der Vermögenseinziehung erkannt worden, so stellt das Gericht von Amts wegen diese Strafe sicher, und, falls die Sicherstellung stattgefunden hat, benachrichtigt es das den Sicherungsbeschluß vollstreckende Organ von der Verurteilung.

**Art. 252.** § 1. Die Sicherung wird gegenstandslos, wenn nicht rechtskräftig auf Vermögenseinziehung, auf Verfall von Gegenständen oder auf Geldstrafe erkannt wird oder wenn die Ansprüche auf Wiedergutmachung des Schadens nicht zugesprochen werden oder wenn die Zivilklage wegen dieser Ansprüche nicht vor Ablauf von 3 Monaten nach Eintritt der Rechtskraft der Entscheidung erhoben wird.

§ 2. Wird die Zivilklage innerhalb der in § 1 bestimmten Frist erhoben, so bleibt die Sicherung in Kraft, soweit im Zivilverfahren das Gericht darüber nicht anders entscheidet.

**Art. 253.** § 1. Ist eine in Art. 248 § 2 genannte Straftat begangen worden, so kann die Bürgermiliz das bewegliche Vermögen der beschuldigten Person vorläufig beschlagnahmen, falls zu befürchten ist, daß es beiseite geschafft wird.

§ 2. Art. 189—204 finden entsprechende Anwendung.

§ 3. Die vorläufige Beschlagnahme darf sich nicht auf Gegenstände erstrecken, die der Zwangsvollstreckung nicht unterliegen.

§ 4. Die vorläufige Beschlagnahme wird gegenstandslos, wenn nicht innerhalb von 14 Tagen nach dem Tag ihrer Vornahme ein Sicherungsbeschluß ergeht.

**Art. 254.** Art. 253 findet entsprechende Anwendung auf die Organe des Finanzministers im Bereich der Finanzkontrolle und -revision, falls diese Organe die Straftat aufgedeckt haben.

## KAPITEL VII

## Das vorbereitende Verfahren

### ABSCHNITT 28

### Allgemeine Bestimmungen

**Art. 255.** Das vorbereitende Verfahren wird eröffnet, wenn der begründete Verdacht besteht, daß eine Straftat begangen worden ist.

**Art. 256.** § 1. Jeder, der Kenntnis von der Begehung einer von Amts wegen zu verfolgenden Straftat erhält, hat die gesellschaftliche Pflicht, dies dem Staatsanwalt oder der Bürgermiliz mitzuteilen.

§ 2. Staatliche und gesellschaftliche Institutionen, die im Zusammenhang mit ihrer Tätigkeit Kenntnis von der Begehung einer von Amts wegen zu verfolgenden Straftat erhalten, sind verpflichtet, unverzüglich dem Staatsanwalt oder der Bürgermiliz darüber Mitteilung zu machen; sie sind auch verpflichtet, bis zur Ankunft eines zur Verfolgung von Straftaten zuständigen Organs oder bis zum Erlaß einer entsprechenden Anordnung durch dieses Organ Handlungen, die keinen Aufschub gestatten, vorzunehmen, um die Vernichtung von Tatspuren und -beweisen zu vermeiden.

**Art. 257.** § 1. Über die Eröffnung des Verfahrens ergeht ein Beschluß, in dem die den Gegenstand des Verfahrens bildende Tat und deren rechtliche Qualifikation bezeichnet werden. Den Beschluß über die Eröffnung eines Untersuchungsverfahrens erläßt der Staatsanwalt, den über die Eröffnung eines Ermittlungsverfahrens die Bürgermiliz.

§ 2. Die Bürgermiliz hat die Eröffnung eines Ermittlungsverfahrens dem Staatsanwalt unverzüglich zur Kenntnis zu bringen, indem sie ihm eine Abschrift des Beschlusses übersendet.

**Art. 258.** § 1. Bieten die in der Mitteilung angegebenen Umstände keinen Anlaß zur Eröffnung eines vorbereitenden Verfahrens, so wird dessen Eröffnung abgelehnt.

§ 2. Falls es tunlich erscheint, kann die Ergänzung der in der Mitteilung über die Straftat enthaltenen Angaben innerhalb einer bestimmten Frist verlangt oder die Überprüfung der Tatsachen im Rahmen der Mitteilung angeordnet werden.

**Art. 259.** Spätestens innerhalb einer Frist von 30 Tagen nach dem Tag, an dem die Mitteilung eingegangen ist, ist der Beschluß über die Ablehnung der Eröffnung des Verfahrens oder über dessen Eröffnung zu erlassen.

**Art. 260.** § 1. Der Beschluß über die Ablehnung der Eröffnung des vorbereitenden Verfahrens bedarf, sofern er nicht vom Staatsanwalt erlassen worden ist, einer schriftlichen Bestätigung durch den Staatsanwalt.

§ 2. Dem Geschädigten steht gegen den Beschluß über die Ablehnung der Eröffnung des vorbereitenden Verfahrens die Beschwerde zu; er hat auch das Recht zur Akteneinsicht und ist darüber zu belehren.

**Art. 261.** Zweck des vorbereitenden Verfahrens ist es:

1. festzustellen, ob wirklich eine Straftat begangen worden ist,
2. die Umstände der Sache allseitig aufzuklären,
3. den Täter zu ermitteln und ihn erforderlichenfalls festzunehmen,
4. die notwendigen Angaben über die Person des Beschuldigten nach Maßgabe des Art. 8 zu sammeln,
5. Beweise für das Gericht zu sammeln und zu sichern.

**Art. 262.** § 1. Das Untersuchungsverfahren wird durchgeführt in Strafsachen:
1. deren Aburteilung im ersten Rechtszug zur Zuständigkeit des Wojewodschaftsgerichts gehört,
2. wegen der in den Art. 158 § 3, 202 § 1, 209, 210 § 1, 211, 212 § 2, 247 § 1, 270, 273 und 275 § 2 Strafgesetzbuch bestimmten Straftaten.

§ 2. In anderen Fällen kann ein Untersuchungsverfahren im Hinblick auf die Bedeutung oder Schwierigkeit der Sache durchgeführt werden.

**Art. 263.** § 1. Das Untersuchungsverfahren soll innerhalb von 3 Monaten nach der Eröffnung abgeschlossen werden.

§ 2. In begründeten Fällen kann der Wojewodschaftsstaatsanwalt die Dauer des Untersuchungsverfahrens um eine bestimmte Zeit verlängern.

**Art. 264.** § 1. Der Staatsanwalt leitet das Untersuchungsverfahren.

§ 2. Der Staatsanwalt kann die Organe der Bürgermiliz beauftragen:
1. das Untersuchungsverfahren im ganzen oder in einem bestimmten Umfang durchzuführen,
2. einzelne Untersuchungshandlungen vorzunehmen.

§ 3. In den in § 2 bestimmten Fällen betrifft der Auftrag weder die in den Art. 269 § 1, 270 und 277 § 1 bezeichneten Handlungen noch solche Handlungen, die eines Beschlusses bedürfen.

**Art. 265.** § 1. In Strafsachen, in denen ein Untersuchungsverfahren nicht obligatorisch ist, führt die Bürgermiliz aus eigener Initiative oder auf Ersuchen des Staatsanwalts die Ermittlungen durch.

§ 2. Ermittlungen wegen Straftaten, die zum Schaden des Staates oder einer Einheit der vergesellschafteten Wirtschaft begangen worden sind und die von den Organen des Finanzministers im Bereich der Finanzkontrolle und -revision aufgedeckt wurden, können von diesen Organen durchgeführt werden.

§ 3. Die Organe der Finanzkontrolle und -revision haben im Bereich ihrer Ermittlungen die prozeßrechtlichen Befugnisse der Bürgermiliz; im Falle eines Untersuchungsverfahrens findet Art. 264 § 2 Ziff. 2 und § 3 entsprechende Anwendung.

§ 4. In Strafsachen wegen Taten, die gegen die Unverletzlichkeit und Sicherheit der Staatsgrenzen gerichtet sind, können Ermittlungen von den Organen des Grenzschutzes geführt werden; diesen stehen dann in diesem Bereich die prozeßrechtlichen Befugnisse der Bürgermiliz zu.

**Art. 266.** § 1. Die Ermittlungen sollen innerhalb eines Monats nach Beginn abgeschlossen werden.

§ 2. Der Staatsanwalt kann diesen Zeitraum bis zu 3 Monaten verlängern.

§ 3. Werden die Ermittlungen nicht innerhalb von 3 Monaten beendet, so werden die Akten an den das Ermittlungsverfahren überwachenden Staatsanwalt übersandt; dieser kann die Frist um eine bestimmte Zeit verlängern oder die Sache in die eigene Untersuchung übernehmen, falls keine Voraussetzungen für die Einstellung des Verfahrens vorliegen.

**Art. 267.** Soweit es für die Sicherung der Tatspuren und -beweise vor Vernichtung oder Entstellung erforderlich ist, kann die Bürgermiliz in allen unaufschiebbaren Fällen noch vor Erlaß des Beschlusses über die Eröffnung des Verfahrens die notwendigen Ermittlungen durchführen, insbesondere die Einnahme eines Augenscheines, notfalls unter Hinzuziehung von Sachverständigen, Durchsuchungen, die in Art. 65 § 1 Ziff. 1 genannten Handlungen dem Beschuldigten gegenüber sowie sonstige notwendige Handlungen unter Einschluß der Entnahme von Blut und der Untersuchung von Ausscheidungen. Dies gilt auch für Fälle, in denen die Durchführung eines Untersuchungsverfahrens obligatorisch ist. Nach Vornahme dieser Handlungen überweist in Strafsachen, in denen die Durchführung eines Untersuchungsverfahrens obligatorisch ist, der Ermittlungsführer die Sache unverzüglich an den Staatsanwalt.

**Art. 268.** Gegen die während des vorbereitenden Verfahrens ergangenen Beschlüsse und Verfügungen steht die Beschwerde auch denjenigen Personen zu, die nicht Parteien sind, wenn ihre Rechte verletzt wurden. Diesen Personen und den Parteien steht die Beschwerde auch gegen andere, ihre Rechte verletzende Handlungen zu.

## ABSCHNITT 29

## Verlauf des vorbereitenden Verfahrens

**Art. 269.** § 1. Bieten die bei Eröffnung des vorbereitenden Verfahrens vorhandenen oder die im Laufe dieses Verfahrens gesammelten Erkenntnisse eine hinreichende Grundlage dafür, gegen eine bestimmte Person Beschuldigungen zu erheben, so wird der Beschluß über die Eröffnung der Beschuldigungen erlassen und dem Beschuldigten unverzüglich verkündet; dieser ist zu vernehmen.

§ 2. Der Beschluß über die Eröffnung der Beschuldigungen enthält die Bezeichnung des Beschuldigten, eine genaue Beschreibung der ihm zur Last gelegten Tat und deren rechtliche Qualifikation.

§ 3. Die Begründung des Beschlusses wird auf Verlangen des Beschuldigten abgefaßt und ihm verkündet oder innerhalb einer Frist von 14 Tagen zugestellt. Über das Recht, ein solches Verlangen zu stellen, ist der Beschuldigte zu belehren.

**Art. 270.** Ergibt sich im Laufe des vorbereitenden Verfahrens, daß der Beschuldigte außerdem noch einer weiteren Tat zu beschuldigen ist, auf die sich der vorher erlassene Beschluß über die Eröffnung der Beschuldigungen nicht erstreckt, oder daß er unter wesentlich veränderten rechtlichen Gesichtspunkten der Tat beschuldigt wird, oder daß die ihm zur Last gelegte Tat nach einer strengeren Vorschrift zu qualifizieren ist, so wird ein neuer dementsprechender Beschluß erlassen und unverzüglich dem Beschuldigten verkündet und die Vernehmung durchgeführt.

**Art. 271.** Der Beschuldigte und sein Verteidiger, sowie der Geschädigte und sein Bevollmächtigter können Anträge auf Vornahme von Handlungen im Laufe des vorbereitenden Verfahrens stellen.

**Art. 272.** § 1. Kann eine Untersuchungs- oder Ermittlungshandlung in der Hauptverhandlung nicht wiederholt werden, so sind der Beschuldigte, der Geschädigte und deren gesetzliche Vertreter sowie der Verteidiger und Bevollmächtigte, falls diese für die Sache schon bestellt worden sind, zur Teilnahme an der Handlung zuzulassen, es sei denn, daß im Fall eines Aufschubs die Gefahr der Vernichtung oder der Entstellung des Beweises besteht.

§ 2. Der nicht auf freiem Fuß befindliche Beschuldigte wird nicht vorgeführt, wenn dies erhebliche Schwierigkeiten oder eine Verzögerung des Verfahrens verursachen würde.

**Art. 273.** § 1. Der Beschuldigte, der Geschädigte und ihre gesetzlichen Vertreter, der Verteidiger und der Bevollmächtigte, falls diese schon für die Sache bestellt sind, sind auf ihr Verlangen auch zur Teilnahme an sonstigen Untersuchungs- und Ermittlungshandlungen zuzulassen. Art. 272 § 2 findet Anwendung.

§ 2. Der Staatsanwalt kann dieses Verlangen mit Rücksicht auf das Interesse des Untersuchungs- oder des Ermittlungsverfahrens ablehnen. Im Falle der Ablehnung ergeht ein Beschluß.

**Art. 274.** Soll ein Beweis durch das Gutachten eines wissenschaftlichen Instituts, eines Forschungsinstituts, einer Spezialanstalt, einer Institution oder durch Sachverständige erhoben werden, so wird der diesbezügliche Beweisbeschluß dem Beschuldigten und seinem Verteidiger zugestellt; außerdem wird deren Teilnahme an der Vernehmung der Sachverständigen und die Einsichtnahme in das Gutachten, falls es schriftlich erstattet wurde, gestattet. Art. 272 § 2 findet Anwendung.

**Art. 275.** § 1. Ist der Beschuldigte schon rechtskräftig vorbestraft worden, so werden den Akten eine Abschrift oder ein Auszug des Urteils mit Gründen, falls solche abgefaßt sind, sowie Angaben über die Strafverbüßung beigefügt. Sollte dies nicht ausreichen, insbesondere um festzustellen, ob die Straftat unter den Voraussetzungen des Art. 60 Strafgesetzbuch begangen worden ist, werden die Akten der früheren Strafsachen sowie die Gutachten der Besserungs-, Erziehungs- und Strafanstalten, in denen er war, beigezogen.

§ 2. Im Einvernehmen mit dem Generalstaatsanwalt der Volksrepublik Polen bestimmt der Justizminister im Verordnungswege, wie die in § 1 erwähnten Personen registriert und wie Angaben, von denen in dieser Vorschrift die Rede ist, gesammelt werden und welche Organe zur Vornahme dieser Handlungen verpflichtet sind[8].

**Art. 276.** § 1. In Fällen, die keinen Aufschub gestatten, insbesondere wenn die Vernichtung von Tatspuren oder -beweisen bewirkt werden könnte, kann die Bürgermiliz im Laufe der in Art. 267 erwähnten Ermittlungen und im Laufe des Untersuchungsverfahrens oder der in Art. 264 § 2 Ziff. 2 genannten Handlungen die einer Straftat verdächtige Person vor Erlaß des Beschlusses über die Eröffnung der Beschuldigungen als Beschuldigten vernehmen, falls die Voraussetzungen für den Erlaß eines solchen Beschlusses vorliegen. Die Vernehmung beginnt mit der Bekanntgabe des Inhalts der Beschuldigung.

§ 2. In den in § 1 vorgesehenen Fällen erläßt der Staatsanwalt spätestens innerhalb von 3 Tagen nach dem Tag der Vernehmung den Beschluß über die Eröffnung der Beschuldigungen, oder er lehnt den Erlaß eines solchen Beschlusses ab.

**Art. 277.** § 1. Liegen die Voraussetzungen für die Abfassung der Anklageschrift vor, so werden dem Beschuldigten sämtliche Verfahrensmaterialien bekannt gemacht; er wird auch über das Recht belehrt, die Akten selbst einzusehen; der Verteidiger wird zur Teilnahme an dieser Prozeßhandlung zugelassen. Der Verteidiger hat das Recht, während 7 Tagen vor dem Tag, an dem dem Beschuldigten die Materialien des Verfahrens bekannt gemacht werden, die Akten einzusehen.

§ 2. Der Beschuldigte hat das Recht, innerhalb von 3 Tagen nach Abschluß der in § 1 genannten Handlung die Ergänzung des Verfahrens zu beantragen; über dieses Recht ist der Beschuldigte zu belehren.

§ 3. Haben der Beschuldigte oder sein Verteidiger beantragt, zur Teilnahme an den Handlungen zugelassen zu werden, die mit dem Antrag auf Ergänzung des Verfahrens verlangt wurden, so muß dem Antrag stattgegeben werden; jedoch kann die Vorführung eines nicht auf freiem Fuß befindlichen Beschuldigten abgelehnt werden, wenn dies mit Schwierigkeiten verbunden wäre.

---

[8] Verordnung vom 23. 12. 1969 (Dz. U. 1969, Nr. 37 Pos. 327). Siehe unten S. 152.

**Art. 278.** Ist die Ergänzung des vorbereitenden Verfahrens nicht erforderlich, so wird ein Beschluß über dessen Abschluß gefaßt und verkündet oder dem Beschuldigten inhaltlich mitgeteilt.

**Art. 279.** Nach dem Erlaß des Beschlusses über den Abschluß des vorbereitenden Verfahrens überweist der Ermittlungsführer die Akten nebst den Sachbeweisstücken unverzüglich an den Staatsanwalt.

**Art. 280.** § 1. Hat das Verfahren nicht eine hinreichende Grundlage für die Abfassung der Anklageschrift ergeben, wird ein Einstellungsbeschluß erlassen; in diesem Fall ist ein vorausgehender Beschluß über den Abschluß des vorbereitenden Verfahrens nicht notwendig.

§ 2. Ist der Einstellungsbeschluß nicht vom Staatsanwalt erlassen worden, so bedarf er dessen schriftlicher Bestätigung.

§ 3. Dem Beschuldigten und dem Geschädigten steht die Beschwerde und das Recht auf Akteneinsicht zu, worüber sie zu belehren sind.

**Art. 281.** § 1. Wird das Verfahren eingestellt, so erläßt der Staatsanwalt einen Beschluß hinsichtlich der Sachbeweismittel nach Maßgabe der Art. 199—202.

§ 2. Gegen den in § 1 genannten Beschluß steht dem Beschuldigten, dem Geschädigten und der Person, der die Gegenstände abgenommen wurden oder die auf diese Ansprüche erhoben hat, die Beschwerde zu.

**Art. 282.** § 1. Bei Einstellung des Verfahrens in dem in Art. 99 Strafgesetzbuch[9] bezeichneten Fall muß der Staatsanwalt bei Gericht einen Antrag auf Anwendung der in diesem Artikel bestimmten Maßregel der Sicherung stellen; bei Einstellung des Verfahrens in den Fällen, die in Art. 103 § 1[10] bzw. 104 Strafgesetzbuch[11] bezeichnet

---

[9] Art. 99 StGB lautet: „Ist festgestellt, daß der Täter eine verbotene Tat im Zustand der Unzurechnungsfähigkeit gem. Art. 25 § 1 StGB begangen hat und daß seine Belassung in Freiheit eine ernste Gefährdung der Rechtsordnung darstellt, so hat das Gericht die Unterbringung des Täters in einer Nervenheil- oder einer sonstigen entsprechenden Anstalt anzuordnen.“

[10] Art. 103 § 1 StGB lautet: „Ist festgestellt, daß der Täter eine verbotene Tat im Zustand der Unzurechnungsfähigkeit gem. Art. 25 § 1 StGB begangen hat, so kann das Gericht die in Art. 41—43 und 48 StGB vorgesehene Aberkennung von Rechten, ein Verbot oder einen Verfall als Maßregel der Sicherung aussprechen.“

[11] Art. 104 StGB lautet: „Falls die gesellschaftliche Gefährlichkeit der Tat geringfügig ist oder falls eine bedingte Einstellung des Verfahrens oder die Feststellung erfolgt, daß dem Täter ein strafausschließender

sind, kann der Staatsanwalt einen Antrag nach Maßgabe dieser Artikel stellen.

§ 2. Die Teilnahme des Verteidigers an der Sitzung des Gerichts ist obligatorisch; falls es tunlich erscheint, hört das Gericht auch den Beschuldigten an.

**Art. 283.** Eine Person, die ihr Recht auf Gegenstände geltend macht, deren Verfall als Sicherung am Vermögen ausgesprochen wurde, hat nur das Recht, ihre Ansprüche im Wege des Zivilprozesses durchzusetzen.

**Art. 284.** § 1. Innerhalb von 14 Tagen nach dem Tag des Abschlusses des Untersuchungsverfahrens, nach der Entgegennahme der Akten der abgeschlossenen Ermittlungen oder nach einer anderweitigen Beendigung des vorbereitenden Verfahrens muß der Staatsanwalt die Anklageschrift bei Gericht einreichen oder einen Beschluß über die Einstellung oder die bedingte Einstellung oder über die Aussetzung des Verfahrens oder über die Ergänzung des vorbereitenden Verfahrens erlassen.

§ 2. Ist der Beschuldigte in Untersuchungshaft genommen worden, so beträgt die in § 1 bestimmte Frist 7 Tage.

**Art. 285.** Ein Beschluß über die Aussetzung des Verfahrens, der nicht vom Staatsanwalt erlassen worden ist, bedarf dessen schriftlicher Bestätigung.

**Art. 286.** § 1. In dem Beschluß über die bedingte Einstellung des Verfahrens ist die Tat des Beschuldigten genau zu beschreiben; ferner ist auf die Bestimmungen des Strafgesetzbuchs hinzuweisen, die durch die Tat erfüllt sind, und es ist eine Probezeit festzusetzen[12].

§ 2. In einem Verfahren wegen einer Straftat gegen das Vermögen ist, soweit der Schaden nicht wiedergutgemacht worden ist, in dem Beschluß die Höhe, die Art und Weise und die Frist zur Wiedergutmachung des Schadens zu bestimmen.

§ 3. In dem Beschluß bestimmt der Staatsanwalt außerdem, falls er es für tunlich hält, welche sonstigen Verpflichtungen dem Beschuldigten auferlegt werden.

§ 4. In dem Beschluß ist, falls es tunlich erscheint, darüber zu entscheiden, wie die Sachbeweismittel zu sichern sind für den Fall, daß

---

Umstand zusteht sowie in anderen gesetzlich geregelten Fällen kann das Gericht den in Art. 48 StGB vorgesehenen Verfall als Maßregel der Sicherung aussprechen."

[12] „Richtlinien der Rechtspflege und Gerichtspraxis im Bereich der Auslegung und Anwendung von Strafgesetzen, welche die bedingte Einstellung des Verfahrens betreffen" vom 29. 1. 1971 (Monitor Polski 1971, Nr. 15 Pos. 112). Siehe unten S. 158.

das Verfahren wieder in Gang gesetzt wird. Gegen den diesbezüglichen Beschluß steht den in Art. 281 § 2 genannten Personen die Beschwerde zu. Bei erfolgreichem Verlauf der Probezeit findet Art. 281 entsprechende Anwendung.

§ 5. Art. 231 § 2, 233 und 234 finden entsprechende Anwendung auf denjenigen, der eine Bürgschaft leistet.

**Art. 287.** Der Staatsanwalt kann bei Gericht den Antrag stellen, den Verfall von Gegenständen als Sicherung am Vermögen anzuordnen.

**Art. 288.** § 1. Der Beschuldigte kann innerhalb von 7 Tagen nach dem Tag der Zustellung des Beschlusses Widerspruch gegen den Beschluß über die bedingte Einstellung des Verfahrens einlegen. Mit Einlegung des Widerspruchs tritt der Beschluß außer Kraft und das Verfahren wird fortgesetzt.

§ 2. Wird Widerspruch eingelegt, so bleibt eine eingelegte Beschwerde unbeschieden.

**Art. 289.** Gegen den Beschluß über die bedingte Einstellung des Verfahrens steht, was die Festlegung der in Art. 28 und 29 § 1 Strafgesetzbuch genannten Voraussetzungen für die Einstellung anbelangt, dem Beschuldigten, der keinen Widerspruch eingelegt hat, und dem Geschädigten die Beschwerde an das zur Aburteilung der Sache zuständige Gericht zu. Gegen den Beschluß dieses Gerichts ist keine Beschwerde statthaft.

**Art. 290.** § 1. Den Beschluß über die Wiederingangsetzung des bedingt eingestellten Verfahrens erläßt der Staatsanwalt, der jenem Staatsanwalt übergeordnet ist, der den Beschluß erlassen hat. Gegen diesen Beschluß ist keine Beschwerde statthaft.

§ 2. Art. 293 § 3 findet entsprechende Anwendung. Vor der Wiederingangsetzung des Verfahrens ist dem Beschuldigten Gelegenheit zu geben, Erklärungen abzugeben.

**Art. 291.** Über die Wiederingangsetzung des bedingt eingestellten Verfahrens ist demjenigen, der eine Bürgschaft geleistet hat, Mitteilung zu machen.

## ABSCHNITT 30

## Aufsicht des Staatsanwalts über das vorbereitende Verfahren

**Art. 292.** § 1. Der Staatsanwalt führt die Aufsicht über das Untersuchungsverfahren, soweit er dieses nicht selbst durchführt, und über das Ermittlungsverfahren.

§ 2. Der Staatsanwalt ist verpflichtet, den ordnungsgemäßen und zügigen Verlauf des gesamten vorbereitenden Verfahrens zu überwachen.

§ 3. In Ausübung der Aufsicht kann der Staatsanwalt vor allem:

1. sich mit den Plänen dessen, der das vorbereitende Verfahren führt, bekannt machen, Weisungen hinsichtlich der Richtung des Verfahrens erteilen und eine Anordnung darüber treffen,
2. die Vorlage der im Laufe des vorbereitenden Verfahrens gesammelten Materialien verlangen,
3. an den vom Untersuchungs- oder vom Ermittlungsführer vorgenommenen Handlungen teilnehmen, diese persönlich durchführen oder die Sache an sich ziehen,
4. Beschlüsse und Verfügungen erlassen sowie die Beschlüsse und Verfügungen, die von demjenigen, der das vorbereitende Verfahren führt, erlassen worden sind, abändern oder aufheben.

**Art. 293.** § 1. Ein eingestelltes Verfahren kann jederzeit wieder in Gang gesetzt werden aufgrund eines Beschlusses des Staatsanwalts, der den Beschluß über die Einstellung erlassen oder bestätigt hat, soweit es sich nicht gegen eine Person richtet, die im vorhergehenden Verfahren als Beschuldigter vernommen worden war.

§ 2. Die Wiederaufnahme eines rechtskräftig eingestellten vorbereitenden Verfahrens kann gegen eine Person, die als Beschuldigter vernommen worden ist, aufgrund eines Beschlusses des Staatsanwalts, der jenem Staatsanwalt übergeordnet ist, der den Einstellungsbeschluß erlassen oder bestätigt hat, nur dann erfolgen, wenn wesentliche, im vorhergehenden Verfahren nicht bekannte Umstände bekannt werden; Art. 222 findet hinsichtlich der Gesamtdauer der Untersuchungshaft Anwendung.

§ 3. Vor dem Erlaß eines Beschlusses über die Wiederingangsetzung oder die Wiederaufnahme des vorbereitenden Verfahrens kann der Staatsanwalt selbst die Durchführung unerläßlicher Ermittlungen zur Überprüfung der den Erlaß des Beschlusses begründenden Umstände vornehmen oder er kann die Bürgermiliz damit beauftragen.

**Art. 294.** § 1. Der Generalstaatsanwalt der Volksrepublik Polen kann einen rechtskräftigen Beschluß über die Einstellung des vorbereitenden Verfahrens gegen eine Person, die als Beschuldigter vernommen worden ist, oder einen Beschluß über die bedingte Einstellung des Verfahrens aufheben, wenn er feststellt, daß die Einstellung des Verfahrens unbegründet war. Dies gilt nicht für den in Art. 484 genannten Fall.

§ 2. Nach Ablauf von 6 Monaten von dem Tag an, an dem der Einstellungsbeschluß Rechtskraft erlangt hat, kann der Generalstaatsanwalt der Volksrepublik Polen den Beschluß oder dessen Begründung nur zugunsten des Beschuldigten aufheben oder abändern.

## ABSCHNITT 31
## Die Anklageschrift

**Art. 295.** § 1. Die Anklageschrift soll enthalten:
1. den Vornamen und Zunamen des Angeklagten und sonstige Angaben über seine Person und über die Anwendung einer verfahrenssichernden Maßnahme,
2. eine genaue Beschreibung der dem Angeklagten zur Last gelegten Tat unter Angabe der Zeit, des Orts, der Art und Weise und der Umstände ihrer Begehung sowie ihrer Folgen, insbesondere der Höhe des entstandenen Schadens,
3. die Feststellung, daß die Tat unter den Bedingungen des Art. 60 Strafgesetzbuch begangen worden ist,
4. die Bezeichnung der Bestimmungen des Strafgesetzbuchs, welche die zur Last gelegte Tat erfüllt,
5. die Bezeichnung des zur Aburteilung der Sache zuständigen Gerichts und der Verfahrensart,
6. die Begründung der Anklage.

§ 2. In der Begründung sind die Tatsachen und Beweise anzuführen, die der Anklage zugrunde liegen, und, soweit dies tunlich ist, sind die Rechtsgrundlage der Anklage zu erläutern und die Umstände zu erörtern, auf die sich der Angeklagte zu seiner Verteidigung beruft.

**Art. 296.** § 1. Die Anklageschrift soll ferner enthalten:
1. ein Verzeichnis der Personen, deren Ladung der Ankläger beantragt, unter Angabe ihrer Anschriften,
2. ein Verzeichnis sonstiger Beweise, deren Erhebung in der Hauptverhandlung der Ankläger beantragt,
3. ein Verzeichnis der ermittelten Geschädigten unter Angabe ihrer Anschriften.

§ 2. In dem Verzeichnis der Beweismittel kann der Staatsanwalt beantragen, von Ladungen abzusehen und in der Hauptverhandlung Aussagen von solchen Zeugen zu verlesen, die sich im Ausland befinden oder die Umstände feststellen sollen, welche der Angeklagte in seinen Angaben nicht bestritten hat und die nicht so erheblich sind, daß die unmittelbare Vernehmung der Zeugen in der Verhandlung notwendig erscheint.

**Art. 297.** § 1. Zusammen mit der Anklageschrift sind die Akten des Untersuchungs- oder des Ermittlungsverfahrens sowie sonstige Unterlagen der Sache an das Gericht zu übersenden.

§ 2. Der Staatsanwalt benachrichtigt den Angeklagten und den ermittelten Geschädigten von der Einreichung der Anklageschrift bei Gericht. Bei der Benachrichtigung einer geschädigten staatlichen oder gesellschaftlichen Institution unterrichtet der Staatsanwalt diese über das Recht zur Erhebung einer Zivilklage und fordert sie für den Fall, daß sie eine solche nicht erhebt, auf, die Gründe dafür zu erklären.

## KAPITEL VIII

## Verfahren vor dem erstinstanzlichen Gericht

### ABSCHNITT 32

### Vorbereitung der Hauptverhandlung

**Art. 298.** Entspricht die Anklageschrift nicht den in Art. 295—297 angeführten formellen Erfordernissen oder ist nicht eine entsprechende Anzahl von Abschriften der Anklageschrift beigefügt, so sendet der Gerichtspräsident sie dem Ankläger zurück, damit dieser innerhalb von 7 Tagen die Mängel beseitigt.

**Art. 299.** § 1. Der Gerichtspräsident beraumt von Amts wegen oder auf Antrag der Parteien eine Sitzung in der Sache an, falls er der Auffassung ist, daß eine Entscheidung, die seine Befugnisse überschreitet, zu treffen ist, insbesondere eine Entscheidung über:

1. die Einstellung des Verfahrens gemäß Art. 11 oder über die Aussetzung,
2. die Zurückverweisung der Sache zur Beseitigung wesentlicher Mängel des vorbereitenden Verfahrens, wenn die Beseitigung durch das Gericht erhebliche Schwierigkeiten bereiten würde,
3. den Beschluß, mit dem das Gericht für unzuständig erklärt wird oder über eine Änderung der in der Anklageschrift angegebenen Verfahrensart,
4. die Einstellung des Verfahrens wegen eines offenbaren Mangels in den tatsächlichen Grundlagen der Anklage,
5. die bedingte Einstellung des Verfahrens,
6. den Beschluß, mit dem eine verfahrenssichernde Maßnahme angeordnet wird.

§ 2. Der Angeklagte und sein Verteidiger haben das Recht, an der Sitzung, die aus dem in § 1 Ziff. 5 genannten Grund anberaumt wird, teilzunehmen. Ein in Haft befindlicher Angeklagter wird zur Sitzung nur dann vorgeführt, wenn der Gerichtspräsident oder das Gericht es für notwendig halten.

§ 3. Bei Erlaß eines Beschlusses über die bedingte Einstellung des Verfahrens finden die Art. 286, 288, 289 entsprechende Anwendung.

§ 4. Der Beschluß über die Zurückverweisung der Sache in das vorbereitende Verfahren hat einen Hinweis zu enthalten, in welcher Richtung die Ergänzung des Verfahrens zu erfolgen hat. Gegen diesen Beschluß steht den Parteien die Beschwerde zu.

§ 5. Ist das Gericht der Auffassung, daß keine Hindernisse entgegenstehen, so beraumt es die Hauptverhandlungen zur Aburteilung der Sache an.

**Art. 300.** Nach Ergänzung des vorbereitenden Verfahrens reicht der öffentliche Ankläger eine neue Anklageschrift ein, oder er hält die vorausgegangene aufrecht, oder er stellt das Verfahren ein.

**Art. 301.** Im weiteren Verfahren, insbesondere in der Hauptverhandlung, ist das Gericht weder an die tatsächliche noch an die rechtliche Beurteilung gebunden, welche den Beschlüssen und Verfügungen zugrunde lag, die in dem in diesem Abschnitt geregelten Verfahren ergangen sind.

**Art. 302.** § 1. Entspricht die Anklageschrift den formellen Erfordernissen und wird daraufhin die Hauptverhandlung anberaumt, so wird dem Angeklagten eine Abschrift der Anklageschrift zugestellt; gleichzeitig wird er aufgefordert, Beweisanträge innerhalb einer Frist von 7 Tagen zu stellen.

§ 2. Der Angeklagte und sein Verteidiger sind verpflichtet, innerhalb der in § 1 bestimmten Frist sämtliche ihnen bekannte Beweismittel anzugeben, die zur Aburteilung der Sache notwendig sind.

**Art. 303.** Aufgrund der Parteianträge oder von Amts wegen ordnet der Gerichtspräsident die Ladung der Zeugen und die Herbeischaffung sonstiger von den Parteien beantragter Beweismittel zur Hauptverhandlung an.

**Art. 304.** § 1. Die Anberaumung des Termins zur Hauptverhandlung sowie dessen Abänderung bedarf einer schriftlichen Verfügung des Präsidenten; in dieser Verfügung werden auch die Parteien und sonstigen Personen bezeichnet, die zur Verhandlung zu laden oder die vom Termin zu benachrichtigen sind, sowie die sonst zur Vorbereitung der Verhandlung notwendigen Handlungen.

§ 2. In jedem Fall ist die Vorführung eines nicht auf freiem Fuß befindlichen Angeklagten zur Verhandlung anzuordnen.

**Art. 305.** § 1. Zwischen der Zustellung der Benachrichtigung und dem Tag der Hauptverhandlung sollen mindestens 7 Tage liegen.

§ 2. Ist diese Frist dem Angeklagten oder seinem Verteidiger gegenüber nicht eingehalten worden, so wird die Verhandlung ausgesetzt, wenn sie dies vor Beginn der Verhandlung zur Sache beantragen.

## ABSCHNITT 33

## Öffentlichkeit der Hauptverhandlung

**Art. 306.** Die Verhandlung findet mündlich und öffentlich statt.

**Art. 307.** § 1. In der Verhandlung können außer den an der Sache beteiligten Personen nur volljährige, unbewaffnete Personen anwesend sein.

§ 2. Das in § 1 für bewaffnete Personen bestimmte Verbot gilt nicht für Personen, die zum Waffentragen verpflichtet sind.

§ 3. In der öffentlichen Verhandlung können mit Genehmigung des Vorsitzenden auch Minderjährige anwesend sein.

§ 4. Personen, die sich in einem nicht der Würde des Gerichts entsprechenden Zustand befinden, haben keinen Zutritt zur Verhandlung.

**Art. 308.** § 1. Das Gericht schließt die Öffentlichkeit für die gesamte Verhandlung oder für einen Teil der Verhandlung aus, wenn die Öffentlichkeit der Verhandlung die guten Sitten gefährden, eine Störung des öffentlichen Friedens hervorrufen oder Umstände zutage bringen könnte, die im Hinblick auf ein wichtiges Staatsinteresse geheimzuhalten sind.

§ 2. Die Vorschrift des § 1 findet auch dann Anwendung, wenn ein wichtiges privates Interesse die Ausschließung der Öffentlichkeit erforderlich macht; in Strafsachen wegen übler Nachrede oder Verleumdung ist jedoch die Verhandlung nur dann öffentlich, wenn es der Ankläger verlangt.

§ 3. Das Gericht kann die Öffentlichkeit für die gesamte Verhandlung oder für einen Teil der Verhandlung ausschließen, wenn auch nur einer der Angeklagten minderjährig ist.

**Art. 309.** § 1. Nach Ausschließung der Öffentlichkeit können in der Verhandlung außer den Beteiligten je zwei Personen anwesend sein, die vom öffentlichen Ankläger, dem Privatkläger und dem Angeklagten benannt werden. Sind mehrere Ankläger oder Angeklagte vorhanden, so kann jeder von diesen die Anwesenheit je einer Person im Sitzungssaal verlangen.

§ 2. Die Bestimmung des § 1 findet keine Anwendung, wenn die Gefahr besteht, daß ein Staatsgeheimnis offenbart wird.

§ 3. Bei Ausschluß der Öffentlichkeit kann der Vorsitzende einzelnen Personen gestatten, während der Verhandlung zugegen zu sein.

**Art. 310.** Der Vorsitzende belehrt die Anwesenden über die Geheimhaltungspflicht hinsichtlich der Umstände, die in der unter Ausschluß der Öffentlichkeit geführten Verhandlung offenbart werden, und unterrichtet sie über die Folgen der Nichterfüllung dieser Pflicht.

**Art. 311.** Von dem Zeitpunkt an, an dem der Antrag auf Ausschließung der Öffentlichkeit gestellt wird, findet die Verhandlung über diesen Antrag unter Ausschluß der Öffentlichkeit statt, falls eine Partei dies beantragt oder das Gericht es für tunlich hält.

**Art. 312.** § 1. Die Verkündung des Urteils erfolgt öffentlich.

§ 2. Ist die Öffentlichkeit von der Verhandlung insgesamt oder teilweise ausgeschlossen worden, so kann die Darlegung der Urteilsgründe unter Ausschluß der Öffentlichkeit erfolgen.

## ABSCHNITT 34

## Allgemeiner Gang der Hauptverhandlung

**Art. 313.** § 1. Der Vorsitzende leitet die Verhandlung, überwacht ihren ordnungsgemäßen Verlauf und achtet darauf, daß sämtliche wesentlichen Umstände der Sache aufgeklärt werden.

§ 2. Der Vorsitzende hat darauf hinzuwirken, daß die Entscheidung der Sache in der ersten Hauptverhandlung erfolgt.

**Art. 314.** § 1. Dem Angeklagten, den Zeugen und den Sachverständigen werden von den Richtern und auch von den Parteien unmittelbar Fragen gestellt, falls der Vorsitzende keine andere Anordnung trifft.

§ 2. Der Vorsitzende weist Fragen zurück, die er für unerheblich hält.

**Art. 315.** § 1. Der Vorsitzende gibt den Parteien Gelegenheit, sich zu jeder zu entscheidenden Frage zu äußern.

§ 2. Ergreift in irgendeiner Frage eine der Parteien das Wort, so gebührt auch sämtlichen anderen Parteien das Wort. Dem Verteidiger des Angeklagten und dem Angeklagten steht das letzte Wort zu.

**Art. 316.** Wird dem Beweisantrag einer Partei, dem keine andere Partei widersprochen hat, stattgegeben, so entscheidet der Vorsitzende endgültig; in den anderen Fällen entscheidet das Gericht durch Beschluß.

**Art. 317.** Das Gericht kann Vertretern des Rundfunks, des Fernsehens, des Films und der Presse gestatten, mit Hilfe von Bild- und Tonträgern den Verhandlungsablauf festzuhalten, falls ein berechtigtes gesellschaftliches Interesse dafür spricht und die Vornahme dieser Handlungen die Durchführung der Verhandlung nicht erschwert.

**Art. 318.** Der Vorsitzende erläßt alle zur Aufrechterhaltung von Ruhe und Ordnung im Sitzungssaal notwendigen Anordnungen.

**Art. 319.** Gegen die in der Hauptverhandlung erlassenen Anordnungen des Vorsitzenden kann das Gericht zur Entscheidung angerufen werden.

**Art. 320.** § 1. Ein Zeuge wird in Abwesenheit der Zeugen vernommen, die noch keine Aussagen gemacht haben.

§ 2. Der Vorsitzende hat Maßnahmen zu ergreifen, um zu verhindern, daß vernommene Personen sich mit noch nicht vernommenen Personen verständigen.

**Art. 321.** § 1. Die Anwesenheit des Angeklagten in der Hauptverhandlung ist zwingend, soweit nicht gesetzlich etwas anderes bestimmt ist.

§ 2. Der Vorsitzende kann Anordnungen zu dem Zweck erlassen, daß dem Angeklagten das Verlassen des Gerichts vor Beendigung der Verhandlung nicht möglich ist.

**Art. 322.** § 1. Verhält sich der Angeklagte trotz Ermahnung durch den Vorsitzenden in einer die Ordnung der Verhandlung störenden oder die Würde des Gerichts verletzenden Weise, so kann der Vorsitzende den Angeklagten für eine bestimmte Zeit aus dem Gerichtssaal entfernen lassen.

§ 2. Wird dem Angeklagten gestattet zurückzukehren, so unterrichtet ihn der Vorsitzende unverzüglich über den Verlauf der Verhandlung während seiner Abwesenheit und gibt ihm Gelegenheit, Erklärungen zu den während seiner Abwesenheit erhobenen Beweisen abzugeben.

**Art. 323.** Hat ein Angeklagter, der schon Angaben gemacht hat, den Sitzungssaal ohne Erlaubnis des Vorsitzenden verlassen, so kann das Gericht während der Abwesenheit des Angeklagten die Verhandlung zu Ende führen; jedoch gilt das in diesem Fall erlassene Urteil nicht als Abwesenheitsurteil. Das Gericht ordnet die zwangsweise Vorführung des Angeklagten an, falls es dessen Gegenwart für unentbehrlich hält.

**Art. 324.** Wird vom Angeklagten nach Anberaumung der Verhandlung die Vollmacht zur Verteidigung in einer Sache, in der die Teilnahme eines Verteidigers obligatorisch ist, widerrufen, so hat der Verteidiger seine Pflichten bis zur Übernahme des Amtes durch einen neuen Verteidiger zu erfüllen, es sei denn, daß das Gericht etwas anderes bestimmt.

**Art. 325.** § 1. Verhält sich der Verteidiger oder der Bevollmächtigte einer Partei in einer die Ordnung der Verhandlung störenden oder die Würde des Gerichts verletzenden Weise, so entzieht der Vorsitzende diesem Verteidiger oder Bevollmächtigten das Wort, und das Gericht kann ihn von der Teilnahme an der Sache ausschließen.

§ 2. Ist der Verteidiger ausgeschlossen worden, so bestellt der Vorsitzende auf Antrag des Angeklagten, und, wenn die Verteidigung kraft Gesetzes notwendig ist, von Amts wegen einen neuen Verteidiger.

§ 3. Kann der neu bestellte Verteidiger nicht unverzüglich die Verteidigung übernehmen, so ist die Verhandlung zu unterbrechen oder zu vertagen.

**Art. 326.** § 1. Soweit die Art. 322 und 325 nichts anderes bestimmen, finden die Art. 28—33 des Gerichtsverfassungsgesetzes Anwendung.

§ 2. Gegen einen nicht auf freiem Fuß befindlichen Angeklagten ordnet das Gericht im Falle des Art. 29 Gerichtsverfassungsgesetz eine Disziplinarstrafe an, wie sie für nicht auf freiem Fuß befindliche Personen vorgesehen ist.

**Art. 327.** § 1. Wenn das Gericht den Saal betritt oder verläßt, erheben sich alle Anwesenden.

§ 2. Ebenso erhebt sich jeder, an den sich das Gericht wendet oder der das Gericht anspricht, es sei denn, daß das Gericht ihn von dieser Pflicht entbindet.

## ABSCHNITT 35

## Beginn der Hauptverhandlung

**Art. 328.** Die Hauptverhandlung beginnt mit dem Aufruf der Sache; danach stellt der Vorsitzende fest, ob alle Geladenen erschienen sind und ob keine Hindernisse für die Aburteilung der Sache vorliegen.

**Art. 329.** Bei nicht entschuldigtem Ausbleiben eines Angeklagten, dessen Anwesenheit obligatorisch ist, ordnet der Vorsitzende die sofortige Vorführung an, oder er unterbricht zu diesem Zweck die Verhandlung, oder das Gericht setzt sie aus.

**Art. 330.** Bleibt der Zivilkläger bis zum Beginn der Verhandlung zur Sache aus, so läßt das Gericht die Zivilklage unbeschieden, es sei denn, daß der Kläger beantragt hat, über diese in seiner Abwesenheit zu entscheiden.

**Art. 331.** § 1. Nach Überprüfung der Anwesenheit ordnet der Vorsitzende an, daß die Zeugen den Sitzungssaal verlassen. Die Sachverständigen bleiben im Saal, falls der Vorsitzende es nicht anders bestimmt.

§ 2. Der Privatkläger, der Nebenkläger, der Zivilkläger und der gesellschaftliche Vertreter können im Saal bleiben, auch wenn sie als Zeugen aussagen sollen.

## ABSCHNITT 36

## Die Verhandlung zur Sache

**Art. 332.** § 1. Die Verhandlung zur Sache beginnt mit der Verlesung der Anklageschrift. Danach fragt der Vorsitzende den Angeklagten, ob er den Inhalt der Anklage verstanden habe, ob er die ihm zur Last gelegte Tat gestehe, und ob er irgendwelche Angaben machen wolle.

§ 2. Die Anklageschrift wird vom Staatsanwalt verlesen, falls er bei der Verhandlung mitwirkt, anderenfalls von dem Vorsitzenden oder einem Mitglied des Spruchkörpers. Anstelle der Verlesung der Begründung darf der wesentliche Inhalt der Anklage mitgeteilt werden.

§ 3. Nachdem der Angeklagte angehört wurde, belehrt der Vorsitzende ihn über sein Recht, an vernommene Personen Fragen zu stellen und sich zu jedem Beweis zu äußern.

**Art. 333.** Mit Zustimmung der anwesenden Parteien kann das Gericht die Beweisaufnahme nur teilweise durchführen, falls die Angaben des geständigen Angeklagten keine Zweifel aufkommen lassen.

**Art. 334.** § 1. Weigert sich der Angeklagte, Angaben zu machen, oder macht er Angaben, die von früheren abweichen, oder gibt er an, sich bestimmter Einzelheiten nicht erinnern zu können, so können in der Verhandlung die Protokolle über die Angaben, die er früher als Angeklagter in derselben oder in einer anderen Sache im vorbereitenden Verfahren oder vor Gericht abgegeben hat, verlesen werden.

§ 2. Nach Verlesung des Protokolls fordert der Vorsitzende den in der Verhandlung anwesenden Angeklagten auf, sich über den Inhalt des Protokolls zu äußern.

**Art. 335.** Beweise, die die Anklage stützen sollen, sind nach Möglichkeit vor den Beweisen, die zur Verteidigung dienen, zu erheben.

**Art. 336.** § 1. Der Angeklagte hat das Recht, bei sämtlichen Handlungen der Beweisaufnahme zugegen zu sein.

§ 2. In Ausnahmefällen, in denen zu befürchten ist, daß die Anwesenheit des Angeklagten sich auf die Angaben eines Mitangeklagten oder auf die Aussagen von Zeugen oder Sachverständigen beeinträchtigend auswirken könnte, kann der Vorsitzende anordnen, daß der Angeklagte für die Dauer der Vernehmung der betreffenden Person den Gerichtssaal verläßt; Art. 322 § 2 findet entsprechende Anwendung.

**Art. 337.** § 1. Verweigert ein Zeuge ohne Grund die Aussage oder macht er Aussagen, die von früheren abweichen, oder erklärt er, sich bestimmter Einzelheiten nicht erinnern zu können, oder befindet er sich im Ausland, oder konnte ihm die Ladung nicht zugestellt werden, oder ist er wegen unüberwindlicher Hindernisse ausgeblieben, oder hat der Gerichtspräsident die Ladung eines Zeugen nach Maßgabe des Art. 296 § 2 unterlassen, so können die Protokolle über die Aussagen verlesen werden, die er früher im vorbereitenden Verfahren oder vor Gericht in derselben oder in einer anderen Sache oder in einem anderen, vom Gesetz vorgesehenen Verfahren gemacht hat.

§ 2. Unter den in § 1 bestimmten Voraussetzungen können in der Verhandlung die Protokolle über Angaben eines Zeugen, die dieser früher als Angeklagter gemacht hat, verlesen werden.

§ 3. Art. 334 § 2 findet entsprechende Anwendung.

**Art. 338.** § 1. Das Gericht kann in der Hauptverhandlung sämtliche Protokolle über die Vernehmung der Zeugen und des Angeklagten verlesen, die im vorbereitenden Verfahren oder vor Gericht oder in einem anderen gesetzlich vorgesehenen Verfahren aufgenommen worden sind, falls die unmittelbare Beweiserhebung nicht notwendig ist und keine der anwesenden Parteien Widerspruch dagegen erhebt.

§ 2. Die Zustimmung einer Partei, die von den Aussagen oder Angaben nicht betroffen ist, ist nicht erforderlich.

**Art. 339.** § 1. In der Verhandlung können Protokolle über Augenscheinseinnahmen und Durchsuchungen sowie Gutachten von Instituten, Anstalten, Institutionen oder Sachverständigen, die während des vorbereitenden Verfahrens oder des gerichtlichen Verfahrens erstattet worden sind, verlesen werden.

§ 2. Ebenso können auch andere Urkunden, insbesondere Strafanzeigen, Angaben über Vorstrafen und Daten aus Erhebungen über die soziale Umwelt verlesen werden.

**Art. 340.** Protokolle und Urkunden, die in der Verhandlung zu verlesen sind, können ohne Verlesung als insgesamt oder teilweise bekannt angesehen werden; sie sind jedoch zu verlesen, wenn eine Partei es beantragt.

**Art. 341.** Sachbeweismittel sind in den Sitzungssaal zu bringen, falls nicht ihre Beschaffenheit dies hindert; sie sind den Parteien und, falls es tunlich ist, auch den Zeugen und Sachverständigen zugänglich zu machen.

**Art. 342.** § 1. Ist es für das Gericht mit erheblichen Schwierigkeiten verbunden, sich in voller Besetzung mit den Beweismitteln vertraut zu machen oder einen Augenschein einzunehmen, oder erklären die Parteien ihr Einverständnis, so bestimmt das Gericht einen Richter aus dem Spruchkörper oder ein ersuchtes Gericht für diese Handlung.

§ 2. Die Parteien haben das Recht, an diesen Handlungen teilzunehmen. Ein in Haft befindlicher Angeklagter wird nur dann vorgeführt, wenn der Gerichtspräsident oder das Gericht es für notwendig halten.

**Art. 343.** § 1. Das Gericht kann mit der Vernehmung eines Zeugen einen aus dem Spruchkörper bestimmten Richter oder ein ersuchtes Gericht, in dessen Bezirk der Zeuge sich aufhält, beauftragen, falls der Zeuge wegen allzu schwer zu beseitigender Hindernisse nicht erschienen ist.

§ 2. Die Parteien haben das Recht, an diesen Handlungen teilzunehmen. Ein in Haft befindlicher Angeklagter wird nur dann vorgeführt, wenn der Gerichtspräsident oder das Gericht es für notwendig halten.

§ 3. Der beauftragte Richter oder das ersuchte Gericht können eine Beweiserhebung durchführen, deren Notwendigkeit sich im Laufe der Zeugenvernehmung ergeben hat.

**Art. 344.** § 1. Ergibt sich in der Verhandlung, daß das vorbereitende Verfahren mit wesentlichen Mängeln behaftet ist, oder ergibt sich die Notwendigkeit, Beweise zu ermitteln, wobei aber die Vornahme der dazu erforderlichen Handlungen im gerichtlichen Verfahren erhebliche Schwierigkeiten bereiten würde, so verweist das Gericht die Sache an den Staatsanwalt zum Zwecke der Ergänzung des vorbereitenden Verfahrens zurück.

§ 2. Das Gericht kann auch zu dem Zweck, das Verfahren auf Straftaten von nicht zur Verantwortung gezogenen Personen auszudehnen, die Sache an den Staatsanwalt zurückverweisen, wenn ein enger Zusammenhang mit Handlungen der Personen besteht, gegen die das Verfahren anhängig ist, und wenn dies eine ordnungsgemäße Aburteilung der Sache gewährleisten soll.

§ 3. Art. 299 § 4 und 300 finden Anwendung.

**Art. 345.** § 1. Falls aufgrund der im Laufe der Verhandlung bekanntgewordenen Umstände der Staatsanwalt den Angeklagten außer der in der Anklageschrift bezeichneten Tat einer weiteren Tat beschuldigt, so kann das Gericht mit Zustimmung des Angeklagten in derselben Verhandlung über die neue Beschuldigung entscheiden, es sei denn, daß die Notwendigkeit besteht, ein vorbereitendes Verfahren wegen der neuen Tat durchzuführen.

§ 2. Falls die Verhandlung ausgesetzt wird, reicht der Staatsanwalt eine neue oder eine zusätzliche Anklageschrift ein.

**Art. 346.** Ergibt sich in der Verhandlung, daß die Tat nach Maßgabe einer anderen Rechtsbestimmung zu qualifizieren ist, ohne daß der Rahmen der Anklage überschritten wird, so unterrichtet das Gericht die in der Verhandlung anwesenden Parteien, falls dies für sie, insbesondere für die Verteidigung des Angeklagten, von Bedeutung ist.

**Art. 347.** § 1. Der Vorsitzende kann die Hauptverhandlung zur Herbeischaffung von Beweismitteln oder zum Ausruhen oder aus einem sonstigen wichtigen Grund unterbrechen.

§ 2. Eine Unterbrechung der Verhandlung kann jedesmal höchstens 21 Tage dauern.

**Art. 348.** § 1. Hat der Vorsitzende bei der Unterbrechung der Verhandlung zugleich Zeitpunkt und Ort, an denen die Fortsetzung der Verhandlung stattfinden wird, bestimmt, so sind die in der Verhandlung anwesenden Personen verpflichtet, sich ohne besondere Ladung zu dem neuen Termin einzufinden. Art. 242 findet entsprechende Anwendung.

§ 2. Die unterbrochene Verhandlung wird nach der Unterbrechung fortgesetzt; die Verhandlung ist jedoch von Anfang an durchzuführen, wenn das Gericht es für notwendig hält oder wenn die Besetzung des Gerichts sich geändert hat, es sei denn, daß das Gericht mit Zustimmung der Parteien etwas anderes bestimmt. Bei Überschreitung der Unterbrechungsfrist gilt die Verhandlung als ausgesetzt.

**Art. 349.** Entscheidungen, die während der Unterbrechung der Verhandlung erlassen werden, werden in der Besetzung erlassen, in der die Sache abzuurteilen ist; falls ein solcher Spruchkörper nicht gebildet werden kann, werden sie in der früheren Besetzung erlassen.

**Art. 350.** § 1. Das Gericht kann nur dann die Verhandlung aussetzen, wenn die Anordnung einer Unterbrechung nicht ausreichen würde.

§ 2. Die ausgesetzte Verhandlung wird im neuen Termin von Anfang an durchgeführt, wenn das Gericht es für notwendig hält, und auch dann, wenn die Besetzung des Gerichts sich geändert hat, es sei denn, daß das Gericht mit Zustimmung der Parteien etwas anderes bestimmt.

**Art. 351.** Vor Abschluß der Verhandlung zur Sache befragt der Vorsitzende die Parteien, ob sie eine Ergänzung der Beweisaufnahme beantragen; wenn die Frage verneint und die Sache als geklärt angesehen wird, erklärt er, daß die Verhandlung zur Sache abgeschlossen ist.

## ABSCHNITT 37

## Schlußvorträge der Parteien

**Art. 352.** Nach Abschluß der Verhandlung zur Sache erteilt der Vorsitzende das Wort den Parteien und, falls es tunlich erscheint, dem gesellschaftlichen Vertreter; dieser spricht vor dem Verteidiger und dem Angeklagten. Die Parteien sprechen in folgender Reihenfolge: öffentlicher Ankläger, Nebenkläger, Privatkläger, Zivilkläger, Verteidiger des Angeklagten und Angeklagter.

**Art. 353.** Ergreift der Ankläger oder der Zivilkläger oder der gesellschaftliche Vertreter erneut das Wort, so ist es noch einmal dem Verteidiger und dem Angeklagten zu erteilen.

**Art. 354.** Einem Angeklagten, mit dem sich das Gericht durch Vermittlung eines Dolmetschers verständigt hat, sind vor Erteilung des Wortes mindestens die Schlußanträge der Vorträge zu übersetzen.

## ABSCHNITT 38

## Urteilsfindung

**Art. 355.** Nach Anhörung der Schlußvorträge beginnt das Gericht unverzüglich mit der Beratung.

**Art. 356.** Bis zur Verkündung des Urteils kann das Gericht noch einmal in die Verhandlung eintreten, insbesondere in dem in Art. 346 genannten Fall, oder den Parteien das Wort zu zusätzlichen Ausführungen erteilen.

**Art. 357.** Grundlage des Urteils kann nur die Gesamtheit der im Laufe der Hauptverhandlung bekanntgewordenen Umstände sein.

**Art. 358.** § 1. In einer schwierigen Sache oder bei Vorliegen anderer wichtiger Gründe kann das Gericht den Erlaß des Urteils bis zu 3 Tagen aussetzen.

§ 2. Bei Überschreitung dieser Frist wird die Verhandlung von Anfang an neu durchgeführt.

§ 3. Im Beschluß über die Aussetzung des Urteilserlasses ist der Zeitpunkt und der Ort der Urteilsverkündung anzugeben.

**Art. 359.** Unverzüglich nach Abschluß der Abstimmung faßt das Gericht das Urteil schriftlich ab.

**Art. 360.** § 1. Jedes Urteil soll enthalten:

1. die Bezeichnung des Gerichts, von dem es erlassen worden ist, und die Namen der Richter, der Schöffen, des Anklägers und des Protokollführers,
2. Tag und Ort der Verhandlung der Sache und des Erlasses des Urteils,
3. den Vornamen, den Zunamen und sonstige die Identität des Angeklagten bezeichnende Angaben,
4. die Beschreibung des Ablaufs und die rechtliche Qualifikation der Tat, deren Begehung dem Angeklagten vom Ankläger zur Last gelegt wird,
5. die Entscheidungen des Gerichts,
6. den Hinweis auf die zur Anwendung gebrachten Bestimmungen des Strafgesetzes.

§ 2. Ein auf Verurteilung lautendes Urteil soll außerdem noch enthalten:

1. die genaue Feststellung der dem Angeklagten vom Gericht zugeschriebenen Tat,
2. die Entscheidung über die Strafe, wobei, soweit erforderlich, die auf die Strafe angerechnete Dauer der Untersuchungshaft anzugeben ist.

**Art. 361.** § 1. Wird nach Beginn der Verhandlung zur Sache ein Umstand festgestellt, der ein Verfahren ausschließt oder die bedingte Einstellung des Verfahrens rechtfertigt, so spricht das Gericht die Einstellung oder die bedingte Einstellung des Verfahrens durch Urteil aus. Bei der bedingten Einstellung des Verfahrens finden die Bestimmungen der Art. 231 § 2, 233 und 234 entsprechende Anwendung.

§ 2. Stellt das Gericht einen der in Art. 11 Ziff. 1 genannten Umstände fest, so erläßt es ein freisprechendes Urteil.

**Art. 362.** § 1. Das Gericht gibt einer Zivilklage statt oder weist sie ganz oder teilweise ab, wenn der Angeklagte verurteilt wird, wenn von der Verhängung einer Strafe abgesehen oder wenn das Verfahren bedingt eingestellt wird.

§ 2. Im Falle einer anderen Entscheidung läßt das Gericht die Zivilklage unbeschieden.

§ 3. Das Gericht spricht auch dann durch Urteil aus, daß die Zivilklage unbeschieden bleibt, wenn das im Laufe der Verhandlung beigebrachte Beweismaterial zur Entscheidung nicht ausreicht und die Vervollständigung dieses Materials eine erhebliche Verzögerung des Verfahrens mit sich bringen würde.

**Art. 363.** § 1. Bei einer Verurteilung wegen der Straftat des Ansichbringens von gesellschaftlichem Vermögen erkennt das Gericht, falls eine Zivilklage nicht erhoben ist, von Amts wegen zugunsten der geschädigten staatlichen oder gesellschaftlichen Institution auf eine Geldentschädigung, die dem Wert des entwendeten Vermögens entspricht. Hat eine Versicherungsanstalt den mit der Straftat angerichteten Schaden gedeckt, so erkennt das Gericht zugunsten der Versicherungsanstalt auf eine Geldentschädigung in Höhe des Betrages des von ihr gedeckten Schadens.

§ 2. Bei einer Verurteilung wegen einer anderen Straftat, mit der ein Schaden am gesellschaftlichen Vermögen angerichtet wurde, kann das Gericht gemäß § 1 von Amts wegen eine angemessene Entschädigung in Geld zuerkennen.

§ 3. Unter den in §§ 1 oder 2 genannten Bedingungen kann das Gericht eine Entschädigung in Geld zuerkennen, die der Mitverursachung des Schadens durch den Täter oder dem erlangten Vorteil entspricht, wenn der Verurteilte eine andere Person zur Schädigung des gesellschaftlichen Vermögens angestiftet oder ihr Hilfe geleistet hat oder wenn der Verurteilte bewußt einen Vorteil aus dem am gesellschaftlichen Vermögen angerichteten Schaden erlangt hat.

§ 4. Die Bestimmungen der §§ 1—3 finden keine Anwendung in den Fällen, in denen die Geltendmachung von Ansprüchen durch eine im Strafverfahren erhobene Zivilklage unzulässig ist, weil wegen derselben Ansprüche ein Zivilverfahren oder ein sonstiges gesetzlich vorgesehenes Verfahren anhängig ist oder wenn schon in einem anderen Verfahren über die gleichen Ansprüche entschieden worden ist oder wenn das Gericht bei der Verurteilung dem Angeklagten die Verpflichtung zur Wiedergutmachung des Schadens auferlegt hat.

§ 5. Ist der Wert des entwendeten gesellschaftlichen Vermögens oder der am gesellschaftlichen Vermögen angerichtete Schaden höher als die zuerkannte Entschädigung, so kann die geschädigte staatliche oder gesellschaftliche Institution die Differenz im Wege des Zivilverfahrens geltend machen.

**Art. 364.** § 1. Bei einem Freispruch des Angeklagten, einer Einstellung oder einer bedingten Einstellung des Verfahrens, bei einer bedingten Aussetzung der Strafvollstreckung, einer Verurteilung zu einer milderen Strafe als Freiheitsentzug, einer Verurteilung zu einer Strafe, die höchstens der Dauer der Untersuchungshaft entspricht, oder wenn von der Verhängung einer Strafe abgesehen wird, ordnet der Vorsitzende unverzüglich die Freilassung des in Haft befindlichen Angeklagten an, falls diesem nicht wegen einer anderen

Sache die Freiheit entzogen worden ist. Art. 223 findet entsprechende Anwendung.

§ 2. Nimmt das Gericht bei einer bedingten Strafaussetzung eine Bürgschaft gemäß Art. 76 Strafgesetzbuch an, so finden die Bestimmungen der Art. 231 § 2, 233 und 234 entsprechende Anwendung.

**Art. 365.** Auf die Freiheitsentzugsstrafe wird auch die Dauer der Untersuchungshaft angerechnet, die der Angeklagte in einer anderen Sache erlitten hat, wenn in dieser Sache das Verfahren zur gleichen Zeit in Gang war und ein rechtskräftiges freisprechendes Urteil ergangen oder das Verfahren eingestellt worden ist.

**Art. 366.** § 1. Nach der Unterzeichnung des Urteils wird es vom Vorsitzenden des Spruchkörpers öffentlich verkündet. Während der Urteilsverkündung stehen alle Anwesenden mit Ausnahme der erkennenden Richter.

§ 2. Nach der Verkündung legt der Vorsitzende oder ein Mitglied des Spruchkörpers mündlich die wichtigsten Gründe des Urteils dar.

**Art. 367.** § 1. Bleiben die Parteien, ihre Verteidiger und ihre Bevollmächtigten aus, so steht dies der Verkündung des Urteils nicht entgegen.

§ 2. Ist wegen eines unüberwindlichen Hindernisses ein nicht auf freiem Fuß befindlicher Angeklagter zur Anhörung des Urteils nicht vorgeführt worden, so wird das Urteil nach seiner Verkündung dem Angeklagten zugestellt.

**Art. 368.** § 1. Enthält das Urteil keine Entscheidung über die Anrechnung der Untersuchungshaft, über die Sachbeweismittel oder die Kosten, so erkennt das Gericht darüber durch Beschluß in einer Sitzung. Die Parteien haben das Recht, an der Sitzung teilzunehmen. Ein in Haft befindlicher Angeklagter wird zur Sitzung nur dann vorgeführt, wenn der Vorsitzende oder das Gericht es für notwendig halten.

§ 2. Gegen den Beschluß ist die Beschwerde statthaft.

**Art. 369.** Eine Person, die nicht Partei ist und die Ansprüche auf das aufgrund der Entscheidung eingezogene Vermögen oder auf die verfallenen Gegenstände erhebt, kann ihre Ansprüche nur im Wege des Zivilverfahrens geltend machen.

**Art. 370.** § 1. Innerhalb einer Ausschlußfrist von 7 Tagen nach dem Tag der Urteilsverkündung kann eine Partei den Antrag auf schriftliche Absetzung der Urteilsgründe stellen. Die Tatsache, daß die Gründe von Amts wegen abgefaßt werden, ändert nichts daran, daß die Parteien einen Antrag zu stellen haben. Der Antrag wird schriftlich gestellt.

§ 2. Für einen nicht auf freiem Fuß befindlichen Angeklagten, der keinen Verteidiger hat und der bei der Urteilsverkündung nicht anwesend war, läuft die in § 1 genannte Frist vom Tag der Urteilszustellung an.

**Art. 371.** § 1. Die Gründe des Urteils sind innerhalb von 7 Tagen nach dem Tag, an dem der Antrag auf Abfassung der Gründe gestellt wurde, abzufassen; erfolgt die Abfassung der Gründe von Amts wegen, so sind sie innerhalb von 7 Tagen nach dem Tag der Urteilsverkündung abzusetzen; in einer schwierigen Sache kann der Gerichtspräsident, falls die Gründe nicht fristgemäß abgefaßt werden, diese Frist um eine bestimmte Zeit verlängern.

§ 2. Das Urteil wird mit den Gründen demjenigen zugestellt, der einen Antrag nach Maßgabe des Art. 370 gestellt hat. Art. 91 § 5 findet Anwendung.

**Art. 372.** § 1. Die Gründe sollen enthalten:

1. eine Darlegung darüber, welche Tatsachen das Gericht für erwiesen oder nicht erwiesen erachtet hat, auf welche Beweise es sich dabei gestützt und weshalb es Gegenbeweise nicht berücksichtigt hat,
2. eine Erläuterung der Rechtsgrundlage des Urteils.

§ 2. In den Urteilsgründen sind ferner die Umstände anzuführen, die das Gericht bei der Strafzumessung berücksichtigt hat, insbesondere wenn eine außerordentliche Strafmilderung gewährt oder eine Maßregel der Sicherung angewendet oder einer Zivilklage stattgegeben wurde oder wenn das Urteil sonstige Entscheidungen enthält.

**Art. 373.** § 1. Die Begründung des Urteils wird von den Richtern, die das Urteil erlassen haben, unterschrieben; auch die überstimmten Richter unterschreiben.

§ 2. In Sachen, die unter Mitwirkung von zwei Schöffen entschieden werden, unterschreibt nur der Vorsitzende die Gründe; in Sachen, über die in der Besetzung von zwei Richtern und drei Schöffen entschieden wird, unterschreiben der Vorsitzende und der zweite Richter. Wird eine abweichende Meinung niedergelegt, so werden die Gründe immer von allen Mitgliedern des erkennenden Gerichts unterschrieben.

§ 3. Ist es unmöglich, die Unterschrift eines Mitglieds des erkennenden Gerichts zu erlangen, so vermerkt dies der Vorsitzende oder eines der Mitglieder des erkennenden Gerichts bei den Gründen.

§ 4. Art. 135 § 3 findet entsprechende Anwendung.

## KAPITEL IX

## Rechtsmittelverfahren

### ABSCHNITT 39

### Allgemeine Bestimmungen

**Art. 374.** § 1. Gegen die Entscheidung eines Gerichts des ersten Rechtszugs steht den Parteien ein Rechtsmittel zu.

§ 2. Die Entscheidung kann in ihrem ganzen Umfang oder teilweise angefochten werden.

§ 3. Der Rechtsmittelführer kann nur solche Entscheidungen anfechten, die seine Rechte verletzen oder seine Interessen beeinträchtigen. Diese Beschränkung gilt nicht für den öffentlichen Ankläger.

§ 4. Der öffentliche Ankläger hat das Recht, auch zugunsten des Angeklagten Rechtsmittel einzulegen.

**Art. 375.** Gegen Entscheidungen, die vom Rechtsmittelgericht infolge der Einlegung eines Rechtsmittels oder im Laufe des Rechtsmittelverfahrens erlassen sind, ist kein Rechtsmittel statthaft.

**Art. 376.** § 1. In dem Rechtsmittel ist anzugeben, was der Rechtsmittelführer begehrt.

§ 2. Hat der öffentliche Ankläger, ein Verteidiger oder ein Bevollmächtigter ein Rechtsmittel eingelegt, so müssen außerdem die gegen die Entscheidung vorgebrachten Einwendungen dargelegt werden.

**Art. 377.** § 1. Das Rechtsmittel wird schriftlich bei dem Gericht eingelegt, das die angefochtene Entscheidung erlassen hat.

§ 2. Der Gerichtspräsident lehnt die Annahme des Rechtsmittels ab, falls es nach Fristablauf oder von einer dazu nicht berechtigten Person eingelegt worden ist oder kraft Gesetzes unzulässig ist.

**Art. 378.** Gegen die Verfügung, die die Annahme des Rechtsmittels aufgrund der Art. 105 § 2 und 377 § 2 ablehnt, ist die Beschwerde statthaft.

**Art. 379.** Das Rechtsmittelgericht läßt das angenommene Rechtsmittel unbeschieden, falls die in Art. 377 § 2 bestimmten Umstände vorliegen oder falls nach seiner Auffassung die Annahme des Rechtsmittels aufgrund einer ungerechtfertigten Wiedereinsetzung in den vorigen Stand erfolgte.

**Art. 380.** § 1. Ein Rechtsmittel kann zurückgenommen werden.

§ 2. Der Angeklagte kann ein zu seinen Gunsten eingelegtes Rechtsmittel zurücknehmen, es sei denn, daß es vom öffentlichen

Ankläger eingelegt ist oder daß ein in Art. 70 genannter Fall vorliegt.

§ 3. Ein zugunsten des Angeklagten eingelegtes Rechtsmittel darf nicht ohne seine Einwilligung zurückgenommen werden.

**Art. 381.** Das Gericht läßt ein zurückgenommenes Rechtsmittel unbeschieden, es sei denn, daß ein in Art. 388 genannter Grund vorliegt.

**Art. 382.** Das Rechtsmittelgericht entscheidet in der Sache im Rahmen des Rechtsmittels; darüber hinaus entscheidet es nur insoweit, als dies gesetzlich vorgesehen ist.

**Art. 383.** § 1. Das Rechtsmittelgericht kann zuungunsten des Angeklagten nur dann entscheiden, wenn zu dessen Ungunsten ein Rechtsmittel eingelegt ist, und zwar lediglich im Rahmen des Rechtsmittels; das Oberste Gericht kann jedoch keine Verurteilung eines Angeklagten aussprechen, der im ersten Rechtszug freigesprochen oder gegen den das Verfahren im ersten Rechtszug eingestellt wurde.

§ 2. Ein zuungunsten des Angeklagten eingelegtes Rechtsmittel kann auch eine Entscheidung zugunsten des Angeklagten bewirken.

**Art. 384.** Das Rechtsmittelgericht hebt eine Entscheidung zugunsten der Mitangeklagten auf oder ändert sie ab, obwohl diese kein Rechtsmittel eingelegt haben, wenn es die Entscheidung aufgehoben bzw. zugunsten des das Rechtsmittel einlegenden Mitangeklagten abgeändert hat, falls jenen gegenüber Gründe vorliegen, die für eine Aufhebung bzw. Abänderung sprechen.

**Art. 385.** Das Gericht kann die Entscheidung über das Rechtsmittel auf einzelne Mängel, die von einer Partei gerügt worden sind oder die von Amts wegen berücksichtigt werden, beschränken, falls dies für den Erlaß einer Entscheidung genügt und die übrigen Mängel noch nicht spruchreif sind oder eine Entscheidung über sie für den weiteren Verlauf des Verfahrens ohne Bedeutung sein würde.

**Art. 386.** § 1. In der Entscheidung über das Rechtsmittel spricht das Gericht die Aufrechterhaltung, die vollständige oder teilweise Abänderung oder Aufhebung der angefochtenen Entscheidung aus.

§ 2. Falls die gesammelten Beweise es gestatten, ändert das Rechtsmittelgericht die angefochtene Entscheidung ab, indem es in der Sache selbst anders entscheidet oder sie aufhebt und das Verfahren einstellt; andernfalls hebt es die Entscheidung auf und verweist die Sache an das erstinstanzliche Gericht zur erneuten Verhandlung zurück; Art. 344 findet entsprechende Anwendung.

**Art. 387.** Die Entscheidung ist aufzuheben oder abzuändern, wenn festgestellt wird:

1. eine Verletzung der Bestimmungen des materiellen Rechts,
2. eine Verletzung von Verfahrensbestimmungen, wenn sie auf den Inhalt der Entscheidung Einfluß gehabt haben könnte,
3. ein Fehler bei den tatsächlichen Feststellungen, die der Entscheidung zugrunde gelegt wurden, falls dieser Fehler auf den Inhalt der Entscheidung Einfluß gehabt haben könnte,
4. daß eine Strafe offenbar unangemessen ist oder eine Maßregel der Sicherung oder eine sonstige Maßregel zu Unrecht angewendet oder nicht angewendet wurde.

**Art. 388.** Unabhängig von dem Rahmen des Rechtsmittels und dem Einfluß, den ein Mangel auf den Inhalt der Entscheidung gehabt haben könnte, hebt das Rechtsmittelgericht in einer Sitzung die angefochtene Entscheidung auf, wenn:

1. an dem Erlaß einer Entscheidung eine nicht zur Aburteilung befugte Person teilgenommen hat oder eine Person, die nach Art. 30 hätte ausgeschlossen werden müssen,
2. das Gericht nicht vorschriftsmäßig besetzt oder eines seiner Mitglieder in der Verhandlung nicht ständig zugegen war,
3. eine dem Gesetz nicht bekannte Strafe oder Maßregel der Sicherung ausgesprochen worden ist,
4. ein in Art. 11 Ziff. 3—7 genannter verfahrensausschließender Umstand vorlag,
5. die Entscheidung nicht von allen Mitgliedern des erkennenden Gerichts unterschrieben ist,
6. der Angeklagte in den in Art. 70 § 1 und 71 bestimmten Fällen keinen Verteidiger hatte oder wenn der Verteidiger an Handlungen nicht teilgenommen hat, an denen seine Teilnahme obligatorisch war,
7. ein allgemeines Gericht in einer Strafsache entschieden hat, die zur Zuständigkeit eines Sondergerichts gehört, oder wenn ein Sondergericht in einer Strafsache entschieden hat, die zur Zuständigkeit eines allgemeinen Gerichts gehört,
8. ein Gericht niedrigerer Ordnung in einer Strafsache entschieden hat, die zur Zuständigkeit eines Gerichts höherer Ordnung gehört,
9. die Strafsache in Abwesenheit eines Angeklagten, dessen Anwesenheit obligatorisch war, abgeurteilt wurde und ihm dadurch die Möglichkeit zur Verteidigung entzogen war.

**Art. 389.** Die Entscheidung ist zugunsten des Angeklagten abzuändern oder sie ist unabhängig von dem Rahmen des Rechtsmittels aufzuheben, wenn sie offenbar ungerecht ist.

**Art. 390.** § 1. Tritt bei der Entscheidung über das Rechtsmittel eine Rechtsfrage auf, die einer grundsätzlichen Gesetzesauslegung bedarf, so kann das Wojewodschaftsgericht den Erlaß der Entscheidung aussetzen und die Rechtsfrage dem Obersten Gericht zur Entscheidung vorlegen.

§ 2. Das Oberste Gericht kann die Entscheidung der Rechtsfrage einem vergrößerten Spruchkörper dieses Gerichts vorlegen.

§ 3. Der Beschluß des Obersten Gerichts in der betreffenden Sache ist bindend.

§ 4. Die Verteidiger und Bevollmächtigten haben das Recht, an der Sitzung teilzunehmen.

§ 5. Das Oberste Gericht kann die Sache übernehmen, um sie selbst zu entscheiden.

**Art. 391.** § 1. Das Gericht, an das die Sache zur erneuten Verhandlung zurückverwiesen ist, entscheidet in dem Rahmen, in dem die Zurückverweisung erfolgt ist.

§ 2. Wird eine Sache zur erneuten Verhandlung zurückverwiesen, so kann das im ersten Rechtszug erkennende Gericht auf die Erhebung von Beweisen, die keinen Einfluß auf die Aufhebung des Urteils hatten, verzichten und lediglich den Inhalt der früheren Beweiserhebung mitteilen.

§ 3. Die Rechtsansichten und Weisungen des Rechtsmittelgerichts in bezug auf das weitere Verfahren sind für das Gericht bindend, an das die Sache zur erneuten Verhandlung zurückverwiesen wurde.

## ABSCHNITT 40

## Revision

**Art. 392.** Gegen ein Urteil des Gerichts erster Instanz steht den Parteien die Revision zu.

**Art. 393.** § 1. Die Frist zur Einlegung der Revision beträgt 14 Tage und läuft für jeden Berechtigten von dem Tag an, an dem ihm das Urteil mit Gründen zugestellt wurde.

§ 2. Die vor Ablauf der Frist, innerhalb der ein Antrag auf Abfassung der Gründe gestellt werden kann, eingelegte Revision hat die in Art. 370 bestimmten Folgen, und es ist über sie zu entscheiden; diese Revision kann in der in § 1 bestimmten Frist ergänzt werden.

**Art. 394.** § 1. Die Revision gegen ein Urteil des Wojewodschaftsgerichts, die nicht vom Staatsanwalt oder von einer in Art. 79 § 2 genannten Person eingelegt worden ist, ist von einem Rechtsanwalt abzufassen und zu unterschreiben.

§ 2. Der vom Staatsanwalt oder einem Rechtsanwalt abgefaßten Revision muß eine entsprechende Anzahl von Abschriften für die

Gegenparteien beigefügt werden; wird die Revision beim Obersten Gericht eingelegt, so ist eine zusätzliche Abschrift beizufügen.

**Art. 395.** Ein Nebenkläger kann das Urteil nur in dem den Schuldspruch betreffenden Teil anfechten.

**Art. 396.** § 1. Ein Zivilkläger kann das Urteil nur dann anfechten, wenn es von dem Angeklagten oder dem Ankläger angefochten wird.

§ 2. Die Frist zur Einlegung der Revision beträgt für den Zivilkläger 7 Tage von dem Tag an, an dem er von der Zulassung der Revision des Angeklagten oder des Anklägers benachrichtigt wurde.

§ 3. Läßt das Gericht die Revision des Angeklagten oder des Anklägers unbeschieden, so läßt es auch die Revision des Zivilklägers unbeschieden.

§ 4. Der Zivilkläger, dem die Revision aus den in §§ 1 oder 3 bezeichneten Gründen nicht zusteht, kann vor dem Zivilgericht den Teil des Anspruchs geltend machen, den das Strafgericht abgewiesen hat.

**Art. 397.** § 1. Die Revision in der Schuldfrage gilt als gegen das gesamte Urteil gerichtet.

§ 2. Die Revision gegen eine Hauptstrafe gilt als gegen die gesamte Entscheidung über die Strafe gerichtet.

§ 3. In der Revision können Rügen vorgebracht werden, die nicht Gegenstand einer Beschwerde waren oder sein konnten.

**Art. 398.** § 1. Von der Zulassung der Revision werden der Staatsanwalt, die Verteidiger und die Bevollmächtigten und, soweit diese Prozeßbeteiligten nicht vorhanden sind, die Parteien selbst benachrichtigt; danach werden die Akten unverzüglich an das Revisionsgericht übersandt.

§ 2. Eine Partei kann eine schriftliche Gegenerklärung auf die Revision einreichen.

§ 3. Legt der Staatsanwalt oder der Rechtsanwalt die Revision ein, so wird der Benachrichtigung eine Abschrift der Revision der Gegenpartei beigefügt, es sei denn, daß in der Verhandlung der Sache die Öffentlichkeit wegen eines Staatsgeheimnisses ausgeschlossen war.

**Art. 399.** Das Revisionsgericht entscheidet über die Sache in einer Verhandlung und in den gesetzlich vorgesehenen Fällen in einer Sitzung.

**Art. 400.** § 1. Bleiben die Parteien aus, so hindert dies außer beim Ausbleiben des Staatsanwalts die Aburteilung der Sache in der Verhandlung nicht. Art. 70 § 2 und 71 finden Anwendung.

§ 2. Fehlt die Empfangsbestätigung der Benachrichtigung einer Partei von der Revisionsverhandlung, so hindert dies die Aburteilung der Sache nicht, wenn ein Verteidiger oder Bevollmächtigter erschienen ist.

**Art. 401.** Ist eine Verhandlung anberaumt, so kann das Gericht die Vorführung eines nicht auf freiem Fuß befindlichen Angeklagten anordnen.

**Art. 402.** § 1. Das Revisionsgericht kann keine Beweiserhebung in der Sache selbst durchführen.

§ 2. In Ausnahmefällen kann das Revisionsgericht, soweit es eine Ergänzung der Verhandlung zur Sache für notwendig hält, selbst Beweise in der Verhandlung erheben, wenn dies der Beschleunigung des Verfahrens dient und eine erneute Durchführung des ganzen oder des größten Teils der Verhandlung zur Sache nicht notwendig ist. Das Gericht kann vor der Verhandlung einen Beweisbeschluß erlassen.

§ 3. Im Revisionsverfahren kann das Oberste Gericht selbst einen Urkundenbeweis oder einen Beweis durch Gutachten eines Instituts, einer Anstalt, einer Institution oder eines Sachverständigen erheben. Die Erhebung von anderen Beweisen erfolgt nach Maßgabe der Art. 342 und 343, die entsprechende Anwendung finden.

**Art. 403.** § 1. Die Verhandlung zur Sache vor dem Revisionsgericht beginnt mit dem mündlichen Bericht, in welchem der berichterstattende Richter den Verlauf und die Ergebnisse des bisherigen Verfahrens darstellt, insbesondere den Inhalt des angefochtenen Urteils und die Revisionsrügen und -anträge sowie Fragen, die von Amts wegen zu entscheiden sind. Soweit erforderlich, werden einzelne Auszüge aus den Akten vorgelesen.

§ 2. Die Parteien können mündlich oder schriftlich Angaben und Ausführungen machen und Anträge stellen; die schriftlichen Angaben, Ausführungen und Anträge werden verlesen, wobei Art. 340 Anwendung findet.

§ 3. Der Vorsitzende erteilt den Parteien in der von ihm festgelegten Reihenfolge das Wort. Dem Angeklagten oder seinem Verteidiger kann nach den Vorträgen anderer Parteien das Wort nicht verweigert werden.

**Art. 404.** Das Revisionsgericht berichtigt eine falsche rechtliche Qualifikation der Tat ohne Rücksicht auf den Rahmen des Rechtsmittels, und zwar selbst dann, wenn es im übrigen das Urteil nicht abändern kann.

**Art. 405.** Über die Aufrechterhaltung, die Aufhebung oder die Abänderung des Urteils des erstinstanzlichen Gerichts entscheidet das Revisionsgericht durch Urteil.

**Art. 406.** § 1. Die Urteilsgründe sind in jedem Fall, und zwar innerhalb von 14 Tagen abzusetzen.

§ 2. In den Gründen ist anzugeben, wovon das Gericht bei der Urteilsfindung ausgegangen ist und weshalb es die Rügen und Anträge der Revision als begründet oder unbegründet erachtet hat.

**Art. 407.** Die Bestimmungen über das Verfahren vor dem Gericht des ersten Rechtszugs finden im Verfahren vor dem Revisionsgericht entsprechende Anwendung, es sei denn, daß die Vorschriften dieses Abschnitts etwas anderes bestimmen.

**Art. 408.** Wird die Sache zur erneuten Verhandlung zurückverwiesen, so kann im weiteren Verfahren auf eine strengere Strafe als die in dem aufgehobenen Urteil ausgesprochene nur dann erkannt werden, wenn das Urteil zuungunsten des Angeklagten angefochten worden war.

## ABSCHNITT 41

## Beschwerde

**Art. 409.** Die Beschwerde findet gegen Gerichtsbeschlüsse statt, die den Erlaß eines Urteils hindern, sowie gegen Beschlüsse über Maßregeln der Sicherung und gegen Beschlüsse in den gesetzlich vorgesehenen Fällen.

**Art. 410.** Die Beschwerde ist innerhalb einer Frist von 14 Tagen nach dem Tag, an dem der Beschluß verkündet wurde, einzulegen; wenn die Zustellung gesetzlich vorgeschrieben ist, ist sie innerhalb von 14 Tagen nach dem Tag der Zustellung einzulegen.

**Art. 411.** § 1. Soweit gesetzlich nicht etwas anderes bestimmt ist, hemmt die Beschwerde die Vollstreckung des angefochtenen Beschlusses nicht; jedoch kann das Gericht, das ihn erlassen hat, oder das zur Entscheidung über die Beschwerde berufene Gericht die Vollstreckung des Beschlusses aussetzen.

§ 2. Die Ablehnung der Aussetzung bedarf keiner Begründung.

**Art. 412.** § 1. Das Gericht, gegen dessen Beschluß die Beschwerde eingelegt ist, kann dieser abhelfen, wenn es in derselben Besetzung entscheidet; in den sonstigen Fällen legt es die Beschwerde mit den Akten oder den notwendigen Abschriften aus den Akten unverzüglich dem zur Entscheidung über die Beschwerde zuständigen Gericht vor.

§ 2. Die Bestimmung des § 1 über die Möglichkeit, daß dasselbe Gericht der Beschwerde abhilft, gilt nicht für Beschwerden gegen verfahrensabschließende Beschlüsse.

§ 3. Die Beschwerde gegen einen Beschluß über die Anordnung der Untersuchungshaft ist innerhalb von 48 Stunden zur Entscheidung vorzulegen.

**Art. 413.** § 1. Die Bestimmungen über die Beschwerde gegen Gerichtsbeschlüsse finden entsprechende Anwendung auf Beschwerden gegen Beschlüsse des Staatsanwalts und des Ermittlungsführers.

§ 2. Über die Beschwerde gegen einen Beschluß des Staatsanwalts entscheidet der übergeordnete Staatsanwalt; in den gesetzlich vorgesehenen Fällen entscheidet das Gericht.

§ 3. Über die Beschwerde gegen einen Beschluß desjenigen, der das vorbereitende Verfahren führt und nicht Staatsanwalt ist, entscheidet der Staatsanwalt, der die Aufsicht über dieses Verfahren führt.

**Art. 414.** § 1. Die Bestimmungen dieses Abschnitts finden entsprechende Anwendung auf Beschwerden gegen Verfügungen und gegen Handlungen desjenigen, der das vorbereitende Verfahren führt.

§ 2. Über Beschwerden gegen Verfügungen des Präsidenten entscheidet das Beschwerdegericht.

## KAPITEL X

## Besondere Verfahrensarten

### ABSCHNITT 42

### Verfahren gegen Abwesende

**Art. 415.** Gegen einen im Ausland befindlichen Angeklagten, dem die Begehung einer der in Art. 122, 124 und 130 Strafgesetzbuch genannten Straftaten zur Last gelegt wird, kann das Verfahren während seiner Abwesenheit durchgeführt werden.

**Art. 416.** Das Verfahren findet nach den allgemeinen Grundsätzen statt, wobei die Bestimmungen keine Anwendung finden, die wegen Abwesenheit des Angeklagten nicht befolgt werden können. Die Abfassung der Urteilsgründe erfolgt von Amts wegen. Die Beteiligung des Verteidigers ist auch in der Revisionsverhandlung obligatorisch.

**Art. 417.** Wird der Verurteilte festgenommen oder stellt er sich freiwillig dem Gericht zur Verfügung, so wird ihm eine Abschrift des rechtskräftigen Urteils zugestellt. Auf Antrag, der von dem Angeklagten schriftlich in einer Ausschlußfrist von 14 Tagen nach dem

Tag der Zustellung zu stellen ist, beraumt das Gericht, dessen Urteil rechtskräftig geworden ist, die Verhandlung an; das in diesem Rechtszug ergangene Urteil tritt zum Zeitpunkt des Erscheinens des Angeklagten in der Verhandlung außer Kraft.

## ABSCHNITT 43
## Vereinfachtes Verfahren

**Art. 418.** Im vereinfachten Verfahren finden die Bestimmungen über das ordentliche Verfahren Anwendung, soweit die Bestimmungen dieses Abschnitts nicht etwas anderes bestimmen.

**Art. 419.** § 1. Das Bezirksgericht ist im vereinfachten Verfahren erkennendes Gericht in Strafsachen wegen Taten:
1. die mit Freiheitsentzug bis zu 2 Jahren, mit Freiheitsbeschränkung oder mit selbständiger Geldstrafe oder mit Freiheitsentzug bis zu 2 Jahren und Geldstrafe bedroht sind,
2. die in Art. 214, 231 und 235 Strafgesetzbuch geregelt sind,
3. die in Art 199 § 1, 203 § 1, 204 §§ 1 und 2, 205 § 1, 212 § 1, 213, 215 § 1 und 225 Strafgesetzbuch geregelt sind, wenn der Wert des Gegenstandes der Straftat oder der angerichtete oder der beabsichtigte Schaden den Betrag von 5 000 zł nicht übersteigt.

§ 2. In Strafsachen wegen der in § 1 genannten Taten wird ein vereinfachtes Verfahren nicht durchgeführt, wenn es sich um Taten handelt, die im Strafgesetzbuch in folgenden Bestimmungen geregelt sind: in Art. 156 § 3, wenn die Funktionsstörung eines Körperorgans länger als 7 Tage dauerte, ferner in Art. 160 § 3, 163 § 2, 173, 189 § 2, 228, 241 § 2, 246 § 3, 255, 256 § 1, 257 § 2, 266 § 3, 282 und 285.

**Art. 420.** Das vereinfachte Verfahren findet keine Anwendung:
1. gegen einen Angeklagten, der sich wegen dieser oder wegen einer anderen Sache in Haft befindet,
2. wenn die Sache eine Tat betrifft, die unter den Voraussetzungen des Art. 60 Strafgesetzbuch begangen worden ist.

**Art. 421.** Der Justizminister bestimmt im Einvernehmen mit dem Generalstaatsanwalt der Volksrepublik Polen und den zuständigen Ministern im Verordnungswege, welche Organe neben der Bürgermiliz zur Durchführung von Ermittlungen befugt sind, welche Organe zur Einreichung und Unterstützung von Anklagen bei Gerichten erster Instanz in Strafsachen, die im vereinfachten Verfahren abgeurteilt werden, befugt sind und in welchem Umfang Strafsachen diesen Organen übertragen werden[13].

---

[13] Verordnung vom 6. 12. 1969 (Dz. U. 1969, Nr. 37 Pos. 322). Siehe unten S. 177.

**Art. 422.** § 1. Im vereinfachten Verfahren sind die Benachrichtigung des Staatsanwalts von der Einleitung eines Ermittlungsverfahrens, der Erlaß eines Beschlusses über die Eröffnung der Beschuldigungen und der Erlaß eines Beschlusses über den Abschluß der Ermittlungen nicht erforderlich; dagegen ist es notwendig, die beschuldigte Person über den Inhalt der Beschuldigungen zu vernehmen und sie auf Verlangen von den Materialien des abgeschlossenen Ermittlungsverfahrens in Kenntnis zu setzen; über dieses Recht ist die beschuldigte Person zu belehren. Diese Person wird mit dem Beginn ihrer Vernehmung als der Beschuldigte angesehen, obwohl kein Beschluß über die Eröffnung der Beschuldigungen ergangen ist.

§ 2. Der Ermittlungsführer faßt die Anklageschrift ab, es sei denn, daß der Staatsanwalt dies selbst übernimmt; die Anklageschrift braucht keine Begründung zu enthalten.

§ 3. Der Staatsanwalt bestätigt eine von der Bürgermiliz abgefaßte Anklageschrift und reicht sie bei Gericht ein. Dies gilt nicht für sonstige Verfolgungsorgane.

**Art. 423.** Entspricht die Anklageschrift den formellen Erfordernissen und ist die Sache in die Hauptverhandlung übergeleitet worden, so wird dem Angeklagten eine Abschrift der Anklageschrift zusammen mit der Ladung zur Verhandlung und einer Aufforderung, Beweisanträge innerhalb einer Frist von 7 Tagen zu stellen, zugestellt.

**Art. 424.** Bleibt der Ankläger aus, so hindert dies weder den Lauf einer Verhandlung noch den einer Sitzung.

**Art. 425.** Bleibt der Angeklagte, dem die Ladung zugestellt worden ist, in der Hauptverhandlung aus und erscheint auch sein Verteidiger nicht, so kann das Gericht die Sache in Abwesenheit des Angeklagten aburteilen und ein Abwesenheitsurteil erlassen.

**Art. 426.** § 1. Ist der Angeklagte in der Verhandlung ausgeblieben, so werden seine früheren Aussagen verlesen. Art. 343 findet auf die Vernehmung des Angeklagten entsprechende Anwendung.

§ 2. Die Hauptverhandlung kann nicht in Abwesenheit des Angeklagten durchgeführt werden, wenn er unter genügender Entschuldigung seines Fernbleibens den Antrag auf Aussetzung der Verhandlung stellt.

**Art. 427.** Durch Abwesenheitsurteil kann als Maßregel der Sicherung nur der in Art. 48 Strafgesetzbuch vorgesehene Verfall ausgesprochen werden.

**Art. 428.** Das Abwesenheitsurteil wird dem Angeklagten zugestellt; vom Tag der Zustellung des Urteils an beginnt für den

Angeklagten der Lauf der Frist, innerhalb der die Absetzung der Urteilsgründe zu beantragen ist.

**Art. 429.** § 1. Der Präsident des Bezirksgerichts kann anordnen, daß die Sache in der Besetzung von einem Richter abgeurteilt wird, falls dies durch die Umstände der Sache begründet ist. Der Präsident des Wojewodschaftsgerichts kann anordnen, daß die Sache in der Besetzung von einem Richter abgeurteilt wird, falls in erster Instanz in der gleichen Besetzung entschieden wurde.

§ 2. Nach einer in § 1 genannten Anordnung des Gerichtspräsidenten erläßt der Richter als Einzelrichter sämtliche Entscheidungen in der Verhandlung und in der Sitzung.

§ 3. Ist das Gericht mit einem Einzelrichter besetzt, so hat dieser die Rechte und Pflichten eines Vorsitzenden.

**Art. 430.** Stellt sich im Laufe der Hauptverhandlung heraus, daß die vom Gericht in der Besetzung von einem Einzelrichter verhandelte Sache nicht im vereinfachten Verfahren abgeurteilt werden kann oder daß die Sache schwierig ist, so wird die Verhandlung ausgesetzt, und die Sache wird vom Gericht im gewöhnlichen Verfahren fortgeführt.

**Art. 431.** Stellt sich im gerichtlichen Verfahren vor Abl uf von 3 Monaten nach der Begehung der Tat heraus, daß die Tat des Angeklagten eine Übertretung ist, so überweist das Gericht die Sache an das zuständige gesellschaftliche Gericht. Stellt sich dies aber erst in der Hauptverhandlung oder nach Ablauf der oben bezeichneten Frist heraus, so entscheidet das Gericht in der Sache nach den allgemeinen Grundsätzen.

## ABSCHNITT 44

## Verfahren in Privatklagesachen

**Art. 432.** In Privatklagesachen finden die Bestimmungen über das vereinfachte Verfahren Anwendung, wobei die Bestimmungen dieses Abschnitts zu beachten sind. Art. 420 und 430 finden keine Anwendung.

**Art. 433.** § 1. In Privatklagesachen entscheidet das Bezirksgericht in der Besetzung von einem Einzelrichter. Der Gerichtspräsident kann anordnen, daß die Sache von einem Richter und zwei Schöffen abgeurteilt wird, wenn er dies im Hinblick auf die Umstände für geboten hält.

§ 2. In Strafsachen wegen der in Art. 78 Strafgesetzbuch geregelten Taten entscheidet das Gericht in der Besetzung von einem Richter und zwei Schöffen.

**Art. 434.** Die Anklageschrift kann auf die Bezeichnung der angeklagten Person, auf die ihr zur Last gelegte Tat und auf die Angabe der Beweismittel, die die Anklage stützen, beschränkt werden.

**Art. 435.** § 1. Die Bürgermiliz nimmt auf Verlangen des Geschädigten eine mündliche oder schriftliche Klage entgegen und stellt, falls dies tunlich erscheint, die Beweise sicher; danach sendet sie die Akten an das zuständige Gericht.

§ 2. Auf Weisung des Gerichts führt die Bürgermiliz in diesen Sachen Ermittlungen oder die vom Gericht angeordneten Handlungen durch; danach sendet sie die Akten mit den Ergebnissen des Verfahrens an das Gericht zurück.

**Art. 436.** § 1. Vor der Hauptverhandlung findet in einer Sitzung ein Sühneversuch statt.

§ 2. Der Gerichtspräsident kann, wenn er dies für zweckmäßig erachtet, statt eine Sühnesitzung vor der Hautpverhandlung anzuberaumen, die Sache einem gesellschaftlichen Gericht zur Durchführung des Sühneversuchs überweisen.

**Art. 437.** § 1. Die Sühnesitzung wird von einem Richter oder von einem Schöffen, der vom Präsidenten bestimmt wird, geleitet.

§ 2. Die Bestimmungen für Richter über die Führung des Vorsitzes finden auf Schöffen, die eine Sühnesitzung leiten, entsprechende Anwendung.

**Art. 438.** § 1. Die Sühnesitzung beginnt mit dem mündlichen Bericht des Sitzungsleiters über die Anklage und mit der Aufforderung an die Parteien, sich zu versöhnen.

§ 2. Im Protokoll der Sühnesitzung sind insbesondere die Stellungnahmen der Parteien zu der Aufforderung, sich zu versöhnen, zu vermerken sowie die Ergebnisse der durchgeführten Sitzung; ist eine Versöhnung zustandegekommen, so wird das Protokoll auch von den Parteien unterzeichnet.

**Art. 439.** § 1. Bleibt der Privatkläger in der Sühnesitzung ohne berechtigten Grund aus, so wird dies als Rücknahme der Klage betrachtet, und der Sitzungsleiter stellt das Verfahren ein.

§ 2. Bleibt der Angeklagte unentschuldigt aus, so leitet der Leiter der Sühnesitzung die Sache in die Hauptverhandlung über und beraumt nach Möglichkeit sofort den Termin an.

**Art. 440.** Im Falle der Versöhnung der Parteien stellt der Sitzungsleiter das Verfahren ein.

**Art. 441.** In der Sühnesitzung ist auch die Schlichtung anderer Privatklagesachen zulässig, die zur gleichen Zeit zwischen den gleichen Parteien anhängig sind.

**Art. 442.** § 1. Gleichzeitig mit der Aussöhnung können die Parteien einen Vergleich abschließen, dessen Inhalt sich auch auf Ansprüche beziehen kann, die im Zusammenhang mit der Anklage stehen.

§ 2. Ein in der Sühnesitzung abgeschlossener Vergleich ist nach Erteilung der Vollstreckungsklausel durch das Gericht ein Titel für die gerichtliche Zwangsvollstreckung.

**Art. 443.** § 1. Kommt eine Versöhnung nicht zustande, so leitet der Leiter der Sühnesitzung die Sache in die Hauptverhandlung über und beraumt nach Möglichkeit sofort den Termin an, es sei denn, daß es tunlich erscheint, die Sache in eine Sitzung zum Zweck einer anderweitigen Entscheidung überzuleiten.

§ 2. Die anwesenden Parteien haben ihre Beweisanträge in der Sitzung zu stellen.

**Art. 444.** § 1. Das Verfahren in Privatklagesachen wird mit Zustimmung des Angeklagten eingestellt, falls der Privatkläger vor dem rechtskräftigen Abschluß des Verfahrens die Klage zurücknimmt.

§ 2. Die Zustimmung des Angeklagten ist nicht erforderlich, falls der Privatkläger vor Beginn der Verhandlung zur Sache in der ersten Hauptverhandlung die Klage zurücknimmt.

§ 3. Bleibt der Privatkläger in der Hauptverhandlung ohne berechtigte Gründe aus, so gilt dies als Zurücknahme der Klage.

**Art. 445.** Die Art. 440—442 finden auch in der Verhandlung entsprechende Anwendung.

## ABSCHNITT 45

## Das beschleunigte Verfahren

**Art. 446.** Im beschleunigten Verfahren finden die Bestimmungen über das vereinfachte Verfahren Anwendung, falls die Vorschriften dieses Abschnitts nicht etwas anderes bestimmen.

**Art. 447.** § 1. Hat eine der in Art. 156 § 2, 166, 167 § 1, 181 § 1, 182 § 1, 212 § 1, 236 und 237 Strafgesetzbuch bestimmten Straftaten Merkmale von Hooliganismus, so kann von einem Ermittlungsverfahren gegen einen Täter, der auf frischer Tat oder unmittelbar danach ergriffen und von der Bürgermiliz innerhalb von 48 Stunden dem Gericht vorgeführt worden ist, abgesehen werden. Das beschleunigte Verfahren findet als Verfahren im Wege der öffentlichen Anklage auch wegen Straftaten statt, die im Wege der Privatklage verfolgbar sind.

§ 2. Ein Funktionär der Bürgermiliz erstattet schriftlich oder mündlich zu Protokoll die Meldung über die Straftat und stellt Beweisanträge; die Meldung ersetzt die Anklageschrift.

§ 3. Das Gericht beginnt unverzüglich mit der Aburteilung der Sache, wobei die Art. 299, 305 und 423 keine Anwendung finden. Das Gericht entscheidet in der Sache in der Besetzung von einem Einzelrichter.

**Art. 448.** Jede von der Bürgermiliz als Zeuge vor Gericht geladene Person ist verpflichtet, am bezeichneten Tag und zur bezeichneten Zeit zu erscheinen.

**Art. 449.** Der Justizminister bestimmt nach Einholung eines Gutachtens des Obersten Rates der Rechtsanwälte im Verordnungswege, wie dem Angeklagten die Inanspruchnahme der Hilfe eines Verteidigers in der Hauptverhandlung zu sichern ist[14].

**Art. 450.** § 1. Das beschleunigte Verfahren findet auch im Fall einer einmaligen Unterbrechung der Verhandlung von nicht mehr als 7 Tagen statt, wenn das Gericht gegen einen Festgenommenen die Untersuchungshaft angeordnet hat.

§ 2. Wenn die Sache nicht in der in § 1 bezeichneten Frist abgeurteilt werden kann, so entscheidet das Gericht über die verfahrenssichernde Maßnahme und überweist die Sache an den Staatsanwalt; darüber wird dem Geschädigten Mitteilung gemacht.

§ 3. Stellt das Gericht im Laufe der Verhandlung fest, daß die Sache nicht im beschleunigten Verfahren abgeurteilt werden kann, so entscheidet es in derselben Besetzung im vereinfachten Verfahren, es sei denn, daß auch dieses nicht zulässig ist. In diesem Fall leitet es die Sache in das sachgemäße Verfahren über.

**Art. 451.** Rechnet das Gericht damit, daß die Verhängung einer Freiheitsentzugsstrafe von über einem Jahr oder einer neben der Freiheitsentzugsstrafe ausgesprochenen Geldstrafe von über 25 000 zł möglich ist, so überweist es die Sache dem Staatsanwalt, wobei es gegen den Festgenommenen die Untersuchungshaft anordnet; Art. 218 findet entsprechende Anwendung.

**Art. 452.** Eine Zivilklage ist unzulässig.

**Art. 453.** § 1. Das Gericht ist verpflichtet, gleichzeitig mit dem Erlaß des Urteils die Gründe abzusetzen und zu verkünden.

---

[14] Verordnung vom 11. 1. 1973 (Dz. U. 1973, Nr. 2 Pos. 14). Siehe unten S. 178.

§ 2. Innerhalb von 3 Tagen nach dem Tag, an dem die Verhandlung abgeschlossen wurde, wird eine Abschrift des Urteils mit Gründen den Parteien zugestellt, und zwar dem Staatsanwalt auch dann, wenn er an der Sache nicht teilgenommen hat.

§ 3. Die Frist zur Einlegung der Revision beträgt 7 Tage nach dem Tag der Zustellung.

§ 4. Die Akten werden mit der Revisionsschrift unverzüglich dem Gericht des zweiten Rechtszuges vorgelegt.

§ 5. Das Revisionsgericht entscheidet die Sache spätestens einen Monat nach Erhalt der Akten.

**Art. 454.** Der Justizminister bestimmt im Einvernehmen mit dem Generalstaatsanwalt der Volksrepublik Polen und dem Minister des Innern nach Einholung eines Gutachtens durch das Präsidium eines zuständigen Wojewodschaftsnationalrates im Verordnungswege die Orte, in denen das beschleunigte Verfahren zur Anwendung kommt.

## ABSCHNITT 46

## Das Gerichtsverfahren bei Entscheidungen in Übertretungssachen

**Art. 455.** Im Verfahren wegen Übertretungen, die dem Gericht durch besondere Vorschriften zugewiesen sind, werden die Bestimmungen über das vereinfachte Verfahren angewandt, falls die Vorschriften dieses Abschnitts nicht etwas anderes bestimmen.

**Art. 456.** § 1. Ist das Gericht der Auffassung, daß die Überweisung der Sache nicht begründet war, so gibt es die Sache an das Kollegium zurück, von dem es sie erhalten hat. Die gerichtliche Entscheidung ist bindend.

§ 2. Lehnt der Vorsitzende des Kollegiums des ersten Rechtszuges es ab, die Sache an das Gericht zu überweisen, so können das Organ und die Person, die einen solchen Antrag gestellt haben, innerhalb einer Frist von 7 Tagen nach dem Tag der Zustellung der Nachricht von der Ablehnung beantragen, daß das Gericht darüber entscheidet, ob die Ablehnung der Überweisung oder der Wiedereinsetzung in den vorigen Stand begründet war.

**Art. 457.** § 1. Ein in einer Übertretungssache erlassener Strafbescheid und, falls ein solcher nicht ergangen ist, der Strafantrag ersetzen im gerichtlichen Verfahren die Anklageschrift.

§ 2. Das als öffentlicher Ankläger im Verfahren in Übertretungssachen tätige Organ kann, wenn es den Strafantrag oder einen

Antrag auf Überweisung der Sache an das Gericht gestellt hat, weiterhin in der gleichen Eigenschaft im gerichtlichen Verfahren anstelle des Staatsanwalts oder neben ihm teilnehmen.

§ 3. Ein Geschädigter, der den Strafantrag oder den Antrag auf Überweisung der Sache an das Gericht gestellt hat, kann sich bis zum Beginn der Verhandlung zur Sache dem Verfahren als Nebenkläger anschließen. Die Art. 44—48 finden entsprechende Anwendung.

§ 4. Die Zivilklage ist nicht zulässig.

§ 5. Ist die Sache von dem Kollegium im beschleunigten Verfahren abgeurteilt worden, so ist das Gericht verpflichtet, spätestens einen Monat nach Eingang der Sache bei Gericht über sie zu entscheiden.

**Art. 458.** § 1. Wird bis zum Beginn der Verhandlung zur Sache von der Person, die nicht öffentlicher Ankläger ist, der Antrag auf Überweisung der Sache zurückgenommen, so wird das gerichtliche Verfahren eingestellt, und die im Verfahren in Übertretungssachen erlassene Entscheidung wird rechtskräftig.

§ 2. Zieht der öffentliche Ankläger seinen Antrag auf Überweisung der Sache an das Gericht zurück, so findet Art. 36 Anwendung.

**Art. 459.** Der Gerichtspräsident verfügt, welche Zeugen und Sachverständigen zur Verhandlung zu laden sind und bei welchen Personen von einer Ladung abgesehen werden kann, weil nach seinem Erachten deren unmittelbare Vernehmung in der Verhandlung nicht notwendig sein wird, insbesondere weil sie zur Feststellung von Umständen vernommen werden sollen, die der Angeklagte nicht bestritten hat. Jedoch sind auf einen innerhalb von 7 Tagen nach Erhalt der Ladung zur Verhandlung gestellten Antrag des Angeklagten diese Personen zu laden.

**Art. 460.** § 1. Das Gericht ist nicht an den Inhalt der im Verfahren in Übertretungssachen erlassenen Entscheidung gebunden.

§ 2. In der Verhandlung dürfen die Akten einer dem Gericht überwiesenen Sache verlesen werden.

**Art. 461.** § 1. Das Urteil, das in einer auf Antrag eines berechtigten Organs oder einer berechtigten Person dem Gericht überwiesenen Sache ergeht, ist unanfechtbar.

§ 2. Ist von dem bei der Wojewodschaftskommission der Gewerkschaften tätigen Spruchkollegium eine Übertretungssache von Amts wegen an das Gericht zur Entscheidung überwiesen worden, und zwar im Hinblick darauf, daß die Umstände die Verhängung einer Haftstrafe erfordern, so ist gegen das Urteil die Revision nach den allgemeinen Grundsätzen statthaft.

# KAPITEL XI

# Das gerichtliche Verfahren nach Eintritt der Rechtskraft der Entscheidung

## ABSCHNITT 47

## Außerordentliche Revision

**Art. 462.** Soweit nach den Bestimmungen dieses Abschnitts nicht etwas anderes gilt, finden auf das Verfahren der außerordentlichen Revision die Bestimmungen über das Revisionsverfahren vor dem Obersten Gericht entsprechende Anwendung.

**Art. 463.** § 1. Gegen eine rechtskräftige, das gerichtliche Verfahren abschließende Entscheidung kann die außerordentliche Revision eingelegt werden.

§ 2. Es ist unzulässig, zuungunsten des Angeklagten einer außerordentlichen Revision stattzugeben, die nach Ablauf von 6 Monaten nach Eintritt der Rechtskraft der Entscheidung eingelegt worden ist.

**Art. 464.** Zur Einlegung einer außerordentlichen Revision sind berechtigt: der Justizminister, der Generalstaatsanwalt der Volksrepublik Polen und der Erste Präsident des Obersten Gerichts.

**Art. 465.** § 1. Der Geschädigte, der Verurteilte und eine Person, die zur Einlegung von Rechtsmitteln zugunsten des Verurteilten berechtigt ist, sowie, falls der Verurteilte verstorben ist oder sich nicht im Inland befindet oder minderjährig oder geisteskrank ist, ein Verwandter in gerader Linie, ein Adoptivkind, ein Adoptivelternteil, ein Bruder, eine Schwester oder der Ehegatte können ein Gesuch um Einlegung einer außerordentlichen Revision beim Justizminister oder beim Generalstaatsanwalt der Volksrepublik Polen stellen.

§ 2. Dem Gesuch ist eine Quittung der Gerichtskasse über die Einzahlung der Gebühr beizufügen. Die Höhe der Gebühr bestimmt der Justizminister im Verordnungswege. Das Organ, bei dem das Gesuch gestellt worden ist, wendet den Art. 545 an.

§ 3. Ein Soldat, der den Grundwehrdienst ableistet oder Berufssoldatenanwärter ist, entrichtet keine Gebühr.

§ 4. Wird der außerordentlichen Revision stattgegeben, so wird die Gebühr zurückerstattet.

**Art. 466.** § 1. Werden Gesuche bei verschiedenen Organen gestellt, so entscheidet über die Einlegung der außerordentlichen Revision das Organ, bei dem das Gesuch zuerst eingegangen ist.

§ 2. Ist das Gesuch um Einlegung der außerordentlichen Revision von irgendeinem der berechtigten Organe abschlägig beschieden worden, so kann ein neues Gesuch unbeschieden bleiben.

**Art. 467.** § 1. Die außerordentliche Revision wird unmittelbar beim Obersten Gericht eingelegt. Das Oberste Gericht stellt eine Abschrift der außerordentlichen Revision der von der Revision betroffenen Person und außerdem dem Generalstaatsanwalt der Volksrepublik Polen zu, falls dieser nicht selbst die Revision eingelegt hat.

§ 2. Die außerordentliche Revision kann in bezug auf den gleichen Angeklagten und gegen die gleiche Entscheidung und aufgrund der gleichen Einwände nur einmal eingelegt werden.

§ 3. Die außerordentliche Revision ist gegen ein Urteil des Obersten Gerichts, das als Entscheidung über eine außerordentliche Revision ergangen ist, unzulässig.

**Art. 468.** Die Vollstreckung der Strafe, die Tilgung der Verurteilung, ein Gnadenakt, die Verjährung, der Tod des Angeklagten oder ein Grund zur Aussetzung des Verfahrens stehen der Einlegung einer außerordentlichen Revision zugunsten des Angeklagten nicht entgegen.

**Art. 469.** § 1. Bei der Einlegung einer außerordentlichen Revision kann das Oberste Gericht die Vollstreckung der Entscheidung aussetzen.

§ 2. Die Aussetzung der Vollstreckung einer Entscheidung kann mit einer Bürgschaft oder einer Aufsicht oder mit beiden verfahrenssichernden Maßnahmen gleichzeitig verbunden werden.

**Art. 470.** Ist eine außerordentliche Revision zugunsten des Angeklagten eingelegt worden, so kann das Oberste Gericht eine verfahrenssichernde Maßnahme anordnen, es sei denn, daß der Angeklagte freigesprochen worden war.

**Art. 471.** Betrifft die außerordentliche Revision eine Entscheidung des Obersten Gerichts, so wird die Sache in der Besetzung von sieben Richtern entschieden.

**Art. 472.** § 1. Einer zugunsten des Angeklagten eingelegten außerordentlichen Revision kann das Oberste Gericht in einer Sitzung in vollem Umfang stattgeben; in allen anderen Fällen erfolgt die Aburteilung der Sache in einer Verhandlung.

§ 2. Der Verteidiger des Angeklagten hat das Recht, an der Sitzung des Gerichts teilzunehmen.

**Art. 473.** Hält das Oberste Gericht die außerordentliche Revision für unbegründet, so spricht es deren Abweisung aus. Die Abweisung der außerordentlichen Revision gegen ein Urteil wird durch Urteil ausgesprochen.

ABSCHNITT 48

## Wiederaufnahme des Verfahrens

**Art. 474.** § 1. Ein durch eine rechtskräftige Entscheidung abgeschlossenes Verfahren wird wiederaufgenommen, wenn:

1. im Zusammenhang mit dem Verfahren eine Straftat begangen wurde und ein begründeter Anlaß zur Annahme besteht, daß dies auf den Inhalt der Entscheidung Einfluß gehabt haben könnte,
2. nach Erlaß der Entscheidung neue Tatsachen und Beweismittel bekannt werden, die vorher dem Gericht nicht bekannt waren und die darauf hinweisen, daß:
   a) der Verurteilte unschuldig ist oder wegen einer anderen Straftat verurteilt wurde, die mit einer schwereren Strafe bedroht ist als diejenige, die er begangen hat,
   b) das Gericht das Verfahren zu Unrecht unter Berufung auf einen in Art. 11 Ziff. 3—7 bestimmten Grund eingestellt hat.

§ 2. Außerdem wird das Verfahren wiederaufgenommen, wenn sich ein in Art. 388 genannter Mangel zeigt.

§ 3. Eine Wiederaufnahme darf aus den in § 2 genannten Gründen nicht erfolgen, wenn diese Gegenstand eines Verfahrens der außerordentlichen Revision waren.

**Art. 475.** § 1. Die in Art. 474 § 1 Ziff. 1 genannte Tat muß durch ein rechtskräftiges Urteil festgestellt sein, es sei denn, daß eine solche Entscheidung wegen der in Art. 11 oder 15 genannten Gründe nicht getroffen werden kann.

§ 2. In diesem Fall muß im Antrag auf Wiederaufnahme des Verfahrens die verurteilende Entscheidung oder die im Strafverfahren ergangene Entscheidung, die die Unmöglichkeit feststellt, eine verurteilende Entscheidung zu erlassen, bezeichnet werden.

**Art. 476.** § 1. Die Wiederaufnahme des Verfahrens kann auf Antrag der Parteien erfolgen; in dem in Art. 474 § 2 bestimmten Fall kann sie auch von Amts wegen erfolgen.

§ 2. Im Fall des Todes des Verurteilten kann zu seinen Gunsten der Antrag auf Wiederaufnahme des Verfahrens von einem Verwandten in gerader Linie, von einem Adoptivkind oder einem Adoptivelternteil, von den Geschwistern und von dem Ehegatten gestellt werden.

**Art. 477.** § 1. Eine Wiederaufnahme des Verfahrens, die sich ausschließlich auf die Entscheidung über die aus der Straftat hervorgegangenen Vermögensansprüche beschränkt, kann nur vor dem für Zivilsachen zuständigen Gericht erfolgen.

§ 2. Auf die Wiederaufnahme und das weitere Verfahren nach der Wiederaufnahme wendet das für Zivilsachen zuständige Gericht die Bestimmungen der Zivilprozeßordnung entsprechend an.

**Art. 478.** § 1. Über die Wiederaufnahme des Verfahrens entscheidet das Wojewodschaftsgericht in der Besetzung von drei Richtern.

§ 2. Über die Wiederaufnahme eines durch eine Entscheidung des Obersten Gerichts abgeschlossenen Verfahrens entscheidet das Oberste Gericht in der Besetzung von drei Richtern.

§ 3. Der Verteidiger des Angeklagten hat das Recht, an der Sitzung teilzunehmen.

**Art. 479.** § 1. Im Wiederaufnahmeverfahren finden die Art. 374 §§ 2—4, 380, 381, 384, 391, 405, 468 und 469 entsprechende Anwendung; bei Wiederaufnahme des Verfahrens auf der im Antrag bezeichneten Grundlage finden die Art. 383 und 408 entsprechende Anwendung.

§ 2. Der Antrag auf Wiederaufnahme des Verfahrens ist, falls er nicht vom Staatsanwalt gestellt wird, von einem Rechtsanwalt abzufassen und zu unterzeichnen. Art. 394 § 2 findet entsprechende Anwendung.

**Art. 480.** Hat das Gericht eine Prüfung der Umstände nach Maßgabe des Art. 89 angeordnet, so haben die Parteien das Recht, an den Überprüfungshandlungen teilzunehmen.

**Art. 481.** § 1. Gegen einen Beschluß, der den Antrag ablehnt oder unbeschieden läßt, ist die Beschwerde statthaft, es sei denn, daß das Oberste Gericht darüber befunden hat.

§ 2. Bei der Entscheidung über die Wiederaufnahme des Verfahrens hebt das Gericht die angefochtene Entscheidung auf und verweist die Sache an das zuständige Gericht zur erneuten Verhandlung zurück. Gegen diese Entscheidung ist kein Rechtsmittel statthaft.

§ 3. Bei der Aufhebung der angefochtenen Entscheidung kann das Gericht durch Urteil den Angeklagten freisprechen, wenn neue Tatsachen und Beweismittel darauf hinweisen, daß die Verurteilung offenbar ungerecht ist, oder es kann das Verfahren einstellen. Gegen ein freisprechendes oder ein das Verfahren einstellendes Urteil ist ein Rechtsmittel statthaft, es sei denn, daß das Oberste Gericht darüber entschieden hat.

**Art. 482.** § 1. Mit dem Zeitpunkt der Aufhebung des Urteils endet die Vollstreckung der Strafe; eine schon vollstreckte Strafe wird im Falle einer späteren erneuten Verurteilung auf die neu erkannte Strafe angerechnet.

§ 2. Das Gericht kann eine verfahrenssichernde Maßnahme anordnen.

**Art. 483.** Ist das infolge eines Antrags zugunsten des Angeklagten wiederaufgenommene Verfahren nach seinem Tode anhängig oder liegt ein Grund zur Aussetzung des Verfahrens vor, so bestellt der Gerichtspräsident zur Wahrnehmung der Rechte des Angeklagten von Amts wegen einen Verteidiger, es sei denn, daß der Antragsteller selbst einen Verteidiger bestellt hat.

ABSCHNITT 49

## Die Wiederingangsetzung eines vom Gericht bedingt eingestellten Verfahrens

**Art. 484.** § 1. Über die Wiederingangsetzung eines vom Gericht bedingt eingestellten Verfahrens entscheidet das Gericht von Amts wegen oder auf Antrag des Anklägers.

§ 2. Die Bestimmung des § 1 findet auch dann Anwendung, wenn das Gericht über die Beschwerde gegen den Beschluß, mit dem der Staatsanwalt das Verfahren bedingt eingestellt hat, entschieden hat.

**Art. 485.** § 1. Über die Wiederingangsetzung eines bedingt eingestellten Verfahrens entscheidet das im ersten Rechtszug zur Aburteilung der Sache zuständige Gericht.

§ 2. Der Angeklagte und sein Verteidiger haben das Recht, an der Sitzung teilzunehmen.

§ 3. Gegen den Beschluß, der den Antrag ablehnt oder unbeschieden läßt, ist die Beschwerde statthaft.

§ 4. Von der Wiederingangsetzung eines bedingt eingestellten Verfahrens ist derjenige, der eine Bürgschaft geleistet hat, zu benachrichtigen.

**Art. 486.** Nach Wiederingangsetzung eines bedingt eingestellten Verfahrens ist die Sache erneut beim Gericht anhängig, und zwar nach den allgemeinen Vorschriften.

ABSCHNITT 50

## Entschädigung für ungerechte Verurteilung oder Verhaftung

**Art. 487.** § 1. Einem Angeklagten, der infolge eines Wiederaufnahmeverfahrens oder einer außerordentlichen Revision freigesprochen oder nach einer milderen Bestimmung verurteilt wird, steht aus der Staatskasse eine Entschädigung für den ihm erwachsenen Schaden zu sowie eine Genugtuung für das erlittene Unrecht, das dem Verurteilten durch die gesamte oder teilweise Vollstreckung der Strafe entstanden ist, die er nicht hätte erleiden sollen.

§ 2. Die Bestimmung des § 1 findet auch dann Anwendung, wenn das infolge der Wiederaufnahme oder der außerordentlichen Revision fortgeführte Verfahren aus Gründen, die im vorausgegangenen Verfahren nicht berücksichtigt wurden, eingestellt wird.

§ 3. Das Recht auf Entschädigung und Genugtuung entsteht auch bei der Anwendung von Maßregeln der Sicherung unter den in §§ 1 und 2 bestimmten Voraussetzungen.

§ 4. Die Bestimmungen dieses Abschnitts finden bei offenbar ungerechtfertigter Anordnung der Untersuchungshaft entsprechende Anwendung.

**Art. 488.** § 1. Der Entschädigungsanspruch ist bei dem Wojewodschaftsgericht geltend zu machen, in dessen Bezirk die Entscheidung im ersten Rechtszug ergangen ist; in dem in Art. 487 § 4 bestimmten Fall ist es bei dem Wojewodschaftsgericht geltend zu machen, in dessen Bezirk die Freilassung aus der Untersuchungshaft erfolgt.

§ 2. Das Wojewodschaftsgericht entscheidet in einer Verhandlung in der Besetzung von drei Richtern. Entschädigungssachen sind vorrangig zu behandeln. Das Verfahren ist kostenfrei.

**Art. 489.** Die Entschädigung wegen einer ungerechten Verurteilung kann nicht gefordert werden, wenn seit Eintritt der Rechtskraft der Entscheidung, die den Grund für die Entschädigung und Genugtuung darstellt, ein Jahr verstrichen ist; die Entschädigung und Genugtuung für eine offenbar ungerechtfertigte Untersuchungshaft können nicht geltend gemacht werden nach Ablauf eines Jahres nach Eintritt der Rechtskraft der das Verfahren in dieser Sache abschließenden Entscheidung.

**Art. 490.** § 1. Ist der Angeklagte verstorben, so steht das Recht auf Entschädigung demjenigen zu, der infolge der Vollstreckung der Strafe oder einer offenbar ungerechtfertigten Untersuchungshaft:

1. den ihm von dem Berechtigten kraft Gesetzes gebührenden Unterhalt oder
2. den ihm von dem Verstorbenen ständig geleisteten Unterhalt eingebüßt hat, wobei im letzteren Fall für die Zuerkennung einer Entschädigung Billigkeitsgründe sprechen müssen.

Der Entschädigungsanspruch ist innerhalb der in Art. 489 vorgesehenen Frist oder spätestens ein Jahr nach dem Tode des Angeklagten geltend zu machen.

§ 2. Beim Tod des Angeklagten, der seine Entschädigungsansprüche zu seinen Lebzeiten geltend gemacht hat, geht das Recht auf Entschädigung auf den Ehegatten, die Kinder und die Eltern über.

**Art. 491.** Die Bestimmungen dieses Abschnitts finden auf Ausländer nach dem Grundsatz der Gegenseitigkeit Anwendung.

## ABSCHNITT 51

## Begnadigung

**Art. 492.** Ein Verurteilter kann ein Gesuch um Begnadigung selbst stellen; ferner sind Personen, die zu seinen Gunsten Rechtsmittel einlegen können, Verwandte in gerader Linie, Adoptivkinder oder Adoptiveltern, Geschwister und der Ehegatte des Verurteilten sowie das Kollektiv der Werktätigen und eine in Art. 81 § 2 genannte gesellschaftliche Organisation berechtigt, das Gesuch zu stellen.

**Art. 493.** Das Gnadengesuch wird bei dem Gericht eingereicht, das das Urteil im ersten Rechtszug erlassen hat.

**Art. 494.** Der Beschluß über das weitere Verfahren wird in der gleichen Besetzung gefaßt, in der das Gericht in der Sache entschieden hat; falls das Gericht in der Besetzung von einem Richter entschieden hat, erläßt das Gericht den Beschluß in der Besetzung von einem Richter und zwei Schöffen. Das Gericht soll, soweit möglich, mit den Richtern und Schöffen besetzt sein, die beim Erlaß des Urteils mitgewirkt haben.

**Art. 495.** Bei der Entscheidung über ein Gnadengesuch berücksichtigt das Gericht insbesondere das Verhalten des Verurteilten während der Verbüßung der Strafe, den Umfang der schon verbüßten Strafe, den Gesundheitszustand und die nach Erlaß des Urteils entstandenen Familienverhältnisse des Verurteilten, die Wiedergutmachung des mit der Straftat angerichteten Schadens sowie besondere Ereignisse, die sich nach Erlaß des Urteils abgespielt haben.

**Art. 496.** § 1. Ist das Gericht der Auffassung, daß keine die Gewährung eines Gnadenerweises rechtfertigenden Umstände vorliegen, wird das Gesuch nicht weiter bearbeitet.

§ 2. Ein neues Gnadengesuch, das vor Ablauf von 6 Monaten, nachdem das vorherige Gesuch nicht weiter bearbeitet wurde, gestellt wird, kann unbeschieden bleiben.

**Art. 497.** § 1. Spricht sich das Gericht des ersten Rechtszugs für das Gnadengesuch aus, so sendet es die Akten oder deren für die Entscheidung notwendigen Teilstücke mit seiner Stellungnahme an den Generalstaatsanwalt der Volksrepublik Polen.

§ 2. Hat in der Sache ein Gericht höherer Instanz entschieden, so werden die Akten durch dessen Vermittlung übersandt; das Gericht fügt den Akten seine eigene Stellungnahme bei.

**Art. 498.** § 1. Haben sich das Oberste Gericht oder die Gerichte beider Rechtszüge für einen Gnadenerweis ausgesprochen, so leitet der Generalstaatsanwalt der Volksrepublik Polen das Gnadengesuch zusammen mit den Akten und seinem eigenen Antrag dem Staatsrat zu.

§ 2. In den sonstigen Fällen leitet der Generalstaatsanwalt der Volksrepublik Polen das Gnadengesuch dem Staatsrat zu, wenn nach seinem Ermessen Umstände vorliegen, die die Gewährung eines Gnadenerweises rechtfertigen; andernfalls bearbeitet er das Gesuch nicht weiter. Die Bestimmung des Art. 495 findet entsprechende Anwendung.

§ 3. Ein unmittelbar an den Staatsrat gerichtetes Gnadengesuch wird dem Generalstaatsanwalt der Volksrepublik Polen überwiesen, damit das Verfahren nach Maßgabe der Art. 493 oder 499 in Gang gesetzt wird.

**Art. 499.** § 1. Der Generalstaatsanwalt der Volksrepublik Polen kann von Amts wegen das Gnadenverfahren einleiten; er kann verlangen, daß ihm die Akten mit den Stellungnahmen der Gerichte vorgelegt werden, oder er kann auch die Akten dem Staatsrat ohne Einholung der Stellungnahmen zuleiten.

§ 2. In jedem Falle, in dem der Staatsrat dies beschließt, leitet der Generalstaatsanwalt der Volksrepublik Polen dem Staatsrat die Akten zu, oder er leitet von Amts wegen ein Gnadenverfahren ein.

**Art. 500.** § 1. Wird ein Todesurteil erlassen oder aufrechterhalten, so gibt das Gericht unverzüglich seine Stellungnahme zu einer Begnadigung ab. Nach Eintritt der Rechtskraft des Urteils leitet das Gericht die Akten dem Ersten Präsidenten des Obersten Gerichts zu.

§ 2. Sprechen sich der Erste Präsident des Obersten Gerichts und der Justizminister dahin aus, daß es an den Voraussetzungen für die Einlegung einer außerordentlichen Revision fehlt, so leitet der Generalstaatsanwalt, falls auch er keine Voraussetzungen für eine solche findet, die Akten zusammen mit seinem eigenen Antrag bezüglich der Begnadigung unverzüglich dem Staatsrat zu. Bis zur Entscheidung über diesen Antrag wird das Urteil nicht vollstreckt.

**Art. 501.** Falls das Gericht, das die Stellungnahme abgibt, und der Generalstaatsanwalt der Auffassung sind, daß besonders wichtige Gründe für die Gewährung eines Gnadenerweises sprechen, insbesondere wenn dies durch die kurze restliche Zeit der noch zu verbüßenden Strafe begründet ist, so können sie die Vollstreckung der Strafe aussetzen oder eine Unterbrechung ihrer Vollstreckung bis zum Abschluß des Gnadenverfahrens anordnen.

**Art. 502.** § 1. Die in diesem Abschnitt vorgesehenen Beschlüsse bedürfen keiner Begründung.

§ 2. Die Stellungnahmen der Gerichte sind den Beteiligten des Verfahrens nicht zugänglich; in dem in Art. 500 § 1 bestimmten Fall sind sie auch dem Revisionsgericht bis zur Urteilsverkündung nicht zugänglich.

## ABSCHNITT 52

## Gesamtstrafenurteil

**Art. 503.** § 1. Liegen die Voraussetzungen für den Ausspruch einer Gesamtstrafe gegen eine durch rechtskräftige Urteile verschiedener Gerichte verurteilte Person vor, so ist für den Erlaß eines Gesamtstrafenurteils das Gericht zuständig, welches die letzte verurteilende Entscheidung im ersten Rechtszug erlassen hat.

§ 2. Haben im ersten Rechtszug Gerichte unterschiedlicher Ordnung entschieden, so wird das Gesamtstrafenurteil von dem Gericht höherer Ordnung erlassen.

§ 3. Treffen Urteile eines allgemeinen Gerichts und eines Sondergerichts zusammen, so entscheidet über die Gesamtstrafe das Gericht, das auf die schwerere Strafe erkannt hat.

**Art. 504.** Ein Gesamtstrafenurteil wird vom Gericht von Amts wegen oder auf Antrag des Verurteilten oder des Staatsanwalts erlassen.

**Art. 505.** Fehlt es an den Voraussetzungen für den Erlaß eines Gesamtstrafenurteils, so erläßt das Gericht einen Beschluß über die Einstellung des diesbezüglichen Verfahrens.

**Art. 506.** § 1. Falls es tunlich erscheint, ersucht das Gericht die Strafanstalten, in denen sich der Verurteilte befand, um die Übersendung einer Stellungnahme über das Verhalten des Verurteilten während der Strafverbüßung und einer Auskunft über die Familienverhältnisse und den Gesundheitszustand des Verurteilten sowie von Angaben über die Verbüßung der Strafen aus den einzelnen Urteilen.

§ 2. Der Antrag auf Erlaß eines Gesamtstrafenurteils, der vom Staatsanwalt gestellt wird, hat die in § 1 genannten Angaben zu enthalten.

**Art. 507.** § 1. Ein Gesamtstrafenurteil darf nur nach Durchführung einer Verhandlung erlassen werden.

§ 2. Das persönliche Erscheinen des Verurteilten ist nicht obligatorisch, es sei denn, daß der Gerichtspräsident es anordnet oder daß das Gericht etwas anderes bestimmt. Art. 304 § 2 findet keine Anwendung.

§ 3. An der Verhandlung kann der Verteidiger des Verurteilten teilnehmen, der an der Sache, die durch das zuletzt ergangene Urteil abgeschlossen wurde, teilgenommen hat, es sei denn, daß der Verurteilte einen neuen Verteidiger wegen des zu erlassenden Gesamtstrafenurteils bestellt hat.

**Art. 508.** In den durch die Bestimmungen dieses Abschnitts nicht geregelten Fragen finden auf das Verfahren für den Erlaß eines Gesamtstrafenurteils die Bestimmungen über das ordentliche Verfahren vor einem erstinstanzlichen Gericht Anwendung.

**Art. 509.** § 1. Ergibt sich nach Erlaß des Gesamtstrafenurteils die Notwendigkeit, ein neues Gesamtstrafenurteil zu erlassen, so tritt mit dessen Erlaß das vorherige Gesamtstrafenurteil außer Kraft.

§ 2. Wird eines der dem Gesamtstrafenurteil zugrunde liegenden Urteile aufgehoben oder abgeändert, so tritt das Gesamtstrafenurteil außer Kraft; erforderlichenfalls erläßt das Gericht ein neues Gesamtstrafenurteil.

**Art. 510.** § 1. Mit dem Eintritt der Rechtskraft des Gesamtstrafenurteils werden die Einzelurteile, soweit das Gesamtstrafenurteil sich auf sie bezieht, nicht vollstreckt.

§ 2. Wird in dem Gesamtstrafenurteil auf eine Strafe erkannt, die niedriger ist als die Zeitdauer der schon verbüßten Freiheitsstrafen oder die diesem Zeitraum entspricht, so verfügt der Vorsitzende unverzüglich die Freilassung des Verurteilten, falls diesem nicht die Freiheit in einer anderen Sache entzogen worden ist. Bei der Übersendung der Verfügung zum Zweck ihrer Verwirklichung wird das Gesamtstrafenurteil beigefügt.

**Art. 511.** In dem Gesamtstrafenurteil ist, falls notwendig, das Datum festzusetzen, von dem ab der Beginn der Verbüßung der mit dem Gesamtstrafenurteil zuerkannten Strafe anzusetzen ist; es sind auch die Zeiträume anzugeben, die auf die Gesamtstrafe angerechnet worden sind.

KAPITEL XII

## Das Verfahren in Strafsachen mit internationalem Bezug

ABSCHNITT 53

### Exterritorialität diplomatischer Vertretungen und Konsularbehörden fremder Staaten

**Art. 512.** Der Gerichtsbarkeit polnischer Strafgerichte unterstehen nicht:

1. die bei der Volksrepublik Polen beglaubigten Leiter der diplomatischen Vertretungen ausländischer Staaten,
2. Personen, die zum diplomatischen Personal dieser Vertretungen gehören,
3. Personen, die zum administrativen oder technischen Personal dieser Vertretungen gehören,
4. Familienmitglieder der unter Ziff. 1—3 genannten Personen, sofern sie mit diesen im Haushalt leben,
5. sonstige Personen, die aufgrund von Gesetzen, Verträgen oder allgemein anerkannten internationalen Gebräuchen diplomatische Exterritorialitätsrechte genießen.

**Art. 513.** § 1. Bei Handlungen, die in Ausübung amtlicher Funktionen verrichtet werden, unterstehen in diesem Bereich und für diese Zeit nicht der polnischen Strafgerichtsbarkeit:

1. die Leiter der Konsulate und andere Konsularbeamte ausländischer Staaten,
2. sonstige Personen, die diesen aufgrund von Verträgen oder allgemein anerkannten internationalen Gebräuchen gleichgestellt sind.

§ 2. Der Leiter eines Konsulats sowie andere Konsularbeamte ausländischer Staaten können nur im Falle der Beschuldigung eines Verbrechens festgenommen oder in Untersuchungshaft genommen werden. Von ihrer Festnahme oder der Anordnung der Untersuchungshaft wird unverzüglich der Minister des Auswärtigen benachrichtigt.

§ 3. Außer in dem in § 2 bestimmten Fall kann diesen Personen nur bei Vollstreckung eines rechtskräftigen Urteils eines polnischen Gerichts die Freiheit entzogen werden.

**Art. 514.** § 1. Art. 512 und 513 finden in dem Ausnahmefall keine Anwendung, in dem der Entsendestaat ausdrücklich auf die Exterritorialität hinsichtlich einer in diesen Bestimmungen genannten Person verzichtet.

§ 2. Soweit Angehörige internationaler Organisationen, die Exterritorialitätsrechte genießen, betroffen sind, muß der in § 1 genannte

Verzicht von der zuständigen internationalen Organisation ausgesprochen werden.

**Art. 515.** § 1. Die in Art. 512 genannten Personen sind nicht verpflichtet, als Zeugen auszusagen oder als Sachverständige aufzutreten; man kann ihnen aber anheimstellen, sich mit der Erstattung einer Aussage oder mit dem Auftreten als Sachverständiger einverstanden zu erklären.

§ 2. Falls das in § 1 genannte Einverständnis erteilt wird, dürfen die diesen Personen zugestellten Ladungen keine Androhung der Anwendung von Zwangsmitteln enthalten; bleibt eine solche Person aus oder verweigert sie die Aussage, so darf ihr gegenüber kein Zwangsmittel angewendet werden.

**Art. 516.** § 1. Auf die in Art. 513 genannten Personen findet Art. 515 entsprechende Anwendung, wenn die Umstände, auf die sich die Aussage oder das Gutachten beziehen sollen, in Zusammenhang mit der Ausübung von amtlichen oder dienstlichen Funktionen dieser Personen stehen.

§ 2. Die in Art. 512 und 513 genannten Personen sind nicht verpflichtet, Briefe und Urkunden, die sich auf diese Funktionen beziehen, vorzulegen.

**Art. 517.** Die Art. 512—516 finden auf die dort genannten Personen keine Anwendung, wenn sie polnische Staatsbürger sind oder in Polen ihren ständigen Wohnsitz haben.

**Art. 518.** Ist die Anwendung der Art. 512—517 zweifelhaft, so haben sich die Gerichte mit dem Justizminister und die Staatsanwälte mit dem Generalstaatsanwalt der Volksrepublik Polen in Verbindung zu setzen.

## ABSCHNITT 54

## Rechtshilfe und Zustellungen in Strafsachen

**Art. 519.** Im Wege der Rechtshilfe können notwendige Handlungen eines Strafverfahrens vorgenommen werden, insbesondere:

1. Zustellungen von Schriftstücken an Personen, die sich im Ausland befinden, oder an Institutionen, die im Ausland ihren Sitz haben,
2. Vernehmungen von Personen als Angeklagte, als Zeugen oder als Sachverständige,
3. die Einnahme eines Augenscheins und die Vornahme von Durchsuchungen von Räumen und Personen, die Beschlagnahme von Gegenständen und die Herausgabe dieser Gegenstände ins Ausland,

4. Ladungen von im Ausland befindlichen Personen zum freiwilligen persönlichen Erscheinen vor Gericht oder vor dem Staatsanwalt, um sie als Zeugen zu vernehmen oder um sie jemandem gegenüberzustellen, oder um Personen, die sich zur Zeit nicht auf freiem Fuß befinden, zu diesem Zweck vorführen zu lassen,
5. das Überlassen von Akten und Urkunden sowie die Erteilung von Auskünften über Vorstrafen der Angeklagten.

**Art. 520.** § 1. Um die Zustellung eines Schriftstücks an eine im Ausland befindliche Person, die die polnische Staatsangehörigkeit besitzt, oder um die Vernehmung einer solchen Person als Angeklagter, Zeuge oder Sachverständiger ersucht das Gericht oder der Staatsanwalt eine polnische diplomatische Vertretung oder ein Konsulat.

§ 2. Ist die Vornahme einer Handlung in der in § 1 bestimmten Weise nicht möglich, so kann ein Gericht oder ein anderes Organ des fremden Staates um die Vornahme der Handlung ersucht werden. Falls es sich um die Durchführung einer Durchsuchung, einer Beschlagnahme oder einer Herausgabe eines Gegenstandes handelt, ist dem Ersuchen ein Duplikat des Beschlusses des Gerichts oder des Staatsanwalts, mit dem die Durchführung der Handlung in der betreffenden Sache angeordnet wurde, beizufügen.

**Art. 521.** § 1. Die Gerichte und Staatsanwaltschaften gewähren Rechtshilfe auf Ersuchen von Gerichten und Staatsanwaltschaften fremder Staaten.

§ 2. Das Gericht und der Staatsanwalt verweigern die Rechtshilfe und übermitteln die Ablehnung den zuständigen Organen des fremden Staates, wenn die begehrte Handlung im Widerspruch zu den Grundsätzen der Rechtsordnung der Volksrepublik Polen steht oder wenn sie deren Souveränität verletzen würde.

§ 3. Das Gericht und der Staatsanwalt können die Rechtshilfe verweigern, wenn:
1. die Ausführung der begehrten Handlung nach polnischem Recht nicht zum Tätigkeitsbereich des Gerichts oder des Staatsanwalts gehört,
2. der Staat, von dem das Ersuchen um die Gewährung von Rechtshilfe ausgeht, keine Gegenseitigkeit in diesem Umfang verbürgt,
3. das Ersuchen sich auf eine Tat bezieht, die nach polnischem Recht keine Straftat ist.

§ 4. Auf Prozeßhandlungen, die auf Ersuchen eines Gerichts oder eines Staatsanwalts eines fremden Staates vorgenommen werden, finden die polnischen Gesetze Anwendung. Jedoch ist dem Wunsch dieser Organe, bei der Vornahme der Handlungen eine besondere Verfahrensweise oder eine besondere Form anzuwenden, stattzugeben, falls dies zu den Grundsätzen der Rechtsordnung der Volksrepublik Polen nicht im Widerspruch steht.

§ 5. Die Kosten für die gewährte Rechtshilfe werden nach Maßgabe der Art. 554 und 555 festgesetzt.

**Art. 522.** § 1. Ein aus dem Ausland geladener Zeuge oder Sachverständiger, der nicht polnischer Staatsbürger ist und der freiwillig vor Gericht erscheint, darf weder verfolgt noch festgenommen oder in Untersuchungshaft genommen werden, und zwar weder wegen einer Straftat, die Gegenstand des betreffenden Strafverfahrens ist, noch wegen irgendeiner anderen Straftat, die vor dem Übertritt über die polnische Staatsgrenze begangen worden ist. Auch darf gegen ihn eine für eine solche Straftat ausgesprochene Strafe nicht vollstreckt werden.

§ 2. Ein Zeuge oder ein Sachverständiger verliert den in § 1 vorgesehenen Schutz, falls er das Gebiet der Volksrepublik Polen, obwohl er dazu imstande ist, nicht innerhalb von 7 Tagen verläßt, nachdem ihm das Gericht mitgeteilt hat, daß seine Anwesenheit entbehrlich geworden ist.

§ 3. Einem geladenen Zeugen oder Sachverständigen stehen die Erstattung seiner Reise- und Aufenthaltskosten und die Erstattung seines Verdienstausfalls zu; einem Sachverständigen steht überdies noch eine Vergütung für das erstattete Gutachten zu.

§ 4. In die Ladung, die einem ständig im Ausland befindlichen Zeugen oder Sachverständigen zugestellt wird, ist eine Belehrung über den Inhalt der §§ 1—3 aufzunehmen. Dagegen sind keine Zwangsmittel wegen Ausbleibens anzudrohen.

## ABSCHNITT 55

### Ersuchen um Auslieferung oder um Durchlieferung von verfolgten oder verurteilten Personen, die sich im Ausland befinden, sowie um Herausgabe von Gegenständen

**Art. 523.** § 1. Soll ein ausländischer Staat um Auslieferung einer Person ersucht werden, gegen die ein Strafverfahren eingeleitet worden ist, so wird das Ersuchen von dem Staatsanwalt, der das vorbereitende Verfahren leitet oder beaufsichtigt, dem Generalstaatsanwalt der Volksrepublik Polen vorgelegt.

§ 2. Ein Ersuchen um Auslieferung zum Zweck der Durchführung eines gerichtlichen Verfahrens oder der Vollstreckung einer ausgesprochenen Freiheitsentzugsstrafe wird vom zuständigen Gericht dem Justizminister vorgelegt.

§ 3. Die Bestimmungen der §§ 1 und 2 finden auf Ersuchen, mit denen die Durchlieferung eines Straftäters durch ausländisches

Staatsgebiet oder die Beschaffung von Beweismitteln oder von Gegenständen, die der Täter durch die Straftat erlangt hat, aus ausländischem Staatsgebiet begehrt wird, entsprechende Anwendung.

**Art. 524.** § 1. Dem Ersuchen wird ein Duplikat des Beschlusses über die Anordnung der Untersuchungshaft mit einer Begründung, die über die Tatumstände und die rechtliche Grundlage der Verfolgung aufklärt, beigefügt.

§ 2. Bei einem rechtskräftigen, eine Freiheitsentzugsstrafe aussprechenden Urteil wird anstelle des in § 1 genannten Beschlusses eine Urteilsabschrift beigefügt.

§ 3. Art. 238 § 1 Ziff. 2 findet entsprechende Anwendung.

**Art. 525.** In unaufschiebbaren Fällen können das Gericht oder der Staatsanwalt das zuständige Organ des ausländischen Staates unmittelbar um die Anordnung der Untersuchungshaft oder um die Festnahme einer Person, derentwegen ein Ersuchen um Auslieferung gestellt werden soll, ersuchen; danach wird das Ersuchen unverzüglich nach Maßgabe der Art. 523 und 524 gestellt.

**Art. 526.** § 1. Hat der ausländische Staat eine verfolgte Person unter dem Vorbehalt ausgeliefert, daß gegen diese Person kein Todesurteil erlassen wird, so wird im Falle einer Verurteilung nicht auf diese Strafe erkannt.

§ 2. Hat der ausländische Staat den Vorbehalt gemacht, daß das Strafverfahren nur solche Straftaten betreffen kann, derentwegen die Auslieferung erfolgt ist, so darf gegen die ausgelieferte Person nicht ein Verfahren wegen anderer, vor dem Tag der Auslieferung begangener Straftaten geführt werden.

**Art. 527.** Falls bei der Auslieferung der Vorbehalt gemacht wurde, daß hinsichtlich der ausgelieferten Person:

1. eine bereits ausgesprochene Todesstrafe nicht vollstreckt wird,
2. bereits ausgesprochene Strafen nur für solche Straftaten vollstreckt werden, derentwegen die Auslieferung erfolgt ist,

so erläßt das Gericht, das in der Sache rechtskräftig entschieden hat, in einer Sitzung ein Urteil, das die Todesstrafe in eine Freiheitsentzugsstrafe von 25 Jahren umwandelt oder, falls erforderlich, die Entscheidung in einer solchen Weise abändert, daß die Strafen nur wegen solcher Straftaten vollstreckt werden, derentwegen die Auslieferung des Täters erfolgt ist.

**Art. 528.** § 1. Die in Art. 222 vorgesehenen Fristen laufen gegenüber einer ausgelieferten Person von dem Zeitpunkt an, an dem diese Person von den zuständigen Organen auf dem Gebiet der Volksrepublik Polen übernommen wird.

§ 2. Art. 224 findet auch dann Anwendung, wenn die Festnahme im Ausland erfolgt ist.

**Art. 529.** Verläßt eine von einem ausländischen Staat ausgelieferte Person das Gebiet der Volksrepublik Polen nicht innerhalb von einem Monat nach dem rechtskräftigen Abschluß des Verfahrens und im Falle einer Verurteilung innerhalb von 2 Monaten nach Verbüßung oder nach Erlaß der Strafe oder kehrt sie, nachdem sie das Gebiet der Volksrepublik Polen verlassen hat, wieder zurück, so finden die sich aus den Art. 526 § 2 und 527 Ziff. 2 ergebenden Beschränkungen keine Anwendung.

**Art. 530.** Nach Erlaß eines rechtskräftigen Urteils in einer Strafsache gegen eine von einem ausländischen Staat ausgelieferte Person übersendet das Gericht eine Urteilsabschrift an den Justizminister, der die Abschrift an das zuständige Organ des ausländischen Staates weiterleitet. Art. 143 § 2 findet entsprechende Anwendung.

**Art. 531.** Die von dem ausländischen Staat übergebenen, durch die Straftat erlangten Gegenstände werden zurückgegeben, wenn bei ihrer Übergabe die Rückgabe vorbehalten wurde. Entsprechend ist mit Sachbeweismitteln zu verfahren.

## ABSCHNITT 56

## Ersuchen ausländischer Staaten um die Auslieferung oder die Durchlieferung von verfolgten oder verurteilten Personen oder um die Herausgabe von Gegenständen

**Art. 532.** Ersucht ein ausländischer Staat um Auslieferung einer verfolgten Person, um gegen diese ein Strafverfahren durchzuführen oder um eine ausgesprochene Strafe gegen sie zu vollstrecken, so vernimmt der Staatsanwalt diese Person und stellt, falls erforderlich, die im Inland befindlichen Beweise sicher; danach bringt er die Sache bei dem örtlich zuständigen Wojewodschaftsgericht ein.

**Art. 533.** § 1. Das Wojewodschaftsgericht nimmt in einer Sitzung zu dem Ersuchen des ausländischen Staates Stellung. Vor der Stellungnahme ist der verfolgten Person Gelegenheit zu geben, mündlich oder schriftlich Erklärungen abzugeben; bei einem Ersuchen um Auslieferung zum Zweck der Durchführung eines Strafverfahrens sind auf begründeten Antrag dieser Person die im Inland befindlichen Beweise zu erheben.

§ 2. Die Stellungnahme wird mit den Akten vom Gericht an den Generalstaatsanwalt der Volksrepublik Polen übersandt; dieser benachrichtigt von der Entscheidung über das Ersuchen das Organ des ausländischen Staates.

**Art. 534.** § 1. Die Auslieferung ist abzulehnen, falls die von dem Auslieferungsersuchen betroffene Person polnischer Staatsbürger ist oder in Polen Asylrecht genießt.

§ 2. Die Auslieferung ist insbesondere abzulehnen, wenn:

1. die Straftat im Gebiet der Volksrepublik Polen oder auf einem polnischen Schiff oder Luftfahrzeug begangen worden ist,
2. wegen derselben Tat gegen dieselbe Person ein Strafverfahren anhängig ist oder ein solches anhängig war und rechtskräftig abgeschlossen ist, oder wenn ein sonstiger in Art. 11 genannter Umstand vorliegt,
3. nach dem Recht des Staates, der das Ersuchen um Auslieferung gestellt hat, die Straftat mit einer Freiheitsentzugsstrafe bis zu einem Jahr oder mit einer niedrigeren Strafe bedroht ist oder eine diesen Rahmen nicht übersteigende Strafe ausgesprochen worden ist,
4. nach polnischem Recht die Straftat nur im Wege der Privatklage verfolgt werden kann,
5. von dem Staat, der das Auslieferungsersuchen stellt, in diesem Bereich nicht die Gegenseitigkeit verbürgt ist.

§ 3. In dem in § 1 Ziff. 2 bezeichneten Fall kann die Entscheidung über das Auslieferungsersuchen ausgesetzt werden, bis das Strafverfahren in Polen gegen dieselbe Person abgeschlossen ist oder bis diese die ausgesprochene Strafe verbüßt hat oder bis die Strafe erlassen worden ist.

**Art. 535.** § 1. Betrifft das Auslieferungsersuchen eine Straftat, derentwegen der Täter ausgeliefert wird, so können das Gericht und, bevor die Sache bei Gericht eingebracht ist, der Staatsanwalt einen Beschluß über die Anordnung der Untersuchungshaft gegen die verfolgte Person erlassen. Art. 222 findet entsprechende Anwendung.

§ 2. Das Gericht oder der Staatsanwalt können auch, bevor ein Ersuchen um Auslieferung gestellt wird, die Untersuchungshaft gegen den Verfolgten für eine Dauer von höchstens einem Monat anordnen, falls die Organe des ausländischen Staates darum ersuchen und versichern, daß gegen die wegen einer Straftat verfolgte Person, um deren Auslieferung ein Ersuchen an die Volksrepublik Polen gestellt werden wird, eine rechtskräftige verurteilende Entscheidung ergangen oder ein Haftbefehl erlassen worden ist.

§ 3. Vom Zeitpunkt der Anordnung der Untersuchungshaft sind das Verfolgungsorgan des ausländischen Staates und der Generalstaatsanwalt der Volksrepublik Polen unverzüglich und unmittelbar zu benachrichtigen.

§ 4. Reichen die in dem Ersuchen um Auslieferung enthaltenen Angaben nicht aus und haben das Gericht oder der Staatsanwalt deren

Vervollständigung verlangt, übersendet jedoch der ausländische Staat dem ersuchenden Organ nicht innerhalb von einem Monat nach Zustellung des Verlangens um Ergänzung des Auslieferungsersuchens die notwendigen Urkunden oder Informationen, so wird die Untersuchungshaft aufgehoben.

§ 5. Falls dem Organ des ausländischen Staates der Zeitpunkt und der Ort der Auslieferung der betroffenen Person bekannt gegeben worden ist und es diese nicht innerhalb von 7 Tagen nach dem festgesetzten Tage übernimmt, so ist die Person, deren Auslieferung bewilligt war, unverzüglich freizulassen.

**Art. 536.** § 1. Über die Auslieferung einer verfolgten Person auf das Ersuchen eines ausländischen Staates entscheidet der Generalstaatsanwalt der Volksrepublik Polen.

§ 2. Wird die Auslieferung abgelehnt oder das Ersuchen um Auslieferung oder um Anordnung der Untersuchungshaft zurückgenommen, so wird die Anordnung der Untersuchungshaft aufgehoben.

**Art. 537.** § 1. Die Erlaubnis zur Durchlieferung einer verfolgten Person durch das Gebiet der Volksrepublik Polen wird vom Generalstaatsanwalt der Volksrepublik Polen erteilt. Art. 532—536 finden entsprechende Anwendung.

§ 2. Die Kosten der Durchlieferung einer verfolgten Person durch das Gebiet der Volksrepublik Polen trägt der ausländische Staat, der das Ersuchen gestellt hat.

**Art. 538.** § 1. Für die Entscheidung über Ersuchen ausländischer Staaten um die Herausgabe von Gegenständen, die Sachbeweismittel sind oder die durch eine Straftat erlangt wurden, ist der Staatsanwalt oder das Gericht zuständig, je nachdem, zu wessen Verfügung die Gegenstände hinterlegt sind.

§ 2. Der Beschluß über die Herausgabe muß die einzelnen Gegenstände anführen, die an den ausländischen Staat herausgegeben werden, und er muß die Gegenstände bezeichnen, die nach dem Abschluß des von den ausländischen Staatsorganen vorgesehenen Strafverfahrens zurückzugeben sind. Der Beschluß ist zu begründen.

## ABSCHNITT 57

## Schlußbestimmungen

**Art. 539.** Von jedem Fall, in dem die Untersuchungshaft gegen einen ausländischen Staatsbürger angeordnet wird, wird unverzüglich das örtlich zuständige Konsulat dieses Staates und, falls es ein solches nicht gibt, die diplomatische Vertretung dieses Staates benachrichtigt.

**Art. 540.** § 1. Außer in dem in Art. 525 bestimmten Fall verständigen sich die Gerichte mit Organen eines ausländischen Staates, die ihren Sitz im Ausland haben, und mit den in Art. 512 und 513 genannten Personen stets, auch bei der Zustellung von prozessualen Schriftstücken, durch Vermittlung des Justizministers, die Staatsanwälte dagegen durch Vermittlung des Generalstaatsanwalts der Volksrepublik Polen; diese verständigen sich weiter durch die Vermittlung des Ministers des Auswärtigen.

§ 2. Mit den Konsulaten ausländischer Staaten in Polen können sich die Gerichte in den vom Justizminister bestimmten Fällen und die Staatsanwälte in den vom Generalstaatsanwalt der Volksrepublik Polen bestimmten Fällen unmittelbar verständigen.

**Art. 541.** § 1. Die Bestimmungen dieses Kapitels kommen nicht zur Anwendung, wenn eine völkerrechtliche Vereinbarung, bei der die Volksrepublik Polen Vertragspartner ist, etwas anderes bestimmt.

§ 2. Die Bestimmungen dieses Kapitels brauchen gegenüber einem ausländischen Staat, mit dem in diesem Bereich keine Vereinbarung besteht und der nicht die Gegenseitigkeit verbürgt, nicht angewendet zu werden.

## KAPITEL XIII

## Gerichtskosten

### ABSCHNITT 58

### Kosten des Strafverfahrens

**Art. 542.** Falls gesetzlich nicht etwas anderes bestimmt ist, werden sämtliche Ausgaben im Laufe eines Strafverfahrens zunächst von der Staatskasse ausgelegt.

**Art. 543.** Die Kosten des Verteidigers und des Bevollmächtigten werden während des Verfahrens von der Partei ausgelegt, die diese bestellt hat.

**Art. 544.** § 1. Der Privatkläger legt zusammen mit der Anklageschrift oder mit der Erklärung, sich dem Verfahren anzuschließen, oder mit der Erklärung, die Anklage, die der Staatsanwalt zurückgenommen hat, aufrecht zu erhalten, einen Beleg darüber vor, daß ein Pauschalbetrag in Höhe der voraussichtlichen Verfahrenskosten bei der Gerichtskasse einbezahlt worden ist.

§ 2. Der Justizminister bestimmt durch Verordnung die Höhe des Pauschalbetrages für die voraussichtlichen Verfahrenskosten.

**Art. 545.** Das Gericht entbindet eine Person von den Kosten, die hinreichend nachgewiesen hat, daß sie im Hinblick auf ihre Familien- und Vermögensverhältnisse sowie die geringe Höhe ihrer Einkünfte nicht in der Lage ist, die Kosten auszulegen.

**Art. 546.** In einer das Verfahren abschließenden Entscheidung bestimmt das Gericht stets, wer die Kosten des Verfahrens zu tragen hat.

**Art. 547.** § 1. Das Gericht auferlegt dem Verurteilten die Kosten des Verfahrens zugunsten der Staatskasse; dazu gehören auch die während des vorbereitenden Verfahrens entstandenen Auslagen.

§ 2. In einer Privatklagesache auferlegt das Gericht dem Verurteilten zugunsten des Privatklägers die von diesem ausgelegten Kosten des Verfahrens.

§ 3. Bei der Verurteilung eines Soldaten, der den Grundwehrdienst ableistet oder der als Berufssoldatenanwärter Militärdienst leistet, trägt die Kosten die Staatskasse.

§ 4. Die Bestimmungen der §§ 1 und 3 finden bei bedingter Einstellung des Verfahrens entsprechende Anwendung.

**Art. 548.** Wird der Angeklagte nicht wegen aller ihm zur Last gelegten Straftaten verurteilt, so trägt die Staatskasse oder der Privatkläger die mit der Anklage verbundenen Kosten in dem Teil, in dem Freispruch erfolgt.

**Art. 549.** § 1. Wird der Angeklagte freigesprochen oder das Verfahren eingestellt, so trägt die Kosten des Verfahrens:

1. in Privatklagesachen der Privatkläger, im Falle der Versöhnung der Parteien der Angeklagte und Ankläger oder eine dieser Parteien nach den Grundsätzen der Billigkeit, falls die Parteien in dem abgeschlossenen Vergleich dies nicht anders geregelt haben,
2. in den anderen Sachen die Staatskasse mit Ausnahme der an die Rechtsanwaltskollegien zu entrichtenden Gebühren, falls in der Sache durch Wahl bestimmte Verteidiger oder Bevollmächtigte aufgetreten sind.

§ 2. Der Gerichtspräsident verfügt von Amts wegen die Rückzahlung der Hälfte der gemäß Art. 544 entrichteten Gebühr, falls sich die Parteien vor der Verhandlung versöhnen; dagegen verfügt er die Rückzahlung der vollen Gebühr bei einer Versöhnung der Parteien vor dem Gesellschaftsgericht.

§ 3. Wird in Privatklagesachen das Verfahren nach Art. 11 Ziff. 2 eingestellt, oder wird es bedingt eingestellt, so verfügt der Gerichtspräsident von Amts wegen die Rückzahlung der von dem Privatkläger entrichteten Gebühr, und das erkennende Gericht erlegt dem Angeklagten die Kosten des Verfahrens auf.

**Art. 550.** § 1. Beim Erlaß einer verurteilenden Entscheidung erlegt das Gericht einem Verurteilten, dem von Amts wegen ein Verteidiger bestellt worden ist, die Gebühren, die in den Bestimmungen über die Gebühren für die Handlungen von Rechtsanwaltskollegien festgesetzt sind, zugunsten des Rechtsanwaltskollegiums auf. Dies gilt nicht in dem in Art. 69 bestimmten Fall.

§ 2. In Privatklagesachen, in denen ein Pflichtverteidiger aufgetreten ist, legt das Gericht bei einem freisprechenden Urteil dem Privatkläger die in § 1 genannten Gebühren zugunsten des Rechtsanwaltskollegiums auf.

§ 3. Die Beitreibung der zugunsten des Anwaltskollegiums auferlegten Gebühren erfolgt im Wege der gerichtlichen Zwangsvollstreckung.

**Art. 551.** § 1. Wurde einem zuungunsten des Angeklagten eingelegten Rechtsmittel nicht einmal teilweise stattgegeben, so trägt die Kosten des Rechtsmittelverfahrens derjenige, der das Rechtsmittel eingelegt hat, und, falls das Rechtsmittel vom öffentlichen Ankläger eingelegt wurde, die Staatskasse.

§ 2. Wird ein Rechtsmittel im Hinblick auf die Zurücknahme durch eine Partei unbeschieden gelassen, so fallen die Kosten des Rechtsmittelverfahrens der Partei zur Last, die das Rechtsmittel zurückgenommen hat. Dies gilt nicht für die Kosten, die der öffentliche Ankläger oder ein Nebenkläger verursacht hat.

**Art. 552.** Hat das Gericht gegenüber dem Angeklagten wegen des gegenseitigen Unrechts, das sich der Angeklagte und der Geschädigte zugefügt haben, oder wegen des provokativen Verhaltens des Geschädigten von einer Strafe abgesehen, so werden die Kosten des Verfahrens nach den Grundsätzen der Billigkeit unter den Parteien aufgeteilt.

**Art. 553.** Die von mehreren Angeklagten oder von mehreren Privatklägern zu tragenden Kosten eines Strafverfahrens teilt das Gericht unter diesen nach den Grundsätzen der Billigkeit auf, wobei es insbesondere die durch deren Beteiligung am Prozeß verursachten Auslagen berücksichtigt.

**Art. 554.** § 1. Zu den Kosten des Strafverfahrens gehören insbesondere die seit dem Zeitpunkt seiner Eröffnung aufgewendeten Auslagen für:

1. Zustellungen von Ladungen und sonstigen Schriftstücken,
2. Reisen der Richter und anderer Personen zur Vornahme von Verfahrenshandlungen,

3. die Vorführung und die Beförderung des Angeklagten, der Zeugen und der Sachverständigen,
4. die im Laufe des Verfahrens vorgenommenen Augenscheinseinnahmen und Untersuchungen sowie für die Übersendung und Verwahrung beschlagnahmter Gegenstände und für deren Verkauf,
5. die Veröffentlichung in Zeitschriften,
6. die Vollstreckung der Entscheidung mit Ausnahme der Unterhaltskosten der Verurteilten in der Strafanstalt.

§ 2. Zu den Verfahrenskosten werden außerdem die Gebühren der Zeugen, Sachverständigen und Dolmetscher sowie die Gebühren des Anwaltskollegiums für die Beteiligung eines Rechtsanwalts oder Bevollmächtigten einer Partei an dem Verfahren gerechnet.

**Art. 555.** § 1. Der Justizminister bestimmt im Einvernehmen mit dem Finanzminister im Verordnungswege die Höhe und die Art und Weise der Berechnung der in Art. 554 genannten Auslagen.

§ 2. In den in der Verordnung nicht vorgesehenen Fällen bestimmt das Gericht oder der Staatsanwalt die Höhe des Betrages der in § 1 genannten Auslagen.

**Art. 556.** Das Gericht kann den Angeklagten oder den Privatkläger ganz oder teilweise davon entbinden, der Staatskasse die Verfahrenskosten zu erstatten oder Gebühren an das Rechtsanwaltskollegium wegen der Beteiligung eines Pflichtverteidigers an dem Verfahren zu bezahlen, wenn Grund zu der Annahme besteht, daß die Bezahlung mit Rücksicht auf die Familien- und Vermögensverhältnisse und die geringe Höhe der Einkünfte des Verpflichteten zu belastend sein würde.

**Art. 557.** Das Recht, auferlegte Verfahrenskosten beizutreiben, verjährt in 3 Jahren von dem Tag an, an dem sie zu entrichten waren.

**Art. 558.** Gegen die Entscheidung über die Kosten des Verfahrens ist die Beschwerde statthaft, falls keine Revision eingelegt wird.

## ABSCHNITT 59

### Kosten, die mit der Zivilklage und mit der Verurteilung zum Schadensersatz verbunden sind

**Art. 559.** Bezüglich der Gerichtskosten, die aus einer Zivilklage erwachsen, und bezüglich der Kosten einer Revision, die sich auf die Zivilklage bezieht, finden die im Zivilverfahren geltenden Bestimmungen entsprechende Anwendung. Der Zivilkläger hat die durch seine Klage entstehenden Gebühren spätestens bei Beginn der

Hauptverhandlung zu entrichten. Ein Angeklagter entrichtet nur dann eine Gebühr, wenn seine Revision sich ausschließlich auf die Zivilklage bezieht.

**Art. 560.** Wird der Zivilklage stattgegeben, so legt das Gericht dem Verurteilten die dem Kläger zustehenden Prozeßkosten auf; wenn der Kläger von der Entrichtung der Kosten befreit ist, so legt das Gericht dem Verurteilten den entsprechenden Betrag zugunsten der Staatskasse auf.

**Art. 561.** Die aus einer abgewiesenen Klage erwachsenen Gerichtskosten hat der Kläger zu tragen; doch wird in dem in Art. 396 § 4 vorgesehenen Fall die entrichtete Grundgebühr auf das Zivilverfahren angerechnet, falls der Geschädigte innerhalb einer Frist von 30 Tagen nach dem Tag der Verkündung oder Zustellung der Entscheidung darum ersucht hat. Die Anrechnung erfolgt auch in den in Art. 57 § 2 und 58 vorgesehenen Fällen.

**Art. 562.** Bei einer Verurteilung zu Schadensersatz in Geld legt das Gericht dem Verurteilten die entsprechenden Gerichtskosten nach Maßgabe der im Zivilverfahren für eine erfolgreiche Zivilklage geltenden Vorschriften zugunsten der Staatskasse auf.

## KAPITEL XIV

## Das Strafverfahren in Strafsachen, die der Militärgerichtsbarkeit unterliegen

### ABSCHNITT 60

### Allgemeine Bestimmungen

**Art. 563.** In Strafsachen, die der Militärgerichtsbarkeit unterliegen, finden die Bestimmungen über das vereinfachte und das beschleunigte Verfahren und das Privatklageverfahren keine Anwendung; im übrigen finden die Bestimmungen der vorhergehenden Kapitel Anwendung, es sei denn, daß die Vorschriften dieses Kapitels etwas anderes bestimmen.

**Art. 564.** § 1. Die Militärgerichtsbarkeit erstreckt sich auf Strafsachen wegen Taten, die begangen worden sind von:

1. Soldaten im aktiven Wehrdienst,
2. Zivilbediensteten, die bei Militäreinheiten beschäftigt sind, sofern die Tat im Zusammenhang mit dieser Beschäftigung steht,
3. Kriegsgefangenen.

§ 2. Die Militärgerichtsbarkeit erstreckt sich nicht auf Strafsachen wegen der von Soldaten begangenen Taten, wenn diese vor Einreichung der Anklageschrift aus dem aktiven Wehrdienst entlassen worden sind. Dies gilt nicht für die in den Abschnitten XXXVIII — XLIII des Strafgesetzbuchs bestimmten Straftaten sowie für sonstige Straftaten, durch die eine militärische Dienstobliegenheit verletzt worden ist.

**Art. 565.** Der Militärgerichtsbarkeit unterliegen auch Strafsachen wegen:

1. Anstiftung und Beihilfe zu den in den Abschnitten XXXVIII — XLIII des Strafgesetzbuchs bestimmten Straftaten,
2. der in Art. 124 und in Art. 122, 128 und 129 Strafgesetzbuch bestimmten Straftaten, wenn der Täter für einen fremden Geheimdienst tätig war oder Vorbereitungen dafür getroffen hatte,
3. sonstiger Straftaten nach Maßgabe besonderer Vorschriften.

**Art. 566.** § 1. Hat der Täter sowohl eine Straftat begangen, die der Militärgerichtsbarkeit unterliegt, als auch eine Straftat, die der allgemeinen Gerichtsbarkeit unterliegt, und stehen die Straftaten miteinander in einem solchen Zusammenhang, daß das Wohl der Rechtspflege eine gemeinsame Aburteilung erfordert, entscheidet das Militärgericht über beide Taten gemeinsam.

§ 2. Die Bestimmung des § 1 findet im vorbereitenden Verfahren entsprechende Anwendung.

**Art. 567.** § 1. Sollte in einer Strafsache gegen zwei oder mehrere Angeklagte das Militärgericht nicht in vollem Umfang zur Aburteilung zuständig sein, sei es im Hinblick auf die Art einer der Straftaten oder auf die Person eines der Angeklagten, kann das Militärgericht die Sache zusammen aburteilen oder sie zu diesem Zweck an ein allgemeines Gericht überweisen, wenn dies zum Wohl der Rechtspflege erforderlich ist.

§ 2. Während des vorbereitenden Verfahrens stehen die entsprechenden Befugnisse dem Militärstaatsanwalt zu.

§ 3. Eine Überweisung darf nicht erfolgen, wenn die Sache eine in den Abschnitten XXXVIII — XLIII des Strafgesetzbuchs bestimmte oder eine in Art. 565 dieses Gesetzes genannte Straftat betrifft.

**Art. 568.** § 1. Das Militärgericht kann eine Sache wegen einer Straftat, die von einem bei einer Militäreinheit beschäftigten Zivilbediensteten begangen wurde, an ein allgemeines Gericht überweisen, wenn die Belange des Militärs nicht die Aburteilung durch ein Militärgericht erfordern.

§ 2. Art. 567 § 2 findet entsprechende Anwendung.

**Art. 569.** Gegen eine Überweisung nach Maßgabe der Art. 567 und 568 ist eine Beschwerde nicht statthaft.

**Art. 570.** § 1. In Strafsachen wegen der in Art. 564 § 1 Ziff. 1 und 2 genannten Taten entscheidet das Militärgericht, das für die Militäreinheit zuständig ist, bei der der Soldat Militärdienst leistet oder der Zivilbedienstete beschäftigt war.

§ 2. Richtet sich die Zuständigkeit des Militärgerichts nach der Zugehörigkeit des Angeklagten zu einer Militäreinheit oder nach der bekleideten Stellung, so kommt es auf den Zeitpunkt der Einleitung des Strafverfahrens gegen den Angeklagten an.

**Art. 571.** Die Befugnisse des Wojewodschaftsgerichts, die in Art. 222, 239, 488, 532 und 533 genannt sind, stehen dem Militärbezirksgericht oder einem gleichgeordneten Gericht entsprechend zu.

**Art. 572.** § 1. In Strafsachen, die zur Zuständigkeit der Militärgerichte gehören, ist erkennendes Gericht des ersten Rechtszuges das Militärbezirksgericht oder sind es die Militärgarnisonsgerichte oder die ihnen gleichgeordneten Gerichte im Rahmen des Zuständigkeitsbereichs, der in den Vorschriften über die Militärgerichte bestimmt ist.

§ 2. Die Militärbezirksgerichte und die ihnen gleichgeordneten Gerichte sind jedoch ausschließlich zuständig in Strafsachen wegen Taten:

1. die von Offizieren, die die Stellung eines Regimentskommandeurs oder eine höhere Stellung innehaben, begangen worden sind,
2. die mit Todesstrafe oder Freiheitsentzugsstrafe von 25 Jahren bedroht sind,
3. die in der im Abschnitt 42 vorgesehenen Verfahrensart abgeurteilt werden.

§ 3. In den von Militärgerichten abzuurteilenden Strafsachen entscheidet die Militärkammer des Obersten Gerichts über Rechtsmittel und in sonstigen Angelegenheiten, für die das Oberste Gericht oder ein Gericht höherer Ordnung zuständig ist.

**Art. 573.** § 1. Wird eine Strafsache zweier oder mehrerer angeklagter Soldaten abgeurteilt, so entscheidet das Militärgericht, das für die Sache wegen der Straftat des Soldaten, der die höhere Dienststellung hat, zuständig ist; bei gleichrangigen Dienststellungen kommt es auf den höheren Dienstgrad an. Ist jedoch in bezug auf einen der Angeklagten das Militärbezirksgericht oder ein gleichgeordnetes Gericht zuständig, so entscheidet es gegen sämtliche Täter.

§ 2. Läßt sich nach § 1 die Zuständigkeit des Militärgerichts nicht bestimmen, so entscheidet über die Sache das Gericht, das für den Täter der mit der schwersten Strafe bedrohten Straftat zuständig ist.

**Art. 574.** Die Prozeßbefugnisse des Generalstaatsanwalts der Volksrepublik Polen stehen auch dem Obersten Militärstaatsanwalt zu, und die Befugnisse eines Wojewodschaftsstaatsanwalts stehen entsprechend dem Staatsanwalt eines Militärbezirks oder einem mit diesem gleichgestellten Staatsanwalt zu.

**Art. 575.** § 1. Wird in diesem Gesetz vom Gerichtspräsidenten gesprochen, so ist im Verfahren vor den Militärgerichten der Leiter des Gerichts darunter zu verstehen.

§ 2. Wird in diesem Gesetz vom öffentlichen Ankläger oder vom Staatsanwalt gesprochen, so ist der Militärstaatsanwalt darunter zu verstehen.

**Art. 576.** § 1. Der Militärstaatsanwalt kann ein Strafverfahren wegen der in Art. 303 §§ 1 und 2, 309, 315, 327 und 328 Strafgesetzbuch genannten Straftaten auch ohne Antrag des Befehlshabers der Einheit einleiten, falls nach seinem Ermessen die Belange der militärischen Disziplin dies erfordern.

§ 2. Ein Verfahren in der in Abschnitt 42 vorgesehenen Art kann auch gegen einen Soldaten geführt werden, der wegen einer Straftat nach Art. 304 § 3 Strafgesetzbuch angeklagt ist.

**Art. 577.** § 1. Eine im Wege der Privatklage verfolgbare Straftat wird mit der Einreichung der Klage durch den Geschädigten zu einer von Amts wegen zu verfolgenden Straftat.

§ 2. Der Militärstaatsanwalt kann auch von Amts wegen ein Verfahren wegen einer im Wege der Privatklage verfolgbaren Straftat einleiten, wenn nach seinem Ermessen das gesellschaftliche Interesse dies erfordert.

§ 3. Auf Antrag des Geschädigten, der vor dem rechtskräftigen Abschluß des gemäß § 1 anhängig gemachten Verfahrens zu stellen ist, wird das Verfahren in der Sache eingestellt, es sei denn, daß das gesellschaftliche Interesse dem entgegensteht; wird der Antrag nach Beginn des gerichtlichen Hauptverfahrens im ersten Rechtszug eingebracht, so ist außerdem noch die Zustimmung des Angeklagten notwendig.

**Art. 578.** § 1. An einer Verhandlung oder einer Sitzung kann aufgrund einer Ermächtigung des Militärstaatsanwalts ein Untersuchungsoffizier der Staatsanwaltschaft teilnehmen. Dies gilt nicht für das Verfahren vor der Militärkammer des Obersten Gerichts.

§ 2. Art. 35 § 2 findet im Verfahren vor den Militärgerichten keine Anwendung.

**Art. 579.** Ein Schöffe oder ein Delegierter des Militärkollektivs darf nicht ein Soldat mit niedrigerem Rang als der Angeklagte sein.

**Art. 580.** Die Teilnahme eines Verteidigers an der Hauptverhandlung ist vor allen Militärgerichten obligatorisch, es sei denn, daß der

Gegenstand der Aburteilung eine mit höchstens 2 Jahren Freiheitsentzug bedrohte Straftat ist; aber auch in diesem Fall ist auf Antrag eines Soldaten im Grundwehrdienst oder wenn der Vorsitzende des Gerichts oder das Gericht es für tunlich hält, ein Verteidiger zu bestellen.

**Art. 581.** Die Bestimmungen, daß Rechtsmittel von einem Rechtsanwalt abgefaßt und unterzeichnet werden müssen, finden keine Anwendung.

## ABSCHNITT 61

## Zwangsmittel und vorbereitendes Verfahren

**Art. 582.** In Strafsachen der Militärgerichtsbarkeit gelten die prozessualen Rechte und Pflichten der Bürgermiliz auch für den militärischen Innendienst.

**Art. 583.** Das Recht zur Festnahme einer beschuldigten Person, die der Militärgerichtsbarkeit unterworfen ist, steht unter den Voraussetzungen des Art. 206 auch dem militärischen Vorgesetzten und den Organen des Garnisonskommandeurs zu.

**Art. 584.** Die Anordnung der Untersuchungshaft gegen einen angeklagten Soldaten kann außer in den in Art. 217 genannten Fällen auch dann erfolgen, wenn Belange der Militärdisziplin dafür sprechen.

**Art. 585.** Im Rahmen einer verfahrenssichernden Maßnahme kann ein angeklagter Soldat oder ein bei der militärischen Einheit beschäftigter Zivilbediensteter vorläufig vom Dienst enthoben werden.

**Art. 586.** In Strafsachen wegen Verbrechen sowie in sonstigen Sachen, wenn die Wichtigkeit oder Schwierigkeit der Sache dies erfordert, wird ein Untersuchungsverfahren durchgeführt.

**Art. 587.** § 1. Der Militärstaatsanwalt kann einen Untersuchungsoffizier der Militärstaatsanwaltschaft mit der Führung der Untersuchung beauftragen.

§ 2. Die Beauftragung darf sich nicht auf Handlungen erstrecken, die eines Beschlusses bedürfen; dies gilt nicht für die in Art. 155, 269 und 270 vorgesehenen Beschlüsse.

**Art. 588.** § 1. Eine Anklageschrift kann auch vom Ermittlungs- oder vom Untersuchungsführer abgefaßt werden.

§ 2. Die von dem Ermittlungs- oder Untersuchungsführer abgefaßte Anklageschrift wird vom Staatsanwalt bestätigt und bei Gericht eingereicht.

ABSCHNITT 62

## Verfahren vor Gericht

**Art. 589.** § 1. Bei einer Verhandlung gegen einen Offizier dürfen nicht Soldaten ohne Offiziersrang, bei einer Verhandlung gegen einen Fähnrich dürfen nicht Soldaten, die nicht mindestens den Dienstgrad eines Fähnrichs oder Unteroffiziers innehaben, zugegen sein, falls sie an der Sache nicht beteiligt sind, es sei denn, daß der Vorsitzende ihre Anwesenheit gestattet.

§ 2. Zivilpersonen, die nicht an der Sache beteiligt sind, haben keinen Zutritt zur Verhandlung, wenn ihnen dadurch eine Tatsache bekannt werden würde, die ihnen mit Rücksicht auf wichtige Belange des Staates oder des Militärdienstes nicht zugänglich gemacht werden sollte.

**Art. 590.** § 1. Das Militärgericht des ersten Rechtszuges setzt das Urteil mit Gründen schriftlich ab.

§ 2. Wird die Öffentlichkeit ausgeschlossen, so kann das Gericht von einer öffentlichen Verkündung der Gründe absehen.

§ 3. Die Frist zur Einlegung der Revision läuft für jeden Berechtigten vom Tag der Urteilsverkündung an, für einen nicht auf freiem Fuß befindlichen Angeklagten, der bei der Urteilsverkündung nicht zugegen war, läuft sie vom Tag der Zustellung an und beträgt 7 Tage.

**Art. 591.** § 1. Die außerordentliche Revision an die Militärkammer des Obersten Gerichts kann vom Ersten Präsidenten des Obersten Gerichts, vom Präsidenten der Militärkammer des Obersten Gerichts, vom Generalstaatsanwalt der Volksrepublik Polen oder vom Obersten Militärstaatsanwalt eingelegt werden.

§ 2. Äußern sich der Erste Präsident des Obersten Gerichts, der Präsident der Militärkammer des Obersten Gerichts und der Oberste Militärstaatsanwalt dahin, daß es an einer Grundlage für die Einlegung der außerordentlichen Revision gegen ein Todesurteil oder gegen ein dieses aufrecht erhaltendes Urteil fehlt, so legt der Generalstaatsanwalt der Volkrepublik Polen, falls auch er keine Grundlage dafür als gegeben erachtet, unverzüglich dem Staatsrat die Akten mit seinem Antrag bezüglich einer Begnadigung vor. Bis zur Entscheidung über diesen Antrag wird das Urteil nicht vollstreckt.

**Art. 592.** Über die Wiederaufnahme des Verfahrens entscheidet die Militärkammer des Obersten Gerichts in der Besetzung von drei Richtern.

## Einführungsbestimmungen zum Strafverfahrensgesetz

**Gesetz vom 19. April 1969**
(Dz. U. 1969, Nr. 13 Pos. 97)

**Art. I.** Das Strafverfahrensgesetz tritt am 1. Januar 1970 in Kraft.

**Art. II.** Mit dem Tage des Inkrafttretens des Strafverfahrensgesetzes treten alle bisherigen Vorschriften in dem durch dieses Gesetz geregelten Umfang außer Kraft, es sei denn, daß in den nachfolgenden Vorschriften etwas anderes bestimmt ist.

**Art. III.** Insbesondere werden einschließlich aller späteren Abänderungen aufgehoben:

1. das Strafverfahrensgesetz vom 19. März 1928 (Dz. U. 1950, Nr. 40 Pos. 364) mit Ausnahme von Art. 402—424 und 474—495, sowie die Einführungsbestimmungen zu diesem Gesetz vom 19. März 1928 (Dz. U. Nr. 33 Pos. 314),
2. das Militärstrafverfahrensgesetz vom 23. April 1945 (Dz. U. 1956, Nr. 22 Pos. 103) mit Ausnahme der Art. 32—35, 50—52 und 311—325, sowie die Einführungsbestimmungen zu diesem Gesetz vom 23. April 1945 (Dz. U. 1956, Nr. 22 Pos. 104),
3. das Dekret vom 16. November 1945 über das standrechtliche Verfahren (Dz. U. 1949, Nr. 33 Pos. 244) und die Verordnung des Präsidenten der Republik Polen vom 19. März 1928 über das standrechtliche Verfahren (Dz. U. Nr. 33 Pos. 315),
4. das Dekret vom 25. April 1946 über die Angleichung der Vorschriften über das standrechtliche Verfahren an das Verfahren vor Militärgerichten (Dz. U. Nr. 30 Pos. 194),
5. das Gesetz vom 20. Juli 1950 über die Abänderung der Bestimmungen des Strafverfahrens (Dz. U. Nr. 38 Pos. 348) mit Ausnahme von Art. 7, der in Kraft bleibt bis zum Inkrafttreten der Verordnung, von der in Art. 421 Strafverfahrensgesetz die Rede ist,
6. das Gesetz vom 28. April 1952 über die Abänderung einiger Bestimmungen des Strafverfahrens (Dz. U. Nr. 25 Pos. 170),
7. das Dekret vom 29. Oktober 1952 über die Änderung einiger Bestimmungen des Strafverfahrens (Dz. U. Nr. 44 Pos. 302),
8. das Dekret vom 21. Dezember 1955 über die Änderung von Bestimmungen des Strafverfahrens (Dz. U. Nr. 46 Pos. 309),
9. das Gesetz vom 28. März 1958 über die Änderung der Bestimmungen des Strafverfahrens (Dz. U. Nr. 18 Pos. 76),
10. das Gesetz vom 18. Juni 1959 über die Änderung von Bestimmungen des Strafverfahrens (Dz. U. Nr. 36 Pos. 229),

11. das Gesetz vom 16. November 1960 über die Änderung von Vorschriften über Geldstrafe, Gerichtskosten und -gebühren im Strafverfahren (Dz. U. Nr. 51 Pos. 299),
12. das Gesetz vom 2. Dezember 1960 über Privatklagesachen (Dz. U. Nr. 54 Pos. 308),
13. das Gesetz vom 27. November 1961 über die Änderung von Bestimmungen des Strafverfahrens (Dz. U. Nr. 53 Pos. 296),
14. die Verfahrensvorschriften, die enthalten sind in:
    a) Art. 6, 7, 9—11, 14—16 des Dekrets des Polnischen Komitees für die Nationale Befreiung vom 23. September 1944, dem Gerichtsverfassungsgesetz und der Verfassung der Militärstaatsanwaltschaft (Dz. U. Nr. 6 Pos. 29),
    b) Art. 3—20 des Gesetzes vom 21. Januar 1958 zur Verstärkung des Schutzes des gesellschaftlichen Vermögens vor Schädigung durch Straftaten (Dz. U. Nr. 4 Pos. 11),
    c) Art. 6 des Gesetzes vom 22. Mai 1958 zur Verschärfung der strafrechtlichen Verantwortung für Hooliganismus (Dz. U. Nr. 34 Pos. 152).

**Art. IV.** In Kraft bleiben Bestimmungen in den durch das Strafverfahrensgesetz geregelten Materien, wenn diese Bestimmungen den Charakter von Sondervorschriften haben.

**Art. V.** Berufen sich die geltenden Bestimmungen in den durch das Strafverfahrensgesetz geregelten Materien auf außer Kraft gesetzte Bestimmungen oder verweisen sie allgemein auf die Vorschriften des Strafverfahrens, so finden in diesem Bereich die entsprechenden Bestimmungen des Strafverfahrensgesetzes Anwendung.

**Art. VI.** § 1. Wenn hinsichtlich einer durch das Strafverfahrensgesetz geregelten Materie Durchführungsbestimmungen vorgesehen sind, so bleiben bis zu deren Erlaß die bisherigen diesbezüglichen Bestimmungen in Kraft, sofern sie nicht in Widerspruch zu den Vorschriften dieses Gesetzes stehen.

§ 2. Sieht das Strafverfahrensgesetz Durchführungsbestimmungen vor, so ist für deren Erlaß in bezug auf das Verfahren vor Militärgerichten der Minister für nationale Verteidigung anstelle des Justizministers oder gemeinsam mit diesem zuständig.

**Art. VII.** Die Bestimmungen des Strafverfahrensgesetzes finden auch auf die vor dem Tage seines Inkrafttretens eröffneten Verfahren Anwendung, sofern die folgenden Vorschriften nicht etwas anderes bestimmen.

**Art. VIII.** Ist aufgrund des Strafverfahrensgesetzes eine Veränderung der Zuständigkeit der Gerichte eingetreten, so entscheidet das bisher zuständige Gericht, wenn die Anklageschrift vor dem Tage des Inkrafttretens des vorliegenden Gesetzes eingereicht worden ist.

**Art. IX.** In Strafsachen, in denen die Hauptverhandlung vor Inkrafttreten des Strafverfahrensgesetzes begonnen hat, läuft das Verfahren bis zum Abschluß in dem betreffenden Rechtszug nach den bisherigen Bestimmungen weiter, aber im Falle einer Aussetzung der Verhandlung oder einer erneuten Verhandlung der Sache oder nach einer rechtskräftigen Entscheidung findet das Verfahren nach den Bestimmungen des Strafverfahrensgesetzes statt.

**Art. X.** Die vor dem Inkrafttreten des Strafverfahrensgesetzes vorgenommenen Prozeßhandlungen sind wirksam, soweit sie unter Beachtung der bisherigen Vorschriften vorgenommen worden sind.

**Art. XI.** Ist zweifelhaft, ob das bisherige Recht oder das Strafverfahrensgesetz anzuwenden ist, so kommen die Bestimmungen des Strafverfahrensgesetzes zur Anwendung.

**Art. XII.** Das Verfahren in Abwesenheit eines im Ausland befindlichen Angeklagten kann auch wegen einer Straftat stattfinden, die in Art. 1 Ziff. 1 des Dekrets vom 31. August 1944 über die Bestrafung der faschistisch-hitlerischen Verbrecher, die sich der Tötung oder Mißhandlung der Zivilbevölkerung oder von Kriegsgefangenen schuldig gemacht haben, sowie für Verräter des Polnischen Volkes (Dz. U. 1946, Nr. 69 Pos. 377 mit späteren Änderungen) geregelt ist.

**Art. XIII.** Das Gesetz tritt am 1. Januar 1970 in Kraft.

## Verordnung
## des Ministers für Gesundheitswesen und Sozialfürsorge vom 12. Oktober 1970 über die Bedingungen und die Art und Weise der Vornahme von ärztlichen Untersuchungen des Angeklagten

(Dz. U. 1970, Nr. 27 Pos. 219)

Aufgrund Art. 65 § 2 Strafverfahrensgesetz und Art. VI § 2 der Einführungsbestimmungen zum Strafverfahrensgesetz wird folgendes angeordnet:

**§ 1.** (1) Die ärztlichen Untersuchungen zu Beweiszwecken, denen sich der Angeklagte nach Art. 65 § 1 Strafverfahrensgesetz zu unterziehen verpflichtet ist, können umfassen: Augenscheinseinnahmen an seinem Körper, allgemeine und spezialärztliche Untersuchungen, Hilfsuntersuchungen, Beobachtung in einer geschlossenen Anstalt für Gesundheitspflege, sowie auch die Entnahme der zu diesen Zwecken notwendigen Stoffe, insbesondere von Blutproben, des Mageninhalts, der Ausscheidungen und Absonderungen; die Entnahmen dürfen nur durch Fachangestellte des Gesundheitsdienstes vorgenommen werden.

(2) Die ärztlichen Untersuchungen des Angeklagten dürfen sich nicht auf Untersuchungen erstrecken, die mit der Vornahme eines

chirurgischen Eingriffs verbunden sind, und auch nicht auf andere die Gesundheit des Angeklagten gefährdende Untersuchungen, insbesondere nicht auf ärztliche Verfahren, die größere Risiken mit sich bringen als es im Normalfall die Regel ist, und auch nicht auf ein Verfahren, hinsichtlich dessen mit Rücksicht auf den Gesundheitszustand des Angeklagten medizinische Kontraindikation besteht.

**§ 2.** Die ärztlichen Untersuchungen des Angeklagten werden in geeigneten Anstalten nach Maßgabe der weiteren Bestimmungen vorgenommen, es sei denn, daß ein Organ, das das Strafverfahren durchführt, einen Auftrag dazu gegeben hat, die Untersuchung an einem anderen Ort vorzunehmen.

**§ 3.** (1) Die ärztlichen Untersuchungen des Angeklagten werden im Auftrag des Organs, das das Strafverfahren durchführt, vorgenommen. Ein solcher Auftrag hat die zur Identifizierung der Person des Angeklagten notwendigen Angaben zu enthalten, ebenso den Gegenstand, den Umfang und auch die Frist zur Erstattung des Gutachtens. Soweit nötig und möglich, muß der Auftrag ins einzelne gehende Fragen enthalten, außerdem die Bezeichnung der dem Angeklagten zur Last gelegten Tat und die Umstände der Tatbegehung.

(2) Der Auftrag zur Vornahme von ärztlichen Untersuchungen ist schriftlich zu erteilen. In Fällen, die keinen Aufschub gestatten, wird die Untersuchung aufgrund mündlichen Auftrags des Vertreters des Organs vorgenommen, welches das Strafverfahren durchführt, wobei dieser verpflichtet ist, seinen Dienstausweis vorzulegen und nachträglich die schriftliche Bestätigung seines Auftrags zu übermitteln.

**§ 4.** Kann die Untersuchung nicht innerhalb der im Auftrag bezeichneten Frist vorgenommen werden, so hat der Arzt (die Anstalt), der die Untersuchung vornimmt, den Zeitpunkt ihrer Vornahme mit dem Organ, das das Strafverfahren durchführt und den Auftrag zur Vornahme der Untersuchung erteilt hat, abzustimmen.

**§ 5.** Das Organ, das das Strafverfahren durchführt, belehrt den Angeklagten über seine Pflicht, sich der angeordneten ärztlichen Untersuchung zu unterziehen, und überweist ihn zu den Untersuchungen.

**§ 6.** (1) Der Tag und die Stunde der Untersuchung des Angeklagten wird von dem Arzt (der Anstalt) festgesetzt, der die Untersuchung vornehmen soll, es sei denn, daß das Organ, das das Strafverfahren durchführt, etwas anderes bestimmt.

(2) Der Arzt (die Anstalt) teilt dem Organ, das das Strafverfahren durchführt, den Tag und die Stunde der ärztlichen Untersuchung mit, falls das Organ in dem Auftrag den Vorbehalt gemacht hat, daß es bei der Untersuchung zugegen sein wolle.

(3) Hat ein auf freiem Fuß befindlicher Angeklagter sich nicht zur Untersuchung gestellt, ist der zuständige Arzt (Anstalt) verpflichtet, davon unverzüglich das Organ zu benachrichtigen, das den Auf-

trag zur Vornahme der Untersuchung erteilt hat, wobei auf den Zeitpunkt und den Ort, an denen die Untersuchung vorgenommen werden kann, hinzuweisen ist.

**§ 7.** (1) Der die ärztliche Untersuchung des Angeklagten vornehmende Arzt (Anstalt) legt die Methoden und den Umfang des ärztlichen Verfahrens fest.

(2) Sind im Bereich gewisser ärztlicher Untersuchungen für Beweiszwecke einheitliche Methoden von dem Minister für Gesundheitswesen und Sozialfürsorge im Einvernehmen mit den Ministern der Justiz, für nationale Verteidigung und des Innern und dem Generalstaatsanwalt der Volksrepublik Polen festgesetzt, so ist der die ärztlichen Untersuchungen vornehmende Arzt (Anstalt) verpflichtet, diese Methoden anzuwenden.

(3) Die Vorschriften über die Vorbereitung von Instrumenten und Gefäßen und über die Verwahrung und den Transport von zu Beweiszwecken entnommenen Stoffen wird von einem inländischen Facharzt für gerichtliche Medizin im Einvernehmen mit einem zuständigen Spezialarzt des militärischen Gesundheitsdienstes festgelegt.

**§ 8.** (1) Die ärztliche Untersuchung des Angeklagten wird vorgenommen von:

1. dem Bezirks- (Stadt-, Stadtteil-)Ambulatorium oder
2. der Anstalt des Gesundheitsdienstes, die dem Angeklagten erste ärztliche Hilfe geleistet hat, oder
3. der geschlossenen Anstalt für Gesundheitspflege, falls der Angeklagte sich zur Behandlung in einer solchen Anstalt aufhält oder in eine solche Anstalt zur Beobachtung eingewiesen ist.

(2) In Fällen, die keinen Aufschub gestatten, kann die ärztliche Untersuchung des Angeklagten von jeder Anstalt des Gesundheitsdienstes vorgenommen werden, es sei denn, die verlangte Untersuchung führte zu einer Beeinträchtigung des Arbeitsablaufs, durch die die Gesundheit oder das Leben der in Pflege dieser Anstalt befindlichen Personen gefährdet würde.

(3) Die Bestimmung des Abs. 2 findet entsprechende Anwendung auf Ärzte, die nicht bei Anstalten des Gesundheitsdienstes oder außerhalb ihrer Dienststunden beschäftigt sind, falls die ärztliche Untersuchung des Angeklagten nicht in einer Anstalt des Gesundheitsdienstes vorgenommen werden kann.

(4) Die ärztliche Untersuchung eines nicht auf freiem Fuß befindlichen Angeklagten — mit Ausnahme von Untersuchungen des Zustandes der psychischen Gesundheit — wird von den Anstalten des Gesundheitsdienstes der Straf- oder Haftanstalten vorgenommen.

(5) Sind die in Abs. 4 genannten Anstalten des Gesundheitsdienstes nicht imstande, die notwendigen Untersuchungen in vollem Um-

fang durchzuführen, so sind die Sozialanstalten des Gesundheitsdienstes verpflichtet, ihnen geeignete Hilfe zu leisten.

(6) Ist der Angeklagte der Militärgerichtsbarkeit unterworfen, so kann die ärztliche Untersuchung auch von einer geeigneten Anstalt des Militärgesundheitsdienstes auf Weisung des Organs, das das Strafverfahren durchführt, vorgenommen werden.

(7) Wenn ein Grund dafür besteht, insbesondere wenn die Vornahme von ärztlichen Untersuchungen spezielle Qualifikationen oder Einrichtungen erfordert oder es aus anderen Gründen zweckmäßig erscheint, kann das Organ, das das Strafverfahren durchführt, mit der Vornahme von Untersuchungen eine andere als in Abs. 1, 4 und 6 bestimmte Anstalt des Gesundheitsdienstes oder eine geeignete wissenschaftliche Stelle oder eine Forschungsanstalt beauftragen.

**§ 9.** (1) Die ärztliche Untersuchung des Angeklagten in einem Bezirks-(Stadt-, Stadtteil-)Ambulatorium wird von einem Arzt vorgenommen, der Facharzt für gerichtliche Medizin ist. Gibt es einen solchen Spezialisten nicht, so werden die Untersuchungen von einem Facharzt in einem anderen Gebiet der Medizin, der aber im Bereich der gerichtlichen Medizin geschult ist, vorgenommen.

(2) Der in Abs. 1 genannte Arzt wird von dem Organ für Gesundheitswesen beim Präsidium des Wojewodschaftsnationalrats (in einer wojewodschaftsfreien Stadt: Stadtnationalrat) im Einvernehmen mit dem Präsidenten des Wojewodschaftsgerichts, dem Wojewodschaftsstaatsanwalt sowie dem Wojewodschaftskommandeur der Bürgermiliz bestimmt.

**§ 10.** (1) Falls der die Untersuchung vornehmende Arzt (Anstalt) feststellt, daß es notwendig ist, ein Gutachten eines Arztes eines anderen Fachbereichs einzuholen oder zusätzliche Untersuchungen oder eine Beobachtung in einer geschlossenen Anstalt für Gesundheitspflege in einem Bereich durchzuführen, der nicht die Beurteilung des Zustandes der psychischen Gesundheit berührt, so weist er den Angeklagten im Einvernehmen mit dem Organ, das die Untersuchung angeordnet hat, in eine dazu geeignete Anstalt ein; diese Anstalt ist verpflichtet, unverzüglich die bezeichnete Untersuchung vorzunehmen.

(2) Erweist es sich als notwendig, Untersuchungen über den Zustand der psychischen Gesundheit durchzuführen, so benachrichtigt der die Untersuchung des Angeklagten vornehmende Arzt (Anstalt) davon das Organ, das die Untersuchung des Angeklagten angeordnet hat, unter Anführung von Gründen.

**§ 11.** Die Untersuchung, ob der Angeklagte psychisch gesund ist, wird nach Maßgabe der in Art. 183 und 184 Strafverfahrensgesetz bestimmten Grundsätze durchgeführt, wobei, falls es notwendig ist, die psychiatrische Untersuchung eines nicht auf freiem Fuß befindlichen Angeklagten mit einer Beobachtung in einer Heilanstalt (Art. 184 Strafverfahrensgesetz) zu verbinden, die Beobachtung nur dann in Anstalten des Gesundheitsdienstes der Straf- und Haftanstalten erfolgen kann, wenn zugleich besondere Sicherheitsmaßnahmen ergriffen werden müssen.

**§ 12.** Anstalten des Gesundheitsdienstes sind auf Ersuchen des Arztes (Anstalt), der die Untersuchung des Angeklagten vornimmt, verpflichtet, die den Angeklagten betreffenden Krankenakten zur Verfügung zu stellen.

**§ 13.** (1) Das Organ, das die ärztliche Untersuchung des Angeklagten anordnet, sichert einen entsprechenden Begleitschutz während der vorzunehmenden Untersuchungen zu, falls dies zur Sicherung des ordentlichen Verlaufs des Strafverfahrens notwendig ist.

(2) Ist zur Durchführung der Untersuchung des Angeklagten die Anwendung von unmittelbarem Zwang notwendig, damit die Vornahme der Untersuchung in einer für den Angeklagten und für andere bei der Untersuchung beteiligte Personen in sicherer Weise gewährleistet ist, so ist das Organ, das das Strafverfahren durchführt, auf Ersuchen des Arztes (Anstalt) oder von Amts wegen verpflichtet, zu diesem Zweck geeigneten Begleitschutz zu stellen.

(3) Ist für die Vornahme von Untersuchungen die Anwendung eines ärztlichen Verfahrens notwendig, das nach § 1 Abs. 2 unzulässig ist, oder ist trotz der Anwendung von unmittelbarem Zwang die Durchführung einer umfassenden Untersuchung unmöglich, so beschränkt der Arzt oder ein anderer Fachangestellter des Gesundheitsdienstes seine Aufgaben auf die Ausführung der in dieser Lage möglichen Handlungen; darüber bringt er einen entsprechenden Vermerk zu Protokoll, oder er trägt einen solchen mit Begründung in seinen Bericht ein.

(4) Die Bestimmung des Abs. 3 findet auch dann Anwendung, wenn die Bedingungen, unter denen die Untersuchungen vorgenommen werden sollen, eine Gefährdung für die Gesundheit des Angeklagten darstellen oder wenn sie die Ergebnisse der Untersuchungen beeinflussen könnten.

**§ 14.** (1) Der Arzt, der die Untersuchung vornimmt, erstattet ein ärztliches Gutachten. Dieses Gutachten enthält einen Bericht über die vorgenommenen Handlungen und Wahrnehmungen und über die daraus gezogenen Schlußfolgerungen. In dem Gutachten ist eine erschöpfende Auskunft über den Gegenstand des Auftrags zu geben, den das Organ, welches das Strafverfahren durchführt, erteilt hat, und, soweit erforderlich, sind andere im Verlauf der vorgenommenen Untersuchungen gemachte Wahrnehmungen einzubeziehen.

(2) Das ärztliche Gutachten wird nach Maßgabe der von dem Minister für Gesundheitswesen und Sozialfürsorge im Einvernehmen mit den Ministern der Justiz, für nationale Verteidigung und des Innern sowie mit dem Generalstaatsanwalt der Volksrepublik Polen festgelegten Grundsätzen erstattet.

(3) Dem erstatteten Gutachten fügt der Arzt (Anstalt) eine Aufstellung der Kosten der vorgenommenen Untersuchungen bei, die den durch Sondervorschriften bestimmten Erfordernissen entspricht.

**§ 15.** Dem Arzt, der aufgrund eines unmittelbaren Auftrags des Organs, welches das Strafverfahren durchführt, die ärztliche Untersuchung des Angeklagten außerhalb seiner Dienststunden vorgenommen hat, steht eine Vergütung zu, und zwar in Höhe und nach Grundsätzen, die in den Vorschriften bestimmt sind, welche die Vergütung für Tätigkeiten von Sachverständigen für gerichtliche Medizin vor den allgemeinen Gerichten regeln.

**§ 16.** Die Bedingungen und die Art und Weise der Untersuchungen des Blutalkoholgehalts von Personen, die einer im Zustand der Trunkenheit begangenen Straftat beschuldigt werden, werden durch Sondervorschriften ausführlich geregelt.

**§ 17.** Diese Verordnung tritt einen Monat nach der Verkündung in Kraft.

## Verordnung
## des Justizministers und des Ministers für Nationale Verteidigung vom 10. Dezember 1969 über die Aufstellung eines Verzeichnisses der gesellschaftlichen Organisationen, die die Teilnahme ihres Vertreters am Strafverfahren erklären können

(Dz. U. 1969, Nr. 37 Pos. 323)

Aufgrund Art. 81 des Strafverfahrensgesetzes und Art. VI § 2 des Gesetzes vom 19. 4. 1969 über die Einführungsvorschriften zum Strafverfahrensgesetz wird folgendes angeordnet:

**§ 1.** Die gesellschaftlichen Organisationen, die die Teilnahme ihres Vertreters am Strafverfahren erklären können, sind die Gewerkschaften, die Frauenliga, das Polnische Komitee für Sozialhilfe, der Verband der Sozialistischen Jugend, der Verband der Dörflichen Jugend, das Gesellschaftliche Antialkoholische Komitee, der Verband der Kämpfer für Freiheit und Demokratie, die Oberste Technische Organisation sowie die Zirkel der Militärjugend und die Organisation der Militärfamilien.

**§ 2.** (1) Die in § 1 genannten gesellschaftlichen Organisationen können die Teilnahme ihres Vertreters am Strafverfahren erklären, falls die Notwendigkeit besteht, das von den satzungsgemäßen Aufgaben dieser Organisation umfaßte gesellschaftliche Interesse zu verteidigen, insbesondere in Sachen, die den Schutz des gesellschaftlichen Vermögens oder der Rechte der Bürger betreffen.

(2) Der Vertreter wird bestellt von der Abteilung der gesellschaftlichen Organisation, bei deren Tätigkeit der Angeklagte mitwirkt, oder von der Abteilung der staatlichen oder gesellschaftlichen Organisation, bei der der Angeklagte beschäftigt ist oder die auf dem Gelände seines Wohnsitzes tätig ist oder auf deren örtlichem Tätigkeitsgebiet die Straftat begangen worden ist, es sei denn, daß die Organisation es für zweckmäßig erachtet, eine andere Abteilung dazu zu bestimmen. Der Vertreter kann auch von einer Abteilung einer in einer militärischen Einheit tätigen gesellschaftlichen Organisation bestellt werden, bei der der Angeklagte aktiven Militärdienst leistet.

**§ 3.** Diese Verordnung tritt am 1. Januar 1970 in Kraft.

## Verordnung

**der Minister der Justiz, für Nationale Verteidigung und für Gesundheitswesen und Sozialfürsorge vom 24. Oktober 1970 betr. die Voraussetzungen sowie die Art und Weise der Entschuldigung des Ausbleibens von Prozeßbeteiligten in Strafsachen wegen Krankheit**

(Dz. U. 1970, Nr. 27 Pos. 218)

Aufgrund Art. 102 § 4 des Strafverfahrensgesetzes und Art. VI § 2 der Einführungsvorschriften zum Strafverfahrensgesetz wird folgendes angeordnet:

**§ 1.** (1) Bleibt ein Angeklagter, ein Zeuge, ein Privatkläger, ein Nebenkläger, ein Zivilkläger, ein gesellschaftlicher Vertreter, ein Bevollmächtigter, der nicht Rechtsanwalt ist, ein Sachverständiger oder ein Dolmetscher trotz der Ladung eines Gerichts oder eines Untersuchungs- oder Ermittlungsorgans, welches das Verfahren führt, krankheitshalber aus, so wird dies mit einer Bescheinigung entschuldigt, die ausgestellt ist von:

1. einem Gerichtsarzt;
2. einem Direktor einer Abteilung eines Krankenhauses oder einer anderen geschlossenen Anstalt für Gesundheitspflege, wo die geladene Person zu Heilzwecken verweilt.

(2) Bleibt ein in Abs. 1 genannter Strafprozeßbeteiligter, der Soldat im aktiven Militärdienst oder der zur militärischen Sanitätshilfe oder zur Sanitätshilfe des Gesundheitsdienstes des Ministeriums des Innern berechtigt ist, krankheitshalber aus, so wird das ebenfalls mit einer Bescheinigung entschuldigt, die entsprechend von dem zuständigen Militärarzt oder dem zuständigen Arzt des Gesundheitsdienstes des Ministeriums des Innern ausgestellt ist.

**§ 2.** (1) Die Funktion eines Gerichtsarztes übt ein Arzt aus, der von dem Leiter des Organs für Gesundheitswesen beim Präsidium des

Bezirks-(Stadt-, Stadtteil-)Nationalrats im Einvernehmen mit dem Präsidenten des Bezirksgerichts bestimmt wird.

(2) Gerichtsarzt kann nur ein Arzt sein, der seinen Beruf in dem betreffenden Bezirk (Stadt, Stadtteil) ausübt und der bei einer staatlichen Organisationseinheit mit mindestens 5 Stunden täglich beschäftigt ist. Gerichtsarzt kann insbesondere sein: ein Inspektor des medizinischen Spruchwesens, der Direktor eines Krankenhauses oder einer anderen Anstalt der Gesundheitspflege, der Leiter eines Ambulatoriums oder einer Poliklinik oder ein anderer Arzt, der Erfahrungen hat im Spruchwesen betreffend zeitweilige Arbeitsunfähigkeit, Invalidität oder hinsichtlich Entscheidungen der Staatlichen Versicherungsanstalt.

(3) Der Leiter eines Bezirks-(Stadt-, Stadtteil-)Ambulatoriums schließt mit dem Gerichtsarzt einen Arbeitsvertrag mit Pauschalvergütung ab, die aufgrund der Bestimmungen über die Vergütung der bei Anstalten des sozialen Gesundheitsdienstes beschäftigten Ärzte festgesetzt wird.

**§ 3.** (1) Der Leiter des Organs für Gesundheitswesen beim Präsidium des Bezirks-(Stadt-, Stadtteil-)Nationalrats setzt im Einvernehmen mit dem Präsidenten des Bezirksgerichts die Zahl der Gerichtsärzte für den betreffenden Bezirk (Stadt, Stadtteil) sowie deren örtlichen Tätigkeitsbereich fest.

(2) Die Zahl der Gerichtsärzte ist nach Möglichkeit den Bedürfnissen des Gebiets anzupassen unter Berücksichtigung des Grundsatzes, daß der Gerichtsarzt verpflichtet ist, an allen Wochentagen zu bestimmten Stunden Personen zu empfangen, die um eine Bescheinigung ersuchen, und, wenn sie bettlägerig sind, diese am Tage des Ersuchens zu Hause aufzusuchen; außerdem muß eine Vertretung des Gerichtsarztes im Falle seiner Erkrankung oder seiner Abwesenheit durch einen anderen Gerichtsarzt sichergestellt sein.

**§ 4.** (1) Das Verzeichnis der Gerichtsärzte wird im Amtsblatt des Wojewodschaftsnationalrates auf Antrag des Organs für Gesundheitswesen beim Präsidium des Bezirks-(Stadt-, Stadtteil-)Nationalrats veröffentlicht und in den Räumen der Gerichte, Staatsanwaltschaften der Wojewodschafts- und Bezirkskommandanturen der Bürgermiliz sowie der Rechtsanwaltskollegien und auch in den offenen Anstalten für Gesundheitspflege, die allgemein für die Bevölkerung bestimmt sind, ausgehängt.

(2) In dem Verzeichnis der Gerichtsärzte wird angegeben: Vor- und Zuname des Gerichtsarztes, die Tage, die Stunden und der Ort seiner Sprechstunde, sein örtlicher Tätigkeitsbereich und gegebenenfalls seine Telefonnummer. Die Zeit der Sprechstunden ist mit dem Präsidenten des Bezirksgerichts abzustimmen.

**§ 5.** (1) Der Gerichtsarzt ist verpflichtet:

1. jede in seinem Tätigkeitsbezirk wohnhafte Person, die um eine Bescheinigung ersucht, mit der das Unvermögen, einer Ladung

des Gerichts oder des Untersuchungs- oder Ermittlungsorgans zu folgen, festgestellt werden soll, persönlich zu untersuchen und ein Gutachten darüber abzugeben;

2. nach festgelegtem Muster ein Register der sich wegen einer solchen Bescheinigung meldenden Personen zu führen;
3. den Inhalt des erstatteten Gutachtens in die Krankenkarte einzutragen;
4. bei Feststellung des Unvermögens, einer Ladung zu folgen, auf einem Formular nach dem Muster, wie es die Anlage zu dieser Verordnung zeigt, die Bescheinigung auszustellen;
5. eine Abschrift des von ihm erstatteten Gutachtens an das Ambulatorium (Gesundheitszentralstelle), das in bezug auf den Wohnort der um die Bescheinigung ersuchenden Person zuständig ist, oder an das Betriebsambulatorium oder an das überbetriebliche Ambulatorium, das in bezug auf den Arbeitsbetrieb, bei dem diese Person beschäftigt ist, zuständig ist, zu übersenden.

(2) In dringenden Fällen kann der Gerichtsarzt den Gesundheitszustand einer außerhalb seines Geschäftsbezirks wohnhaften Person begutachten und eine Bescheinigung erteilen; in diesem Fall sendet er eine Abschrift des Gutachtens zusätzlich an den für den Wohnort der untersuchten Person zuständigen Gerichtsarzt.

(3) Die zur Vornahme der ärztlichen Untersuchung berechtigende Urkunde ist die Ladung des Gerichts oder eines Organs, das eine Untersuchung oder eine Ermittlung in einer Strafsache durchführt.

**§ 6.** Die Vornahme der Untersuchung durch den Gerichtsarzt und die Ausstellung der Bescheinigung ist gebührenfrei.

**§ 7.** Die Anstalten des Gesundheitsdienstes sind verpflichtet, dem Gerichtsarzt die ärztliche Dokumentation über den Verlauf eines Heilverfahrens bei einer sich um die Bescheinigung bewerbenden Person zugänglich zu machen.

**§ 8.** (1) Die Bezirks-(Stadt-, Stadtteil-)Ambulatorien

1. überlassen den Gerichtsärzten Räume, die nach Möglichkeit mit Telefon ausgestattet sind, und stellen ein Verkehrsmittel zum Hausbesuch von bettlägerigen Kranken zu deren Verfügung oder sie zahlen ihnen als Rückerstattung die wirklich getragenen Kosten der zu diesem Zweck durchgeführten Fahrten;
2. statten die Gerichtsärzte mit den in § 5 Abs. 1 Ziff. 4 genannten Bescheinigungsformularen aus.

(2) Die Leiter der Krankenhausabteilungen bzw. anderer Anstalten der Gesundheitspflege werden mit den in § 5 Abs. 1 Ziff. 4 genannten Bescheinigungsformularen von diesen Krankenhäusern (Anstalten) ausgestattet.

**§ 9.** Die Aufsicht über die Tätigkeit der Gerichtsärzte führen die Organe für Angelegenheiten des Gesundheitswesens und der Sozialfürsorge bei den Präsidenten der Bezirks-(Stadt-, Stadtteil-)Nationalräte.

**§ 10.** Die Bestimmungen des § 5 Abs. 1 Ziff. 1, 3 und 4 und des Abs. 3 sowie der §§ 6 und 7 finden entsprechende Anwendung bei der Erteilung von Bescheinigungen durch einen in § 1 Abs. 2 bezeichneten Arzt.

**§ 11.** Es treten außer Kraft:

1. die Verordnung des Justizministers und des Ministers für Gesundheitswesen vom 7. 9. 1959 (Dz. U. Nr. 55 Pos. 331),
2. die Verordnung des Ministers für Nationale Verteidigung vom 5. 12. 1961 (Dz. U. Nr. 61 Pos. 338).

**§ 12.** Diese Verordnung tritt in Kraft nach Ablauf eines Monats nach der Verkündung.

## Verordnung
**des Justizministers und des Ministers für Nationale Verteidigung vom 23. Dezember 1969 über die Bestimmung der Art und Weise der Registrierung rechtskräftig verurteilter Personen und der Art und Weise der im Strafverfahren vorzunehmenden Sammlung von Angaben über diese Personen sowie der zu diesen Handlungen verpflichteten Organe**

(Dz. U. 1969, Nr. 37 Pos. 327)

Aufgrund Art. 10 des Gerichtsverfassungsgesetzes (Dz. U. 1964, Nr. 6 Pos. 40; 1967, Nr. 13 Pos. 55; 1969, Nr. 13 Pos. 98), Art. 275 § 2 des Strafverfahrensgesetzes und aufgrund Art. VI § 2 der Einführungsvorschriften zum Strafverfahrensgesetz wird folgendes angeordnet:

**§ 1.** Das Register über rechtskräftig verurteilte Personen wird vom Ministerium für Justiz geführt, und zwar aufgrund von Strafkarten und Mitteilungen, die die Gerichte, die Organe der Staatsanwaltschaft und andere in dieser Verordnung erwähnte Organe anlegen bzw. machen.

**§ 2.** Registerpflichtig sind:

1. rechtskräftige Urteile, durch die Strafen wegen Straftaten oder wegen Finanzvergehen verhängt worden sind, mit Ausnahme von Urteilen in Strafsachen wegen Taten, die im Wege der Privatklage verfolgt wurden und derentwegen eine Freiheitsentzugsstrafe unter sechs Monaten oder eine Strafe milderer Art verhängt worden ist, es sei denn, daß das Verfahren von Amts wegen geführt wurde,

2. rechtskräftige Entscheidungen über die bedingte Einstellung des Verfahrens,
3. rechtskräftige Urteile ausländischer Gerichte, mit denen gegen polnische Staatsbürger eine Freiheitsentzugsstrafe von über sechs Monaten verhängt worden ist.

**§ 3.** (1) Die Registrierung der in § 2 genannten Entscheidungen erfolgt aufgrund einer Strafkarte, die entweder von dem Gericht, welches im ersten Rechtszug die Entscheidung erlassen hat, oder von dem Staatsanwalt, der den Beschluß über die bedingte Einstellung des Verfahrens erlassen hat, ausgefertigt wird.

(2) Die Strafkarte, die den Namen, den Vornamen sowie sonstige Angaben über die Identität der von der Karte betroffenen Person enthält, insbesondere das Datum des Eintritts der Rechtskraft, die Art der Straftat und der Strafe, zu der diese Person verurteilt oder wegen der das Verfahren bedingt eingestellt wurde, wird unverzüglich nach Eintritt der Rechtskraft der Entscheidung ausgefertigt und der Registerbehörde übersandt.

**§ 4.** (1) Außer den in § 3 Abs. 2 erwähnten Angaben sind registerpflichtig Informationen über:
1. den Erlaß von Steckbriefen,
2. die Anordnung der Vollstreckung einer bedingt ausgesetzten Freiheitsentzugsstrafe,
3. die Umwandlung einer Freiheitsbeschränkungsstrafe in eine Ersatzgeldstrafe oder eine Ersatzfreiheitsstrafe (Art. 84 § 2 Strafgesetzbuch),
4. die bedingte vorzeitige Entlassung und den Widerruf einer solchen Entlassung,
5. den Beginn der Vollstreckung der Schutzaufsicht, der Unterbringung in einem Zentrum für gesellschaftliche Anpassung und über die Entlassung aus demselben,
6. die Vollstreckung einer Strafe oder einer Maßregel der Besserung.

(2) Die in Abs. 1 genannten Angaben vermerkt die Registerbehörde in der Strafkarte aufgrund von Mitteilungen, die dementsprechend von Gerichten oder von Organen der Staatsanwaltschaft übersandt werden, und — sofern es sich um Angaben über Entlassung aus dem Zentrum für gesellschaftliche Anpassung und über die Vollstreckung einer Strafe oder einer Maßregel der Besserung handelt — aufgrund von Mitteilungen, die von den zur Vollstreckung der Entscheidungen (Art. 2 Strafvollstreckungsgesetz) zuständigen Organen übersandt werden.

**§ 5.** (1) Die Strafkarten werden aus dem Strafregister entfernt:
1. nach Ablauf von 10 Jahren nach der Vollstreckung oder nach dem Straferlaß bezüglich einer Freiheitsentzugsstrafe oder nach der Verjährung ihrer Vollstreckung,

2. nach Ablauf von 5 Jahren nach der Vollstreckung oder nach dem Straferlaß bezüglich einer Freiheitsbeschränkungsstrafe, einer Geldstrafe oder einer gemäß Art. 55 oder 56 Strafgesetzbuch verhängten Nebenstrafe oder nach der Verjährung ihrer Vollstreckung.

(2) Die Strafkarte wird aus dem Strafregister entfernt, falls vom Gericht eine Mitteilung über die Anordnung der Tilgung einer Verurteilung aufgrund Art. 111 § 2 oder 302 Strafgesetzbuch eingeht.

**§ 6.** (1) Ist neben der Hauptstrafe eine in Art. 38 Ziff. 1—4 Strafgesetzbuch erwähnte Nebenstrafe oder eine Unterbringung in einem Zentrum für gesellschaftliche Anpassung verhängt worden, so wird die Strafkarte aus dem Strafregister nach dem Ablauf der in § 5 erwähnten Fristen entfernt, und zwar gerechnet ab Vollstreckung oder Straferlaß sowohl in Ansehung der Hauptstrafe als auch der Nebenstrafe oder ab Entlassung aus dem Zentrum oder ab Verjährung ihrer Vollstreckung.

(2) Die Strafkarte einer wegen zweier oder mehrerer Straftaten verurteilten Person (Art. 112 Strafgesetzbuch) wird aus dem Strafregister nach dem Ablauf der für die Tilgung sämtlicher registrierter Verurteilungen vorgesehenen Fristen entfernt.

**§ 7.** (1) Ferner werden die Strafkarten aus dem Strafregister entfernt nach dem Empfang einer Mitteilung über:

1. die Tilgung einer Verurteilung im Gnadenwege oder aufgrund einer Amnestie,
2. die Wiederingangsetzung eines bedingt eingestellten Verfahrens,
3. die Wiedereinsetzung in den vorigen Stand bezüglich der Frist zur Anfechtung der der Registrierung zugrunde liegenden Entscheidung oder über die Aufhebung einer solchen Entscheidung infolge einer außerordentlichen Revision oder einer Wiederaufnahme des Verfahrens,
4. die Befreiung von einer Freiheitsbeschränkungsstrafe oder einer Freiheitsentzugsstrafe (Art. 301 § 3 Strafgesetzbuch),
5. den Tod des Verurteilten.

(2) Bei einer Verurteilung zu einer Freiheitsentzugsstrafe mit bedingter Aussetzung ihrer Vollstreckung wird die Strafkarte aus dem Register entfernt, wenn binnen 6 Monaten nach Beendigung der Bewährungszeit keine Mitteilung über die Anordnung ihrer Vollstreckung eingegangen ist; im Falle, daß neben dieser Strafe auf eine Nebenstrafe oder Geldstrafe erkannt wurde, gilt dies nicht vor dem Empfang einer Mitteilung über die Vollstreckung dieser Strafen.

(3) Die Strafkarte, die einen Vermerk über die bedingte Einstellung des Verfahrens enthält, wird auf jeden Fall nach Ablauf von 3 Monaten nach Beendigung der Bewährungszeit aus dem Register entfernt.

(4) Die in Abs. 1 und 2 genannten Mitteilungen werden dementsprechend von Gerichten oder Organen der Staatsanwaltschaft ausgefertigt und unverzüglich der Registerbehörde übersandt.

**§ 8.** Der Vermerk über den Erlaß eines Steckbriefs wird nach Empfang einer Mitteilung des Gerichts oder des Organs der Staatsanwaltschaft über dessen Aufhebung aus dem Register entfernt.

**§ 9.** Die Registerbehörde erteilt von Amts wegen den Gerichten und den Organen der Staatsanwaltschaft Auskünfte über eine erneute Verurteilung von Personen, gegen die ein Verfahren bedingt eingestellt worden war, gegen die die Vollstreckung der Strafe bedingt ausgesetzt worden war, die vorzeitig bedingt entlassen worden waren oder gegen die mit der Vollstreckung der Schutzaufsicht begonnen worden war.

**§ 10.** (1) Auskünfte aus dem Register werden erteilt:

1. den Gerichten, den Organen der Staatsanwaltschaft und den anderen Strafverfolgungsorganen,
2. anderen staatlichen Organen als den in Ziff. 1 erwähnten,
3. den staatlichen oder gesellschaftlichen Institutionen, sofern dies im Hinblick auf deren Tätigkeit gerechtfertigt ist,
4. den Behörden ausländischer Staaten, wenn in dieser Angelegenheit ein völkerrechtlicher Vertrag abgeschlossen ist; fehlt ein solcher Vertrag, so kann Auskunft unter der Bedingung der Gegenseitigkeit erteilt werden, wobei das Bestehen der Gegenseitigkeit in Zweifelsfällen von der zuständigen Organisationseinheit des Ministeriums für Justiz bestätigt wird.

(2) Auskunft über die Verurteilung eines polnischen Staatsbürgers durch ein ausländisches Gericht sowie über eine bedingte Einstellung des Verfahrens wird von der Registerbehörde nur den in Abs. 1 Ziff. 1 genannten Organen erteilt.

(3) Anfragen nach Vorstrafen, die an die Strafregisterbehörde gesandt werden, müssen enthalten: den Zu- und Vornamen sowie andere Angaben über die Identität der Person, über die Auskunft begehrt wird; die Anfrage soll hinsichtlich jeder Person auf einem besonderen Formblatt gestellt werden, und die Personalien sind aufgrund der hierzu geeigneten Urkunden festzustellen.

**§ 11.** Die Strafkarten, die Mitteilungen (§§ 3, 4 Abs. 2, 5 Abs. 2, 7—9) und die Anfragen nach Vorstrafen (§ 10 Abs. 3) sind auf Formblättern nach Mustern, die vom Ministerium der Justiz festgelegt werden, anzulegen.

**§ 12.** (1) Ist von der Strafregisterbehörde die Auskunft eingegangen, daß der Beschuldigte schon rechtskräftig verurteilt worden ist, so ersucht das Organ, das das Strafverfahren führt, das zuständige Gericht um die Übersendung einer Abschrift oder eines Auszuges der verurteilenden Entscheidung mit Gründen, falls die Gründe abgesetzt sind, und — falls in der Auskunft die Angaben über die Verbüßung der Freiheitsentzugsstrafe fehlen — auch um Übersendung dieser Angaben.

(2) Sollten aber diese in Abs. 1 genannten Angaben unzureichend sein, insbesondere für die Feststellung, ob die Straftat, die Gegenstand des schwebenden Verfahrens ist, unter den Voraussetzungen des Art. 60 Strafgesetzbuch begangen worden ist, so sind die Akten der früheren Strafsache anzufordern.

(3) Ist es ausnahmsweise für die Strafzumessung von Bedeutung, so kann das Organ, das das Strafverfahren führt, außerdem noch die Verwaltungsbehörde der Erziehungs-, Besserungsanstalten oder der Strafanstalten, in denen der Beschuldigte war, um die Übersendung eines Gutachtens über den Beschuldigten ersuchen.

(4) Das ersuchte Organ übersendet unverzüglich die verlangten Abschriften oder Auszüge, die Angaben über die Verbüßung eines Freiheitsentzugs, die Akten oder das Gutachten; die Akten werden unverzüglich nach ihrer Auswertung, insbesondere nachdem die notwendigen Abschriften oder aus den Urkunden die Auszüge ausgefertigt oder abgetrennt worden sind, zurückgesandt.

**§ 13.** (1) Wird ein rechtskräftiges Urteil, durch das der Täter zum ersten Mal unter den Voraussetzungen des Art. 60 Strafgesetzbuch verurteilt worden ist, ausgesprochen, so legt das erkennende Gericht des ersten Rechtszugs in der Sache, in der ein solches Urteil erging, eine Informationsmappe an, die die Namen und Vornamen des Verurteilten, den Tag und den Ort seiner Geburt sowie die Vornamen der Eltern und den Geburtsnamen der Mutter enthält; in diese Mappe werden gelegt:

1. Abschriften oder Auszüge der rechtskräftigen verurteilenden Entscheidung in der früheren Strafsache und in der abgeurteilten Sache mit Gründen, falls die Gründe abgesetzt wurden, sowie mit den vorhandenen Angaben über die Verbüßung der Strafe,
2. die in den Akten befindlichen Gutachten der Erziehungs-, Besserungs- oder Strafanstalt,
3. die Abschrift der Information über die Person des Verurteilten nach festgelegtem Muster (Art. 12 § 2 Strafvollstreckungsgesetz).

(2) Die Informationsmappe ist der Verwaltung der zuständigen Strafanstalt oder der Untersuchungshaftanstalt gleichzeitig mit der Übersendung des Urteils zum Zwecke der Vollstreckung der Freiheitsentzugsstrafe zu übermitteln; darüber wird ein entsprechender Vermerk in der Strafkarte gemacht.

(3) Nach der Vollstreckung der Freiheitsentzugsstrafe oder nach der Entlassung aus dem Zentrum für gesellschaftliche Anpassung sendet die Verwaltung der Strafanstalt oder des Zentrums die Informationsmappe an die Strafregisterbehörde unter Beifügung eines

Gutachtens über das Verhalten des Verurteilten in der Anstalt oder in dem Zentrum.

(4) Wenn ein Gericht, ein Organ der Staatsanwaltschaft oder ein anderes Verfolgungsorgan eine Anfrage nach Vorstrafen hinsichtlich einer unter den Voraussetzungen des Art. 60 Strafgesetzbuch verurteilten Person einsendet, so übersendet die Strafregisterbehörde dem zuständigen Organ zusammen mit der Information über die Vorstrafen die diese Person betreffende Informationsmappe, oder sie teilt mit, daß eine solche Mappe angelegt worden ist und sich in der Strafanstalt befindet. In diesem Fall findet die Vorschrift des § 12 Abs. 1 keine Anwendung.

(5) Aufgrund der Information durch die Registerbehörde ersucht das zuständige Organ, falls es tunlich erscheint, die Verwaltung der Strafanstalt oder des Zentrums für gesellschaftliche Anpassung um die Übersendung der Informationsmappe nach Vervollständigung der aktuellen Begutachtung über das Verhalten des Angeklagten während seines Aufenthalts in der Anstalt oder dem Zentrum.

**§ 14.** (1) Jedes Mal, wenn der Täter erneut unter den Voraussetzungen des Art. 60 Strafgesetzbuch verurteilt wird, fügt das Gericht, das in der Strafsache das Urteil im ersten Rechtszug erlassen hat, der Informationsmappe eine Abschrift oder einen Auszug des rechtskräftigen Urteils bei, und zwar mit Gründen, falls die Gründe abgesetzt worden sind, und es vervollständigt die Mappe mit den in den Akten vorhandenen und in § 13 Abs. 1 Ziff. 2 und 3 genannten Urkunden, welche die Mappe nicht enthält.

(2) Die in die Mappe aufgenommenen Urkunden, welche die nächstfolgende Strafsache betreffen, sind von den früheren Urkunden durch eine mit dem Aktenzeichen dieser Strafsache versehene Karte zu trennen. Die Bestimmung des § 13 Abs. 2 findet entsprechende Anwendung; hat aber die Strafregisterbehörde die Informationsmappe übersandt, das Gericht indessen ein freisprechendes Urteil oder eine nicht zu einer Freiheitsentzugsstrafe verurteilende Entscheidung erlassen, so ist die Mappe an die Registerbehörde zurückzusenden.

**§ 15.** (1) Bis das Problem der Vorbeugung und Bekämpfung der Demoralisierung und der Kriminalität der Minderjährigen gesetzlich geregelt ist, sind außer den in § 2 genannten Entscheidungen rechtskräftige Urteile registerpflichtig, durch die gegen Minderjährige oder Jugendliche eine Maßnahme der Besserung verhängt wurde.

(2) In dem in Abs. 1 genannten Fall finden die Bestimmungen dieser Verordnung mit der Maßgabe Anwendung, daß die Strafkarten aus dem Register entfernt werden, wenn:

1. während der Bewährungszeit oder bei einer bedingten Entlassung eines Minderjährigen oder eines Jugendlichen keine Mitteilung über den Widerruf der Aussetzung der Unterbringung

in einer Besserungsanstalt oder über den Widerruf der bedingten Entlassung aus der Besserungsanstalt eingegangen ist,

2. der Minderjährige oder Jugendliche vor Beendigung des 21. Lebensjahres nicht wegen einer neuen Straftat verurteilt wird.

**§ 16.** (1) In Strafsachen, die durch eine rechtskräftige, verurteilende, registerpflichtige Entscheidung vor dem 1. 1. 1970 abgeschlossen worden sind, übersendet das Gericht, welches im ersten Rechtszug das Urteil erlassen hat, der Registerbehörde die Nachricht, daß die Verurteilung von Rechts wegen getilgt wurde, falls die Voraussetzungen für die Tilgung der Verurteilung bestehen. Diese Mitteilung macht das Gericht auf Antrag der verurteilten Person.

(2) Das Gericht, welches im ersten Rechtszug aufgrund des Art. XIV § 1 Ziff. 1, 2 und 4 der Einführungsbestimmungen zum Strafgesetzbuch eine rechtskräftig verhängte Strafe umwandelt oder mildert, fertigt eine neue Strafkarte an und sendet diese der Registerbehörde mit einem Hinweis auf die erfolgte Umwandlung oder Milderung der Strafe.

(3) Aufgrund der in Abs. 1 genannten Mitteilung wird die Strafkarte aus dem Register entfernt.

(4) Die Strafkarten werden aus dem Register entfernt, soweit sie Verurteilungen für Taten betreffen, die nach dem neuen Gesetz nicht mehr mit Strafe bedroht sind.

**§ 17.** Die Verordnung des Ministers für Justiz vom 10. 9. 1952 über das Strafregister (Dz. U. 1952, Nr. 39 Pos. 273 und 1961, Nr. 36 Pos. 186) tritt außer Kraft.

**§ 18.** Diese Verordnung tritt am 1. Januar 1970 in Kraft.

## Beschluß der vereinigten Straf- und Militärkammern des Obersten Gerichts vom 29. Januar 1971 über die Richtlinien der Rechtspflege und Gerichtspraxis im Bereich der Auslegung und Anwendung von Strafgesetzen, welche die bedingte Einstellung des Verfahrens betreffen

(Monitor Polski 1971, Nr. 15 Pos. 112)

### I. Wesen und Bedeutung der Institution der bedingten Einstellung des Verfahrens

1. Die bedingte Einstellung des Verfahrens ist eine neue Institution des polnischen materiellen Strafrechts, die der Gesetzgebung der Volksrepublik Polen bis zum 31. Dezember 1969 nicht bekannt war. Diese Institution verwirklicht neben anderen Institutionen des neuen Strafgesetzbuchs die fortschrittlichen Grundprinzipien der Straf-

rechtskodifikation vom Jahre 1969, insbesondere den Grundsatz einer elastischen Kriminalpolitik gegenüber Tätern der Kleinkriminalität und den Grundsatz einer breiten Anwendung von Maßregeln der erzieherischen Einwirkung.

Die bedingte Einstellung des Verfahrens soll als Mittel der Vertiefung und der Individualisierung der strafrechtlichen Verantwortlichkeit sowie als Mittel der Resozialisierung dienen; dies ermöglicht eine bedeutende Einschränkung der Anwendung von kurzfristigen Freiheitsstrafen und auch von Strafen ohne Freiheitsentzug und eine Ersetzung solcher Strafen, soweit es sich um bisher nicht vorbestrafte Täter der Kleinkriminalität handelt, durch Maßregeln der erzieherischen Einwirkung, die auf eine Besserung des Täters von Einfluß sein können, ohne daß es notwendig ist, eine verurteilende Entscheidung zu erlassen.

2. Die bedingte Einstellung des Verfahrens beruht darauf, von der Anwendung von Repressionsmitteln gegenüber dem Täter eines Vergehens, das nicht mit höheren Strafen als in Art. 27 § 2 StGB oder 292 § 3 StGB bedroht ist, abzusehen mit der Möglichkeit, diese durch die in Art. 28 StGB vorgesehenen Maßregeln der erzieherischen Einwirkung zu ersetzen. Die bedingte Einstellung des Verfahrens zieht den endgültigen Verzicht auf Verurteilung und Bestrafung des Täters nach sich, wenn dieser in der ihm bestimmten Bewährungszeit durch sein Verhalten keinen Grund für eine Wiederingangsetzung des Strafverfahrens gegeben hat.

Wie daraus ersichtlich, ist die bedingte Einstellung des Verfahrens weder eine Form noch eine Abwandlung der bedingten Verurteilung, und die aus der zu besprechenden Institution erwachsenden Vorteile sind bedeutend zahlreicher als die Vorteile, die mit der Anwendung einer bedingten Aussetzung der Vollstreckung einer Freiheitsentzugsstrafe gegenüber dem Täter verbunden sind.

3. Die Verwirklichung der rechtlich-gesellschaftlichen Grundprinzipien, welche der Einführung der Institution der bedingten Einstellung des Verfahrens in die polnische Strafgesetzgebung zugrunde lagen, hängt in hohem Maße von der richtigen Auslegung und Anwendung der diese Institution betreffenden Bestimmungen ab; das sind vor allem die Bestimmungen der Art. 27—29 und 292 §§ 1, 3 und 4 StGB und auch die die bedingte Einstellung des Verfahrens betreffenden Bestimmungen des Strafverfahrensgesetzes (Art. 286 bis 291, 299 §§ 1 Ziff. 5, 2 und 3, 361 und 484—486).

## II. Die Voraussetzungen zur Anwendung der bedingten Einstellung des Verfahrens

1. Die Möglichkeit, das Verfahren bedingt einzustellen, die beschränkt ist auf Straftaten, welche mit einer drei Jahre nicht überschreitenden Freiheitsentzugsstrafe bedroht sind (für Soldaten siehe

Art. 292 § 3 StGB), gilt auch für Straftaten, die alternativ mit einer Freiheitsentzugsstrafe in dieser Höhe, einer Freiheitsbeschränkungsstrafe oder Geldstrafe bedroht sind.

Der Umstand, daß in der betreffenden Sache eine obligatorische oder fakultative Anwendung der Geldstrafe in Frage kommt (z. B. nach Art. 36 §§ 3 oder 4 StGB), schließt keineswegs die Zulässigkeit der bedingten Einstellung des Verfahrens aus, wenn die Straftat mit einer die in Art. 27 § 2 oder 292 § 3 StGB bezeichneten Grenzen nicht überschreitenden Freiheitsentzugsstrafe bedroht ist.

2. Das Strafverfahren darf nur dann bedingt eingestellt werden, wenn der Grad der gesellschaftlichen Gefährlichkeit der Tat nicht bedeutend ist. Bei Beurteilung des Grades der gesellschaftlichen Gefährlichkeit der Tat ist sowohl die objektive als auch die subjektive Seite der Tat in Betracht zu ziehen.

Objektive Elemente, die über den Grad der gesellschaftlichen Gefährlichkeit der Tat entscheiden, sind vor allem die Art des Rechtsguts, gegen das sich die Straftat richtet, der Charakter und das Ausmaß des Schadens, der an dem geschützten Rechtsgut angerichtet worden ist oder droht, sowie die Handlungsweise des Täters. Auch der Zeitpunkt und der Ort der Tatbegehung können von wesentlicher Bedeutung für die Bestimmung des Ausmaßes der gesellschaftlichen Gefährlichkeit sein (z. B. die Zeit einer Naturkatastrophe). Von großer praktischer Bedeutung ist hier das Ausmaß des mit der Straftat angerichteten Schadens, sei er materieller oder immaterieller Natur. In diesem Zusammenhang erfordert die Beschlußfassung über die bedingte Einstellung des Verfahrens die genaue Feststellung des Schadens, der durch die Straftat entstanden ist.

Subjektive Elemente, aus denen sich die gesellschaftliche Gefährlichkeit ergibt, sind vor allem die Art des Vorsatzes (z. B. vorherige Überlegung im Gegensatz zu spontanem Tatentschluß) sowie der Grad der Fahrlässigkeit bei einer fahrlässigen Straftat und auch die Gründe, Motive und Ziele des Täters. Bei der Bestimmung des Grades der gesellschaftlichen Gefährlichkeit sind die subjektiven Merkmale der Tat von wesentlicher Bedeutung. Hierbei können insbesondere Motive und Zwecke des Handelns des Täters in Betracht kommen (sie können Berücksichtigung finden, können aber auch Mißbilligung verdienen). Zugunsten des Täters werden z. B. das Handeln unter Einfluß der Erregung, die durch eine Provokation oder einen Angriff hervorgerufen worden ist, der geringfügige Grad der Leichtsinnigkeit oder Fahrlässigkeit bei einer fahrlässigen Straftat, eine Handlung unter übermächtigem Einfluß einer anderen Person und auch unter Einfluß eines Zwangs, einer Drohung oder Furcht sprechen. Zuungunsten des Täters werden die Hartnäckigkeit beim Erstreben des verbrecherischen Ziels, die vorherige Überlegung, die Genauigkeit bei der Vorbereitung einer Straftat, die Rücksichtslosigkeit beim Handeln sprechen.

3. Das gesetzliche Erfordernis, daß die Umstände der Tatbegehung zweifelsfrei festgestellt werden müssen, ist insbesondere dann erfüllt, wenn der Täter in einer keine Bedenken erweckenden Weise die ihm zur Last gelegte Tat eingesteht. Das erwähnte gesetzliche Erfordernis ist auch dann erfüllt, wenn der Täter z. B. auf frischer Tat festgenommen wurde oder wenn sonstige klare Beweise vorliegen, die die Tatbegehung feststellen lassen. Die bedingte Einstellung des Verfahrens ist nämlich nicht zulässig, wenn die gegen den Täter erhobene Beschuldigung nicht durch das gesammelte Beweismaterial ordnungsgemäß bestätigt wird.

4. Die bedingte Einstellung des Verfahrens darf nicht angewendet werden auf einen Täter, der schon für irgendeine Straftat vorbestraft war, wenn nicht eine Tilgung der Verurteilung erfolgt ist. Ohne Bedeutung ist, welche Art von Hauptstrafe gegen den Angeklagten verhängt worden war und wie hoch die Strafe war, ob er nur zu einer Nebenstrafe (Art. 55 und 56 StGB) verurteilt worden war und ob die Strafe vollstreckt wurde. Als vorbestraft gilt auch eine Person, der die Strafe aufgrund eines individuellen Gnadenaktes oder einer Amnestie erlassen wurde, es sei denn, der Straftatbestand wurde nachträglich abgeschafft.

Als vorbestraft gilt eine Person nicht, wenn in ihrer Sache das Verfahren aus irgendwelchen Gründen, die Amnestie nicht ausgenommen, eingestellt wurde, wenn in ihrer Sache das Gericht von der Strafzumessung abgesehen hat oder wenn nur eine in den militärischen Disziplinarvorschriften (Art. 292 §§ 4 oder 5 StGB) vorgesehene Strafe verhängt wurde. Als vorbestraft gilt auch eine Person nicht, wenn ihr gegenüber eine Maßregel der Erziehung angewandt wurde oder die Unterbringung in einer Besserungsanstalt erfolgte.

5. Grundlage für eine positive soziale Prognose bei der Anwendung der bedingten Einstellung des Verfahrens sollten die Haltung des Täters, seine Eigenschaften und persönlichen Bedingungen sowie die bisherige Lebensweise bilden. Für eine Prognose, daß der Täter die Rechtsordnung wahren werde, ohne daß gegen ihn eine Strafe verhängt wird, sprechen insbesondere Umstände wie der rechtschaffene Charakter des Täters, das einwandfreie moralische Niveau, eine positive Einstellung zur Arbeit, daß er sich nicht in einer demoralisierten Umgebung oder in einer Straftaten begünstigenden Atmosphäre aufhält sowie eine bis zur Tatbegehung untadelige Lebensführung.

Bei der Beurteilung der Haltung des Täters ist insbesondere seine Einstellung zur begangenen Tat, sein Verhalten nach der Begehung der Tat und — bei einem Soldaten — auch der Umstand, ob und für welche Verfehlung er schon disziplinarisch bestraft worden war und ob er für die Verletzung der soldatischen Ehre und Würde sich zu verantworten hatte, in Betracht zu ziehen.

Von wesentlicher Bedeutung bei der Anwendung der bedingten Einstellung des Verfahrens sollte die während des Verfahrens gezeigte Reue, insbesondere die tätige Wiedergutmachung des mit der Straftat angerichteten Schadens sein. Eine richtige Prognose hinsichtlich des zukünftigen Verhaltens des Täters verlangt von dem Organ, das für die Beschlußfassung über die Einstellung des Verfahrens zuständig ist, eine genaue Analyse der die Persönlichkeit des Täters betreffenden Unterlagen (Art. 8 StGB).

6. Schließlich ist zu betonen, daß die in Art. 27 StGB bestimmten Voraussetzungen für die bedingte Einstellung des Verfahrens insgesamt vorliegen müssen und nur dann die Grundlage für eine Anwendung dieser Institution gegenüber dem Täter eines Bagatelldelikts bilden können.

### III. Anwendungsbereich der bedingten Einstellung des Verfahrens

1. Die bedingte Einstellung kann eine bedeutende Zahl von Straftaten betreffen, die zur Kategorie der sogenannten Bagatellkriminalität gehören. Insbesondere kommt hier eine Anzahl von Strafsachen in Frage, in denen vor dem 1. 1. 1970 das Verfahren eingestellt wurde aufgrund des Art. 49 des Strafverfahrensgesetzes vom Jahre 1928, des Art. 7 § 1 des Strafgesetzbuchs der polnischen Armee oder des Art. 9 des Gesetzes vom 2. Dezember 1960 über Privatklagesachen (Dz. U. Nr. 54 Pos. 308) infolge einer erweiterten Auslegung der erwähnten Bestimmungen. Außerdem sollte die bedingte Einstellung des Verfahrens auf einen Teil der Strafsachen, in denen man vor Inkrafttreten des neuen Strafgesetzbuches mit großer Wahrscheinlichkeit eine Verurteilung zu einer kurzfristigen Freiheitsstrafe unter bedingter Aussetzung ihrer Vollstreckung oder zu einer selbständigen Geldstrafe erwarten konnte, angewendet werden.

2. Die bedingte Einstellung des Verfahrens findet einen breiten Anwendungsbereich bei Fahrlässigkeitstaten, wenn diese keine schweren Folgen nach sich gezogen haben, sowie in den in Art. 199 § 2, 203 § 2, 204 § 3, 205 § 2, 288 § 2 StGB genannten Fällen geringeren Gewichts, sofern die in Teil II genannten Voraussetzungen vorliegen.

3. In Strafsachen wegen in Trunkenheit begangener Vergehen ist bei der Anwendung der Institution der bedingten Einstellung des Verfahrens Zurückhaltung geboten.

4. Die bedingte Einstellung des Verfahrens gegenüber dem Täter einer fortgesetzten Handlung ist zwar nicht ausgeschlossen, jedoch wird in den meisten Fällen die Fortsetzung der Straftat die Möglichkeit ausschließen anzuerkennen, daß der Grad der gesellschaftlichen Gefährlichkeit unbedeutend ist.

5. Die bedingte Einstellung des Verfahrens kommt Tätern von Vergehen mit hooliganischem Charakter (Art. 120 § 14 StGB) nicht

zugute, denn hinsichtlich dieser Täter werden die Grenzen der Milderung ihrer Strafverantwortlichkeit durch die Bestimmungen des Art. 59 §§ 1 und 2 StGB bestimmt.

6. Die im Wege der Privatklage verfolgbaren Straftaten sind nicht aus dem Katalog der Strafsachen, in denen die bedingte Einstellung des Verfahrens Anwendung finden kann, ausgeschlossen.

Die Kriterien zur Beurteilung des Grades der gesellschaftlichen Gefährlichkeit einer Tat, die im Wege der Privatklage verfolgt werden kann, unterscheiden sich nicht von den Kriterien, nach denen der Grad der gesellschaftlichen Gefährlichkeit von Straftaten, die von Amts wegen verfolgt werden, zu beurteilen ist. Dies trifft auch zu auf die im Wege der Privatklage verfolgbaren Straftaten mit hooliganischem Charakter sowie auf die im Zustand der Trunkenheit begangenen Straftaten.

7. Bei der Anwendung der bedingten Einstellung des Verfahrens in Strafsachen von Soldaten ist Rücksicht auf die militärische Disziplin zu nehmen.

8. Die Anwendung der Bestimmungen des StGB über die bedingte Einstellung des Verfahrens (Art. 27—29 StGB) hat weder ausschließenden noch beschränkenden Einfluß auf den Bereich, in welchem die Bestimmung des Art. 26 StGB Anwendung findet, die Taten betrifft, die wegen des geringfügigen Grades der gesellschaftlichen Gefährlichkeit den Charakter einer Straftat verlieren, obwohl sie formell die Merkmale einer durch das Strafgesetz verbotenen Tat erschöpfend aufweisen.

Die in den Bestimmungen der Art. 27—29 StGB bezeichneten Taten weisen einen derartigen Gefährlichkeitsgrad auf, daß sie bestimmte Sozialstrukturen gefährden und gegen die dem Schutz des Strafgesetzbuchs unterliegenden Rechtsgüter gerichtet sind; aber im Hinblick darauf, daß diese Bedrohung oder die Größe des gesellschaftlichen Schadens nicht erheblich sind, muß die gesellschaftliche Mißbilligung der Tat nicht in Gestalt einer Verurteilung zu Strafe erfolgen. Dagegen bedeutet die Geringfügigkeit der gesellschaftlichen Gefährlichkeit einen so niedrigen Grad, daß die Tat weder bestimmte gesellschaftliche Verhältnisse noch die durch das Strafgesetz geschützten Rechtsgüter real gefährdet. Auf solche Taten finden die Bestimmungen der Art. 27—29 StGB keine Anwendung, dagegen sind auf diese die Normen der Art. 26 StGB und Art. 11 Ziff. 2 StVerfG anzuwenden.

9. Aus dem Charakter, dem Zweck und der Funktion der bedingten Einstellung des Verfahrens ergibt sich, daß diese Institution in der Regel im Frühstadium des Strafverfahrens in Anwendung kommen sollte, also vor allem im vorbereitenden Verfahren (Art. 284 § 1 StVerfG), eventuell aber auch im Stadium der Vorbereitung der Hauptverhandlung (Art. 299 StVerfG).

## IV. Bürgschaft

1. Das zur bedingten Einstellung des Verfahrens befugte Organ kann seine diesbezügliche Entscheidung von der Bürgschaft einer gesellschaftlichen Organisation, welcher der Täter angehört, oder eines Kollektivs, bei dem der Täter arbeitet, Dienste leistet oder lernt, abhängig machen. Dies ist auch bei der Bürgschaft einer vertrauenswürdigen Person möglich.

Die Bürgschaft beruht auf der Versicherung, Bemühungen dahin vorzunehmen, daß der Täter die Rechtsordnung einhält, insbesondere keine neue Straftat begeht.

2. Die gesellschaftliche Organisation erteilt die Bürgschaft durch einen Beschluß, der von der Abteilung gefaßt wird, an deren Arbeit der Täter beteiligt ist. Der Beschluß soll auch die Person bezeichnen, welche im Namen der Organisation die Pflichten eines Bürgen ausüben soll. Der Antrag auf Annahme der Bürgschaft wird bei dem Organ, vor dem das Strafverfahren schwebt, von einem Vertreter der genannten Abteilung der Organisation eingebracht, indem er einen Auszug aus dem den oben erwähnten Beschluß enthaltenden Protokoll aushändigt. Diese Verfahrensart wird entsprechend auch dann angewendet, wenn die Bürgschaft von einem Kollektiv erteilt wird, in welchem der Täter arbeitet, Dienste leistet oder lernt.

Wird die Bürgschaft angenommen, so gibt die Person, die die Pflichten eines Bürgen ausübt, eine Erklärung über die Übernahme dieser Pflichten ab, falls eine solche Erklärung nicht zusammen mit dem Antrag abgegeben wurde.

3. Zu den Obliegenheiten der Organisation, des Kollektivs oder der Person, welche Bürgschaft leistet, gehört es, daß sie für das Verhalten des Täters in der Bewährungszeit Interesse zeigt und erzieherisch auf ihn einwirkt mit vollem Verständnis für die Bedeutung der ausgeübten Funktion und mit dem Gefühl der Verantwortung für ihre erfolgreiche Ausübung.

Die Bürgschaft kann auf Initiative des Täters oder einer vertrauenswürdigen Person, die für ihn eine Bürgschaft leisten will, erfolgen; sie kann auch erfolgen als Ergebnis einer aus eigenem Antrieb vorgenommenen Entschließung einer gesellschaftlichen Gruppe, die nach Kenntnisnahme von dem gegen ihr Mitglied schwebenden Verfahren die Bereitschaft zu einer Bürgschaft anmeldet, wie sie in Art. 28 § 1 StGB vorgesehen ist. Die Erteilung der Bürgschaft kann auch von dem für die bedingte Einstellung des Verfahrens befugten Organ angeregt werden, falls das Organ zur Überzeugung kommt, daß eine Bürgschaft in der betreffenden Sache geboten ist und niemand mit der Initiative zur Leistung einer Bürgschaft hervortritt.

Der Bürge kann bei dem Organ, das seine Bürgschaft angenommen hat, beantragen, ihn von den mit der Bürgschaft verbundenen Pflichten zu befreien, wobei er für die Begründung seines Antrags wichtige Gründe anführt. Weisen diese Gründe auf ein sehr ungeziemendes Verhalten des Täters während der Bewährungszeit hin, so kann dies von erheblicher Bedeutung sein für den Beschluß über die Wiederingangsetzung des bedingt eingestellten Verfahrens gemäß Art. 29 StGB.

4. Das Organ, das das Strafverfahren führt, hat die bedingte Einstellung des Verfahrens von einer in Art. 28 § 1 StGB erwähnten Bürgschaft insbesondere in den Fällen abhängig zu machen, in denen es geboten erscheint, daß von der Umgebung des Täters Bemühungen dahingehend angestellt werden, daß er die Rechtsordnung wahrt und nicht beschuldigt wird, eine Straftat begangen zu haben. Diese Bemühungen sollten sich in Ratschlägen für den Angeklagten ausdrücken, in pädagogischer Einflußnahme, in der Herbeiführung gesellschaftlich positiver Verhaltensweisen, in der Beschäftigung des Angeklagten bei gesellschaftlichen (gemeinnützigen) Arbeiten und, falls es tunlich erscheint, in der Erteilung einer Warnung.

Der Bürge hat die Pflicht, das Organ, welches die bedingte Einstellung des Verfahrens angewendet hat, von einer ihm bekannt gewordenen Verletzung der Rechtsordnung durch den Täter und auch von der Nichtbefolgung der ihm im Rahmen der Bürgschaft auferlegten Pflichten zu benachrichtigen.

5. Das die Bürgschaft annehmende Gericht oder der Staatsanwalt können bestimmen, auf welche Art und Weise die in Art. 28 § 1 StGB genannten Bemühungen vorzunehmen sind. Über die Notwendigkeit einer Bürgschaft entscheiden in jedem Fall die persönlichen Eigenschaften und Bedingungen des Täters. Die bedingte Einstellung von einer Bürgschaft abhängig zu machen, ist insbesondere in Strafsachen jugendlicher Täter geboten.

Was die Art der Straftat anbelangt, ist festzustellen, daß die Anwendung der Institution der Bürgschaft vor allem in Strafsachen wegen vorsätzlich begangener Straftaten zweckmäßig ist.

6. Bei Soldaten soll die Bürgschaft einer beim Militär tätigen gesellschaftlichen Organisation, einem Soldatenkollektiv oder einer vertrauenswürdigen Person in der durch Verfügung des Ministers für nationale Verteidigung Nr. 6 MON* vom 9. Februar 1970 bestimmten Verfahrensart gemeldet werden.

## V. Die Auferlegung von Verpflichtungen gegenüber dem Täter

1. Die Pflicht zum tadelsfreien Verhalten und zum Einhalten der Rechtsordnung ist von besonderer Bedeutung bei Tätern, die in den Genuß der bedingten Einstellung des Verfahrens gelangt sind. Abgesehen davon kann und soll man in manchen Situationen dem Täter die in Art. 28 § 2 StGB bestimmten Pflichten auferlegen. Nichts

* Ministerstwo Obrony Narodowej.

spricht gegen die Annahme, daß diese Vorschrift auch eine kumulative Auferlegung der darin bestimmten Pflichten gestattet.

2. Die Auferlegung der Pflicht zur vollständigen oder teilweisen Wiedergutmachung des mit der Straftat angerichteten Schadens kann obligatorisch oder fakultativ sein. Obligatorisch ist sie in den Fällen, in denen die Straftat gegen das Vermögen gerichtet war. Es handelt sich hier um die Verpflichtung des Täters zur Wiedergutmachung des Schadens, soweit er nicht bereits ersetzt worden ist (Art. 28 § 3 StGB). In Fällen, in denen die Straftat nicht gegen das Vermögen gerichtet war, aber dennoch einen Vermögensschaden verursacht hat (z. B. im Zusammenhang mit Körperverletzung), ist die Auferlegung der Pflicht zur Wiedergutmachung zwar bloß fakultativ; jedoch ist bei der Erwägung dieser Frage der Grundsatz der materiellen Verantwortung für unerlaubte Handlungen in Betracht zu ziehen. Wer aus eigener Schuld dem anderen einen Schaden zufügt, ist zur Wiedergutmachung desselben verpflichtet (Art. 415 Zivilgesetzbuch). Sowohl im Hinblick auf diesen Grundsatz als auch im Hinblick auf die erzieherische Bedeutung dieser Maßnahme ist die Auferlegung der Schadensersatzpflicht gegenüber dem Täter als Regel zu betrachten, auch dann, wenn diese nur fakultativ ist.

3. Die Auferlegung der Pflicht zur Wiedergutmachung des Schadens erfordert die vorherige Klärung der Vermögenslage sowohl des Täters als auch des Geschädigten. Bei der Bestimmung der Höhe des Schadensersatzes und auch der Art und Weise und des Termins der Leistung (evtl. Ratenzahlung) soll man sich von den Grundsätzen des Zivilgesetzes (Titel VI. Unerlaubte Handlungen) leiten lassen. Bei diesbezüglichen Feststellungen sind jedoch nur die tatsächlichen Umstände zu berücksichtigen, die aufgrund des gesammelten Beweismaterials keine Zweifel aufkommen lassen (z. B. Urkunden oder nicht angezweifelte Äußerungen). Eine in dieser Verfahrensart ergangene Entscheidung über die Pflicht zum Schadensersatz verschließt dem Geschädigten weder den Weg zur Geltendmachung der nichtbefriedigten Ansprüche im Wege des Zivilprozesses, noch stellt sie im Verhältnis zum Zivilprozeß einen rechtskräftigen Abschluß des Verfahrens dar (res iudicata). Eine solche Entscheidung bildet auch keine Grundlage für die Erteilung der Vollstreckungsklausel, und wenn der Täter nicht der ihm auferlegten Verpflichtung nachkommt, setzt er sich lediglich der Möglichkeit aus, daß das Strafverfahren wieder in Gang gesetzt wird und eine verurteilende Entscheidung ergeht.

4. Wird durch die Straftat ein persönliches Rechtsgut (z. B. die Würde einer Person) verletzt, so kann man den Täter dazu verpflichten, sich bei dem Geschädigten zu entschuldigen. Dies betrifft nicht nur die im Wege der Privatklage verfolgten Straftaten, sondern z. B. auch die Beleidigung eines öffentlichen Funktionärs während und in Verbindung mit der Ausübung von Diensttätigkeiten. In dem

Beschluß über die bedingte Einstellung sind in solchen Fällen die Bedingungen und der Termin der Entschuldigung näher zu bestimmen. Als Regel sollte die unverzügliche Entschuldigung dienen, die Form kann von dem Charakter des dem Geschädigten zugefügten immateriellen Schadens abhängig gemacht werden. In manchen Fällen kann die Form einer öffentlichen Entschuldigung zweckmäßig sein (z. B. dann, wenn die Straftat öffentlich begangen wurde).

5. Die Verpflichtung des Täters zur Ausführung bestimmter Arbeiten oder Leistungen für gemeinnützige Zwecke ist dann anzuordnen, wenn es darum geht, auf den Täter einen erzieherischen Einfluß auszuüben. Der Umfang und die Form dieser Arbeiten oder Leistungen sind auf eine möglichst konkrete Weise genau festzulegen, die sowohl zur Vollstreckung als auch zur Kontrolle geeignet ist. Die Arbeit für gemeinnützige Zwecke muß außerdem hinsichtlich der Zeit und in einer Weise, die die wirklichen Möglichkeiten des Verpflichteten und den Charakter der ihm zugeteilten Arbeit berücksichtigt, bestimmt werden (z. B. je 2 Stunden täglich, insgesamt höchstens 20 Stunden). Die Resozialisierung kann nur dann erreicht werden, wenn die Arbeitspflicht für gemeinnützige Zwecke wirklich und nicht nur scheinbar erfüllt wird; daher ist es notwendig, vor Erlaß des Beschlusses Angaben über den bestehenden konkreten Bedarf derartiger Arbeiten (z. B. bei Straßenbauarbeiten) zu sammeln.

6. Die Leistungen für gemeinnützige Zwecke können persönlichen (z. B. Dienstleistung) oder sachlichen Charakter haben (etwa eine Buße zugunsten des Polnischen Roten Kreuzes oder eines sonstigen sozialen Zwecks — ähnlich wie in Art. 59 § 3 und 178 § 3 StGB vorgesehen). Bei der Auferlegung einer Pflicht zur Erbringung einer sachlichen Leistung für gemeinnützige Zwecke ist jedoch in Betracht zu ziehen, daß es um die erzieherische Bedeutung dieser Maßnahme geht und nicht um eine Beschwerde wirtschaftlicher Art. Der Wert der sachlichen Leistung darf nicht den Gegenwert von 20 Stunden Arbeit für gemeinnützige Zwecke übersteigen.

7. Wegen der erzieherischen Bedeutung der in Art. 28 § 2 StGB besprochenen Pflichten ist anzunehmen, daß ein Verzicht, sie aufzuerlegen, nur dann zulässig ist, wenn Gründe zur Annahme bestehen, daß die Resozialisierung des Täters sogar ohne Anwendung dieser Maßnahme zustande kommt. Dies betrifft natürlich nicht einen Fall, in welchem die Auferlegung einer Pflicht zur Wiedergutmachung eines Schadens obligatorisch ist (Art. 28 § 3 StGB).

## VI. Die Aufgaben des die bedingte Einstellung des Verfahrens anwendenden Organs während der Bewährungszeit

Aus dem Wesen der bedingten Einstellung des Strafverfahrens folgt die Pflicht der Organe, die diese Institution anwenden, zur Überwachung des Verhaltens des Täters während der Bewährungszeit. Es handelt sich hauptsächlich um die systematische Überprüfung, ob der Täter die ihm auferlegten Pflichten erfüllt, ob er die Rechtsordnung achtet und ferner, ob er nicht eine neue Straftat begeht. In den Fällen, in denen besondere Umstände vorliegen (z. B. Krankheit des Täters), ist eine Abänderung der Bedingungen der Erfüllung der dem Täter auferlegten Pflichten möglich (z. B. Termin, Höhe der Raten usw.). Besondere Hinweise in dieser Frage hinsichtlich des Bereichs der gerichtlichen Geschäfte enthalten die §§ 196 und 244 der Verordnung des Justizministers vom 23. Dezember 1969, Geschäftsordnung der Wojewodschafts- und Bezirksgerichte in Zivil- und Strafsachen (Dz. U. Nr. 37 Pos. 325), und die Bestimmungen des Justizministers und des Ministers für nationale Verteidigung vom 23. Dezember 1969 über die Bestimmung der Art und Weise der Registrierung von rechtskräftig verurteilten Personen und der Art und Weise der im Strafverfahren vorzunehmenden Sammlung von Angaben über diese Personen sowie der zu diesen Handlungen verpflichteten Personen (Dz. U. Nr. 37 Pos. 327) und überdies §§ 117 Ziff. 2 und 230 der Gerichtsinstruktion (Dz. Urz. Min. Spraw.* 1969, Nr. 8 Pos. 50).

### VII. Die Wiederingangsetzung des Strafverfahrens

1. Nachdem die Nachricht bekannt geworden ist, daß der Täter sich der Erfüllung einer ihm gemäß Art. 28 § 2 StGB auferlegten Pflicht entzieht oder in schwerer Weise die Rechtsordnung verletzt (insbesondere wenn er eine Straftat begangen hat), haben das Gericht und der Staatsanwalt, die den Beschluß über die bedingte Einstellung des Verfahrens erlassen haben, soweit es tunlich erscheint, diese Nachricht nachzuprüfen (auf die in Art. 89 und 290 § 2 StVerfG bezeichnete Weise).

2. Die Feststellung, daß sich der Täter der Erfüllung der Pflicht entzieht, bedarf einer vorherigen Erwägung sämtlicher Umstände, die für die Beurteilung der subjektiven Einstellung des Täters gegenüber der auferlegten Pflicht von Bedeutung sein können. Es kann nämlich vorkommen, daß die Nichterfüllung der Pflicht aus Gründen erfolgt, die vom Täter unabhängig sind (Schicksalsereignis, Krankheit). Deshalb ist es vor der Beschlußfassung über die Wiederingangsetzung des Strafverfahrens unentbehrlich, nicht nur die objektive Tatsache, daß die Pflicht nicht erfüllt wurde, festzustellen, sondern auch den Umstand, daß der Täter diese Pflicht hätte erfüllen können und dadurch, daß er ihr nicht nachgekommen ist, gezeigt hat, daß er sich ihrer Erfüllung entzieht.

3. Eine schwere Verletzung der Rechtsordnung kann sich entweder durch Begehung einer Straftat (dann ist sie offensichtlich) oder auch auf andere Weise zeigen, wenn ein schwerwiegendes oder hart-

---

* Dziennik Urzędowy Ministowstwa Sprawiedliwości.

näckiges Verletzen der Rechtsnormen durch den Täter festgestellt wird (z. B. des Zivil-, Familien-, Arbeits- oder des Übertretungsrechts). Gemäß Art. 29 § 2 StGB kann das Strafverfahren wiederaufgenommen werden, wenn die schwere Verletzung der Rechtsordnung während der Bewährungszeit oder vor Eintritt der Rechtskraft der Entscheidung über die bedingte Einstellung des Verfahrens erfolgte.

## VIII. Entscheidung über die bedingte Einstellung des Verfahrens

1. Der Staatsanwalt darf erst nach Durchführung des vorbereitenden Verfahrens über die bedingte Einstellung des Verfahrens entscheiden; das vorbereitende Verfahren muß den in Art. 261 Strafverfahrensgesetz genannten Erfordernissen entsprechen, insbesondere sind die Angaben über die Person des Beschuldigten entsprechend den in der Bestimmung des Art. 8 StVerfG bezeichneten Hinweisen zu sammeln (arg. auch aus Art. 27 § 1 StGB).

Das Gericht darf erst über die bedingte Einstellung des Verfahrens entscheiden, nachdem es festgestellt hat, daß die eingebrachte Anklageschrift den vom Gesetz vorgesehenen formellen Bedingungen entspricht und daß keine Notwendigkeit besteht, einen der in Art. 299 § 1 Ziff. 1—4 StVerfG genannten Beschlüsse zu fassen. Hierbei kann der Erlaß eines Beschlusses über die bedingte Einstellung durch das Gericht nicht später erfolgen als vor Beginn der Verhandlung zur Sache in der Hauptverhandlung. Denn nach Beginn der Verhandlung zur Sache kann das Gericht über die bedingte Einstellung des Verfahrens nur durch Urteil entscheiden (arg. aus Art. 299 § 1 Ziff. 5 und insbesondere Art. 361 § 1 StVerfG).

Unzulässig ist jedenfalls der Erlaß des Beschlusses über die bedingte Einstellung des Verfahrens sowohl durch das Gericht als auch durch den Staatsanwalt, wenn das vorbereitende Verfahren einer Ergänzung bedarf (Art. 278, 284 § 1 am Ende, 299 § 1 Ziff. 2 StVerfG), wenn die tatsächlichen Grundlagen für eine Anklage offensichtlich fehlen (Art. 280, 299 § 1 Ziff. 4 StVerfG), wenn ein in Art. 11 StVerfG genannter Umstand das Verfahren hindert oder wenn ein Umstand vorliegt, der die Aussetzung des Verfahrens begründet (Art. 284 § 1, 299 § 1 Ziff. 1, 15 StVerfG).

Unzulässig ist auch der Erlaß des Beschlusses, wenn über die Umstände der Tatbegehung Zweifel bestehen (arg. aus Art. 27 § 1 StGB).

Ein wesentliches Hindernis für die bedingte Einstellung des Verfahrens sollte schließlich sein, daß es an genügenden die Persönlichkeit des Täters betreffenden Angaben der in Art. 8 StVerfG bezeichneten Art mangelt.

Das Gericht oder der Staatsanwalt geben durch ihre Entscheidung über die bedingte Einstellung des Verfahrens ihrer unzweifelhaften Überzeugung Ausdruck, daß der Angeklagte der Täter der in der Entscheidung beschriebenen Straftat ist.

2. Die Annahme der in Art. 28 § 1 StGB genannten Bürgschaft hat vor Erlaß des Beschlusses über die bedingte Einstellung des Verfahrens zu erfolgen. Notwendig ist dazu die Aufnahme eines Protokolls über die Annahme der Bürgschaft (Art. 129 § 1 Ziff. 7 StVerfG); dieses enthält auch einen entsprechenden Vermerk über die Unterrichtung des Bürgen über den Inhalt der dem Angeklagten zur Last gelegten Beschuldigung und über die aus der Bürgschaft sich ergebenden Pflichten und über die Folgen ihrer Nichterfüllung (Art. 286 § 5, 299 § 3 i. V. mit 233 § 1 StVerfG).

3. Sowohl der Gerichtsbeschluß als auch der Beschluß des Staatsanwalts muß in jedem Fall außer der genauen Beschreibung der Täterhandlung nebst Angabe der Bestimmung des Strafgesetzes, unter welches die Tat fällt, vor allem die Entscheidung darüber enthalten, daß das Strafverfahren bedingt eingestellt wird, wobei zugleich die genaue Bewährungszeit festzulegen ist (Art. 27, 29 § 1 StGB sowie Art. 286 § 1 und 299 § 3 StVerfG), ferner alle anderen Entscheidungen, welche aufgrund Art. 28 § 2 StGB das Gericht oder der Staatsanwalt trifft, schließlich auch die Entscheidung über die Verfahrenskosten, falls das Gericht über die bedingte Einstellung des Verfahrens entscheidet (Art. 546, 547 § 4, 549 § 3 StVerfG).

4. Das Gesetz betont, daß in einer Sache wegen einer Straftat gegen das Vermögen, sofern der Schaden nicht wiedergutgemacht ist, in dem Beschluß die Höhe, die Art und Weise und der Termin der Wiedergutmachung des Schadens zu bestimmen ist (Art. 286 § 2 StVerfG). Dieses Erfordernis spricht für die Notwendigkeit, auch andere Verpflichtungen, die nach Art. 28 § 2 StGB ausgesprochen werden können, dementsprechend zu konkretisieren.

Der Beschluß über die bedingte Einstellung des Verfahrens hat, falls es tunlich erscheint, eine Entscheidung darüber zu enthalten, wie die Beweise für den Fall einer Wiederingangsetzung des Verfahrens sicherzustellen sind (Art. 286 § 4, 299 § 3 StVerfG).

Die Entscheidung über die Einziehung von Geräten oder anderen in Art. 48 §§ 1 und 2 StGB bestimmten Gegenständen könnte aufgrund Art. 104 StGB als Maßregel der Sicherung erfolgen, wobei der entsprechende Antrag des Staatsanwalts an das Gericht auf Art. 282 § 1 StVerfG gestützt werden könnte.

5. Gemäß Art. 90 § 1 StVerfG sind gleichzeitig mit dem Erlaß des Beschlusses über die bedingte Einstellung des Verfahrens schriftlich die Gründe abzufassen.

Die Begründung eines solchen Beschlusses wird auf die Gesamtheit der zutage getretenen Umstände, die für die ergangene Entscheidung von Bedeutung sind, gestützt (Art. 85 StVerfG), und muß vor allem die Grundlagen der Feststellung angeben, daß die Umstände der Begehung der dabei genau bestimmten Tat keine Zweifel aufkommen lassen; ferner muß sie auf das Vorliegen aller anderen Voraussetzungen für die Anwendung der bedingten Einstellung in der konkreten Sache hinweisen, die in Art. 27 StGB vorgesehen sind. Umfaßt der Beschluß über die bedingte Einstellung auch die Verpflichtung des Täters zu einem bestimmten Verhalten oder zu einer Leistung, so ist es erforderlich, in den Gründen die konkreten Tatsachen, die eine solche Entscheidung rechtfertigen, anzuführen.

6. Erläßt der Staatsanwalt den Beschluß über die bedingte Einstellung des Verfahrens, so obliegt es ihm, die Abschrift dieses Beschlusses mit Gründen dem Beschuldigten und dem Geschädigten zuzustellen und diese Personen über das Recht, die Frist und die Form der Einlegung der ihnen zustehenden Rechtsmittel zu belehren (Art. 10, 93 i. V. mit 91 §§ 2, 4 und 6 StVerfG i. V. mit 288 und 289 StVerfG).

Wird der Beschluß über die bedingte Einstellung des Verfahrens vom Gericht erlassen, so ist die Abschrift dieses Beschlusses mit Gründen den öffentlichen Anklägern zuzustellen und in einer Privatklagesache dem Privatkläger, in jedem Falle dem Geschädigten und dem Angeklagten, außer in dem Fall, daß eine dieser Personen an der Gerichtssitzung teilgenommen hat und wenigstens bei der Verkündung dieses Beschlusses zugegen war. Bei der Verkündung und bei der Zustellung der Abschrift des Beschlusses durch das Gericht ist es auch unentbehrlich, die betroffenen Personen über die ihnen zustehenden Rechtsmittel (Art. 10, 91 § 6 StVerfG i. V. mit 288 und 289 StVerfG) zu belehren. Die Vornahme dieser Belehrung muß entsprechend beurkundet werden.

7. In dem Beschluß über die bedingte Einstellung des Verfahrens kann der in der Sache eingebrachten Zivilklage nicht stattgegeben oder diese nicht abgewiesen werden, da dies nur bei einem gerichtlichen, das Verfahren bedingt einstellenden Urteil der Fall sein kann (arg. aus Art. 362 StVerfG). Bei Erlaß eines Beschlusses über die bedingte Einstellung des Verfahrens ist, außer der in Art. 91 § 6 StVerfG vorgesehenen Belehrung, der Zivilkläger über sein Recht zu unterrichten, die Verweisung der Sache an ein zur Aburteilung von Zivilsachen zuständiges Gericht zu beantragen (Art. 59 § 4 und 10 § 2 StVerfG).

8. Bei bedingter Einstellung des Verfahrens (durch Beschluß oder sogar durch Urteil) besteht keine Möglichkeit, von Amts wegen über Schadensersatz zu entscheiden, was nur im Falle einer verurteilenden Entscheidung zulässig ist (arg. aus Art. 363 StVerfG).

## IX. Anfechtung der Beschlüsse über die bedingte Einstellung des Verfahrens

1. Gegen den vom Gericht erlassenen Beschluß über die bedingte Einstellung des Verfahrens (Art. 299 § 1 Ziff. 5 StVerfG) steht dem Angeklagten das Recht zu, innerhalb einer Frist von 7 Tagen nach dem Tag der Verkündung oder der Zustellung des Beschlusses Widerspruch einzulegen; dies ist im übrigen ähnlich beim Widerspruch

gegen den Beschluß über die bedingte Einstellung des Verfahrens, der vom Staatsanwalt erlassen worden ist (Art. 288 § 1 StVerfG).

Wird Widerspruch gegen den Gerichtsbeschluß eingelegt, so verliert dieser seine Wirkung; wenn vorher, gleichzeitig oder später Beschwerde eingelegt wurde (z. B. vom Staatsanwalt, vom Geschädigten), so bleibt diese unbeschieden (Art. 299 § 3 und 288 §§ 1 und 2 StVerfG), und der Gerichtspräsident beraumt in der Sache nur dann eine Sitzung an, wenn es nach Einlegung des Widerspruchs notwendig wird, eine Entscheidung gemäß Art. 299 § 1 Ziff. 1—4 StVerfG zu treffen. Im übrigen verläuft das Verfahren wie in jeder Strafsache, in der eine Hauptverhandlung durchgeführt wird (Art. 302 ff. StVerfG).

Wird Widerspruch gegen den vom Staatsanwalt erlassenen Beschluß eingelegt, so verliert dieser ebenfalls seine Wirkung, und das vorbereitende Verfahren wird wie in jeder anderen Sache, die sich im Endstadium des vorbereitenden Verfahrens befindet, fortgeführt (Art. 284 StVerfG).

2. Die Einlegung des Widerspruchs bedarf keiner besonderen Form. Ohne entscheidende Bedeutung ist sogar die fehlerhafte Bezeichnung des eingereichten Schriftstücks, z. B. als Beschwerde, wenn nur aus seinem Inhalt hervorgeht, daß der Angeklagte, der es einreicht, die Entscheidung über die bedingte Einstellung selbst, und nicht nur die Bedingungen der Einstellung anficht (arg. aus Art. 103 StVerfG). Jedoch kann der Widerspruch nur schriftlich eingelegt werden (arg. aus Art. 104, 129 § 1 und 377 § 1 StVerfG), nur innerhalb der Ausschlußfrist und nur von einer befugten Person (Art. 107, 288 § 1, 399 § 3, 67 StVerfG). Entspricht der Widerspruch nicht diesen Erfordernissen und bestehen keine Voraussetzungen zur Beseitigung seiner Mängel (Art. 105 StVerfG), so ist dessen Annahme abzulehnen. Gegen eine solche Ablehnung ist die Beschwerde statthaft (Art. 409 i. V. mit 414 StVerfG).

3. Wenn auch der Widerspruch ein Rechtsbehelf ist, so ist er dennoch kein Rechtsmittel; im Verfahren nach seiner Einlegung hat das Verbot der reformatio in peius keine Geltung. Aber unter dem Gesichtspunkt, daß der Widerspruch im Grunde genommen die Anfechtung der bedingten Einstellung des Verfahrens als einer ungerechten Entscheidung bedeutet, haben das Gericht oder der Staatsanwalt, gegen deren Beschluß der Widerspruch eingelegt wurde, vor allem zu erwägen, und zwar unbeschadet der eventuellen vorgebrachten Rügen, ob nicht die Voraussetzungen gegeben sind, um z. B. das Verfahren nach Art. 11 StVerfG einzustellen, das Vorbereitungsverfahren zu ergänzen usw.

Im weiteren Verfahren, nach der Vervollständigung der Beweise, insbesondere nachdem das Gericht über die Sache verhandelt hat, kann die Möglichkeit einer erneuten bedingten Einstellung des Verfahrens nicht ausgeschlossen werden.

4. Gegen den gerichtlichen Beschluß über die bedingte Einstellung eines von Amts wegen durchgeführten Verfahrens steht dem öffentlichen Ankläger, in einer Privatklagesache dem Privatkläger die Beschwerde zu, und zwar unter den Voraussetzungen, die in Art. 409 und 374 StVerfG bestimmt sind.

Dagegen steht dem Angeklagten, der keinen Widerspruch eingelegt hat, und dem Geschädigten, auch wenn er zur Teilnahme am gerichtlichen Verfahren als Neben- oder Zivilkläger zugelassen worden war, die Beschwerde nur hinsichtlich der in Art. 28 und 29 § 1 StVerfG festgelegten Bedingungen der Einstellung zu (Art. 299 § 3 und 289 StVerfG).

5. Die Beschwerde im Sinne des Art. 289 StVerfG, d. h. hinsichtlich der festgelegten Bedingungen, kann gegen jede in dem Beschluß über die bedingte Einstellung des Verfahrens festgelegte Bedingung gerichtet werden; mit ihr kann auch die Festlegung dieser Bedingung verlangt werden, wenn über diese überhaupt nicht entschieden worden ist. Die Festlegung solcher Bedingungen oder ihre Abänderung zuungunsten des Angeklagten kann nur vom Geschädigten durch Einlegung einer statthaften Beschwerde verlangt werden und, falls der Beschluß vom Gericht erlassen worden ist (Art. 299 § 1 Ziff. 5 StVerfG), auch vom öffentlichen Ankläger.

6. Eine Beschwerde an das Gericht gegen einen vom Staatsanwalt gemäß Art. 292 § 4 StVerfG gestellten Antrag an den zuständigen Befehlshaber auf Verhängung einer in den Militärdisziplinarvorschriften vorgesehenen Strafe gegen einen Soldaten, in dessen Strafsache das Verfahren bedingt eingestellt wurde, ist unzulässig, da der Antrag auf disziplinarische Bestrafung nicht in den Bereich der in Art. 28 StGB vorgesehenen Einstellungsbedingungen fällt.

### X. Die Entscheidung über eine eingelegte Beschwerde

1. Das sachlich und örtlich zur Aburteilung der Sache zuständige Gericht (Art. 289 StVerfG) wendet bei der Entscheidung über die Beschwerde des Beschuldigten oder des Geschädigten gegen den Beschluß des Staatsanwalts über die bedingte Einstellung des Verfahrens, ähnlich wie das Rechtsmittelgericht bei der Entscheidung über eine Beschwerde gegen den diesbezüglichen Beschluß des Gerichts des ersten Rechtszugs, die entsprechenden allgemeinen Bestimmungen über das Rechtsmittelverfahren (Art. 374—391 StVerfG) und über die Beschwerde (Art. 409—412 StVerfG) an. Die Grenzen der Entscheidungsfindung werden also dem Gericht vor allem durch die entsprechende Anwendung des Art. 382 StVerfG gezogen, der in der Regel eine Entscheidung in der Rechtsmittelinstanz nur innerhalb der Grenzen des Rechtsmittels gestattet, ausnahmsweise aber in weiterem Umfang, wenn dies durch eine besondere Bestimmung vorgesehen ist.

2. Nach der Entscheidung über die Beschwerde des Geschädigten

oder des Angeklagten, und zwar sowohl wenn der angefochtene Beschluß vom Gericht, als auch dann, wenn er vom Staatsanwalt erlassen wurde, kann das erkennende Gericht den angefochtenen Beschluß aufrechterhalten oder ihn abändern oder ihn auch ausnahmsweise aus den in Art. 388 oder 389 StVerfG genannten Gründen aufheben und infolge dieser Aufhebung entweder das Verfahren bedingungslos einstellen (Art. 388 Ziff. 4 StVerfG) oder die Sache zur erneuten Verhandlung an das Gericht oder den Staatsanwalt, die den Beschluß erlassen haben (Art. 388 Ziff. 1—3, 5—6 und 9 StVerfG) oder an einen anderen zuständigen Staatsanwalt oder an ein anderes Gericht (Art. 388 Ziff. 7—8 StVerfG) zurückverweisen. Aber in jedem Falle einer zweitinstanzlichen Entscheidung ist das Gericht durch die Richtung des Rechtsmittels gebunden, d. h. es kann nicht zuungunsten des Angeklagten entscheiden, wenn keine zu seinen Ungunsten eingelegte Beschwerde vorliegt.

Auch im Falle der Aufhebung der angefochtenen Entscheidung und der Zurückverweisung der Sache (wegen bedingter Einstellung) zur erneuten Verhandlung, sei es aufgrund des Art. 388 oder des Art. 389 StVerfG, kann im weiteren Verfahren keine für den Angeklagten ungünstigere Entscheidung als die angefochtene ergehen, es sei denn, daß die Beschwerde zuungunsten des Angeklagten eingelegt war.

3. Es ist davon auszugehen, daß gegen jeden Gerichtsbeschluß, der nach der Entscheidung über die Beschwerde gegen den Beschluß des Staatsanwalts ergangen ist, auch dann, wenn sie grundsätzlich nur die festgelegten Bedingungen dieser Einstellung betrifft, die außerordentliche Revision zulässig ist, so wie bei jeder anderen rechtskräftigen, das Verfahren abschließenden Gerichtsentscheidung (Art. 463 StVerfG). In einem solchen Fall unterliegt der Gerichtsbeschluß der Anfechtung mit der außerordentlichen Revision sowohl zugunsten als auch zuungunsten des Angeklagten nicht nur hinsichtlich der festgelegten Bedingungen, sondern auch hinsichtlich der Grundlagen der bedingten Einstellung des Verfahrens selbst. Der erwähnte Gerichtsbeschluß ist nämlich ein Gerichtsbeschluß, der das Verfahren in Strafsachen mit bedingter Einstellung völlig abschließt und der dabei die Entscheidung des Staatsanwalts, die sonst unanfechtbar ist, hinsichtlich der Voraussetzungen der bedingten Einstellung einschließt.

Für eine solche Auffassung des Gerichtsbeschlusses als einer zweitinstanzlichen Entscheidung spricht sowohl die gesetzliche Pflicht des Gerichts, auf die angefochtenen Beschlüsse des Staatsanwalts die Bestimmungen der Art. 388 und 389 StVerfG anzuwenden, als auch die Folgen, die sich aus den in Art. 294 § 1 (zweiter Satz) und 484 § 2 StVerfG enthaltenen Regelungen ergeben.

4. Aus dem Vergleich des Art. 293 § 2 mit Art. 294 § 1 StVerfG ergibt sich, daß die Wiederaufnahme des rechtskräftig bedingt ein-

gestellten vorbereitenden Verfahrens nicht zulässig ist, selbst dann nicht, wenn wesentliche, in dem früheren Verfahren nicht bekannte Umstände bekannt werden; daher ist die Wiederaufnahme des Verfahrens in der in Art. 293 § 2 StVerfG bestimmten Verfahrensart erst recht unzulässig, wenn das Gericht über die Beschwerde, die vom Staatsanwalt gegen den Beschluß über die bedingte Einstellung des Verfahrens in bezug auf die Festlegung der in Art. 28 § 1 StGB erwähnten Bedingungen eingelegt wurde, entschieden hat. Der rechtskräftige Beschluß über die bedingte Einstellung des Verfahrens, der vom Staatsanwalt erlassen wurde, kann also vom Generalstaatsanwalt nur unter den in Art. 294 StVerfG genannten Voraussetzungen aufgehoben oder abgeändert werden.

## XI. Der Beschluß über die Wiederingangsetzung des bedingt eingestellten Verfahrens

1. Hat das Gericht über die bedingte Einstellung des Verfahrens entschieden oder hat das Gericht über die Beschwerde gegen den Beschluß des Staatsanwalts über die bedingte Einstellung entschieden, so entscheidet über die Wiederingangsetzung des Verfahrens das in der Sache zuständige Gericht des ersten Rechtszugs (Art. 484 und 485 § 1 StVerfG). Es ist für den Erlaß des Beschlusses über die Wiederingangsetzung des Verfahrens auch dann zuständig, wenn ein Gericht höherer Instanz über die bedingte Einstellung des Verfahrens entschieden hat. Die Wiederingangsetzung erfolgt von Amts wegen oder auf Antrag des Anklägers, d. h. in einer Strafsache mit öffentlicher Klage auf Antrag des öffentlichen Anklägers oder des Nebenklägers, wenn dieser zur Teilnahme am Verfahren zugelassen und ihm dieses Recht nicht entzogen worden ist (Art. 44 und 45 StVerfG), und in einer Privatklagesache auf Antrag des Privatklägers (Art. 484 § 1 StVerfG).

2. Das Gesetz läßt keine Beschwerde gegen den Beschluß über die Wiederingangsetzung des Verfahrens zu, dagegen hat es die Beschwerde gegen den Gerichtsbeschluß eingeführt, der den Antrag des Klägers auf Wiederingangsetzung des Verfahrens ablehnt oder einen solchen Antrag unbeschieden beläßt (Art. 485 § 3 StVerfG).

3. Der Angeklagte und sein Verteidiger haben das Recht, an der Sitzung des Gerichts, das die Frage der Wiederingangsetzung des bedingt eingestellten Verfahrens entscheidet, teilzunehmen (Art. 485 § 2 StVerfG). Der Staatsanwalt hat gemäß Art. 88 StVerfG ebenfalls das Recht, an einer solchen Gerichtssitzung teilzunehmen.

4. Dem Erlaß des Beschlusses über die Wiederingangsetzung des bedingt eingestellten Verfahrens, sowohl wenn er vom Gericht, als auch wenn er vom übergeordneten Staatsanwalt erlassen wurde, hat eine sachgemäße Nachprüfung der tatsächlichen Umstände, die die Wiederingangsetzung begründen sollen, vorauszugehen. Es gilt auf jeden Fall dem Angeklagten die Gelegenheit zu Erklärungen über

die oben erwähnten tatsächlichen Umstände zu geben (Art. 89, 290 § 2, 485 § 2 StVerfG).

### XII. Das Verfahren nach Wiederingangsetzung des bedingt eingestellten Verfahrens

1. Das Gericht, bei dem der Staatsanwalt nach Wiederingangsetzung des bedingt eingestellten Verfahrens die Anklageschrift eingereicht hat, aufgrund deren der Gerichtspräsident (Vorsitzender der Abteilung oder der dazu befugte Richter) in der Sache eine sachdienliche Sitzung anberaumt hat, ist befugt, angemessene Beschlüsse gemäß Art. 299 § 1 StVerfG zu erlassen, wobei der Beschluß über eine erneute bedingte Einstellung des Verfahrens nicht ausgenommen ist (Art. 299 § 1 Ziff. 5 StVerfG), wenn es feststellt, daß für die Wiederingangsetzung keine der in Art. 29 §§ 2 und 3 StGB vorgesehenen Voraussetzungen vorlagen oder wenn es sich nach der Wiederingangsetzung des Verfahrens zeigt, daß die bedingte Einstellung des Verfahrens zweckmäßig sein wird.

Sogar dann, wenn das Gericht über die Wiederingangsetzung des bedingt eingestellten Verfahrens entschieden hat und im Laufe des weiteren Verfahrens festgestellt wird, daß die Wiederingangsetzung zu Unrecht erfolgte oder daß die bedingte Einstellung des Verfahrens mit Rücksicht auf später bekannt gewordene Umstände zweckmäßig ist, ist die erneute bedingte Einstellung des Verfahrens zulässig.

2. Die in Art. 486 StVerfG gebrauchte Wendung „Das Verfahren ist erneut beim Gericht anhängig, und zwar nach den allgemeinen Vorschriften" bedeutet, daß nach der Wiederingangsetzung das Verfahren in das Stadium zurückkehrt, in dem es sich unmittelbar vor der bedingten Einstellung befand; das Verfahren beginnt nicht von neuem, sondern es wird bei dem Gericht desjenigen Rechtszugs wieder aufgenommen, bei dem es sich vor der bedingten Einstellung befand.

Hat das Gericht über die Wiederingangsetzung des bedingt eingestellten Verfahrens aufgrund des Art. 484 § 2 StVerfG entschieden, so ordnet es die Überweisung der Sache an den zuständigen Staatsanwalt an, damit dieser gemäß der Bestimmung des Art. 284 § 1 StVerfG verfährt.

### XIII. Die im Wege der Privatklage verfolgbaren Straftaten

1. Die bedingte Einstellung des Strafverfahrens in Privatklagesachen sollte in der Regel in der Hauptverhandlung stattfinden, denn vorher gibt es meist keine Möglichkeit festzustellen, ob die nötigen Voraussetzungen für einen Beschluß über die bedingte Einstellung vorliegen. Die bedingte Einstellung ist auf keinen Fall vor Durchführung des Sühneverfahrens anzuwenden, das aus gesellschaftlicher Sicht die beste Möglichkeit bietet, die Sache zu erledigen. Es be-

stehen keine gesetzlichen Hindernisse dafür, daß nach der Durchführung des Sühneverfahrens bei negativem Ergebnis in der Sache eine Sitzung über die Frage der bedingten Einstellung des Verfahrens anberaumt wird (arg. aus Art. 443 § 1 StVerfG).

2. Im Hinblick auf die besonderen Befugnisse der Parteien sowie auf die besonderen Verfahrensgrundsätze in Privatklagesachen ist der Auffassung Ausdruck zu geben, daß bei einer Strafsache wegen einer im Wege der Privatklage verfolgbaren Straftat auf keinen Fall der Staatsanwalt die bedingte Einstellung des Verfahrens anwenden darf, selbst dann nicht, wenn er aufgrund des Art. 50 § 1 StVerfG von Amts wegen das Verfahren eingeleitet hat.

## Verordnung
## des Ministers der Justiz vom 6. Dezember 1969 über die Bestimmung der Organe, die zur Durchführung von Ermittlungen und zur Einreichung und Unterstützung der Anklage im vereinfachten Verfahren befugt sind, sowie über den Bereich der ihnen übertragenen Strafsachen

(Dz. U. 1969, Nr. 37 Pos. 322)

Aufgrund Art. 421 des Strafverfahrensgesetzes wird folgendes verordnet:

**§ 1.** In Strafsachen, die im vereinfachten Verfahren abzuurteilen sind, können — außer der Bürgermiliz — das Ermittlungsverfahren durchführen:

1. die Bezirksverwaltung der Staatsforsten, die Staatsoberförstereien und Nationalparks in Strafsachen wegen Taten nach Art. 199, 213 und 215 § 1 des Strafgesetzbuchs, wenn Holz aus einem Staatsforst oder einem Nationalpark Gegenstand der Straftat ist,
2. die Organe der staatlichen Handelsinspektion in Strafsachen wegen Taten nach Art. 225 § 1 des Strafgesetzbuchs, die sie oder aufgrund von ausdrücklichen Ermächtigungen der staatlichen Handelsinspektionen tätige gesellschaftliche Kontrollen bei der Durchführung von Inspektionen aufgedeckt haben,
3. die Organe der staatlichen Sanitätsinspektion in Strafsachen wegen Taten nach Art. 30 Abs. 1 und 3 sowie nach Art. 31 Abs. 1 des Gesetzes vom 25. November 1970 über die hygienischen Bedingungen der Lebensmittel und der Ernährung (Dz. U. Nr. 29 Pos. 245), wegen Taten bezüglich anderer als der in Art. 1 Abs. 2 dieses Gesetzes bestimmten Genußmittel und wegen

Taten nach Art. 31, 32, 33 und 35 Abs. 2 und 4 der Verordnung vom 22. März 1928 betreffend die Aufsicht über Lebensmittel und Bedarfsgegenstände (Dz. U. Nr. 36 Pos. 343 nebst späteren Abänderungen).

**§ 2.** (1) Die zur Durchführung von Ermittlungen nach § 1 Ziff. 1—3 befugten Organe können in diesem Bereich auch Anklagen bei Gerichten des ersten Rechtszugs einreichen und unterstützen.

(2) Die Befugnis zur Einreichung und Unterstützung von Anklagen bei Gerichten des ersten Rechtszugs steht auch den Organen des Grenzschutzes in Strafsachen wegen Taten nach Art. 288 § 2 des Strafgesetzbuchs zu.

(3) Die Bestimmungen des Abs. 1 und 2 finden keine Anwendung, wenn der Staatsanwalt selbst tätig ist.

**§ 3.** Diese Verordnung tritt am 1. Januar 1970 in Kraft.

## Verordnung
### des Ministers der Justiz vom 11. Januar 1973 betreffend die Gewährleistung der Inanspruchnahme von Verteidigern durch Angeklagte im beschleunigten Verfahren

(Dz. U. 1973, Nr. 2 Pos. 14)

Aufgrund Art. 449 des Strafverfahrensgesetzes wird folgendes angeordnet:

**§ 1.** Bei Bezirksgerichten, die im beschleunigten Verfahren Straftaten hooliganischen Charakters aburteilen (Art. 6 des Gesetzes vom 22. Mai 1958 über die Verschärfung der strafrechtlichen Verantwortlichkeit für Hooliganismus [Dz. U. Nr. 34 Pos. 152], jetzt Art. 447 StVerfG, siehe Art. III Ziff. 14 c der Einführungsbestimmungen zum StVerfG), wird ein Pflichtbereitschaftsdienst der Rechtsanwälte, deren Hilfe Angeklagte in Anspruch nehmen können, eingeführt.

**§ 2.** (1) Die Zahl der Rechtsanwälte des Bereitschaftsdienstes bei den einzelnen Bezirksgerichten bestimmt die Rechtsanwaltskammer auf Antrag des Präsidenten des zuständigen Wojewodschaftsgerichts. Die Zahl der diensthabenden Rechtsanwälte soll in der Weise bestimmt werden, daß für die Angeklagten die ordentliche Inanspruchnahme der Hilfe von Verteidigern in der Hauptverhandlung gewährleistet ist; bei der Bestimmung dieser Zahl ist insbesondere die in dem Gebiet gegebene Häufigkeit von Strafsachen, die sich zur Aburteilung im beschleunigten Verfahren eignen, in Betracht zu ziehen, ferner die Möglichkeit, daß, wenn mehrere Angeklagte vorhanden sind, Kollisionen der Interessen der Angeklagten auftreten können.

(2) Der Ort und die Dauer des Bereitschaftsdienstes werden vom Präsidenten des zuständigen Bezirksgerichts bestimmt.

**§ 3.** Die Rechtsanwaltskammer sorgt durch Vermittlung der Leiter der Rechtsanwaltskollegien für die namentliche Bestimmung von Anwälten zum Bereitschaftsdienst; die Liste der bestimmten Anwälte gibt die Rechtsanwaltskammer dem Präsidenten des Wojewodschaftsgerichts und dem Präsidenten der zuständigen Bezirksgerichte zur Kenntnisnahme.

**§ 4.** Das Organ, welches das Verfahren führt, informiert den Angeklagten über die Möglichkeit, die Hilfe eines Verteidigers aus der Gruppe der diensthabenden Anwälte oder, wenn dies kein Hindernis für die unverzügliche Aburteilung der Sache darstellt, die Hilfe von anderen Anwälten in Anspruch zu nehmen.

**§ 5.** Die Verordnung des Ministers der Justiz vom 22. September 1958 betreffend die Teilnahme von Verteidigern im beschleunigten Verfahren (Dz. U. Nr. 58 Pos. 291) tritt außer Kraft.

**§ 6.** Diese Verordnung tritt mit dem Tage der Verkündung in Kraft.

## Verordnung
### des Ministers für Gesundheitswesen und Sozialfürsorge vom 25. Juli 1961 über Untersuchungen des Blutalkoholgehalts von Personen, die der Begehung einer Straftat im Zustand der Trunkenheit verdächtig sind

(Dz. U. 1961, Nr. 39 Pos. 201;
geändert durch Dz. U. 1962, Nr. 59 Pos. 288)

Aufgrund Art. 34 § 2 des Gesetzes vom 10. Dezember 1959 über die Bekämpfung des Alkoholismus (Dz. U. Nr. 69 Pos. 434) wird folgendes bestimmt:

**§ 1.** (1) Eine der Begehung einer Straftat im Zustand der Trunkenheit verdächtige Person ist auf Verlangen eines Organs, das zur Durchführung von Ermittlungs- oder Untersuchungsverfahren zuständig ist, oder auf Verlangen des Gerichts verpflichtet, die Untersuchung des Blutalkoholgehalts zu dulden.

(2) Die in Abs. 1 genannte Untersuchung kann umfassen:
1. die Untersuchung der ausgeatmeten Luft,
2. die Blutuntersuchung,
3. die Blut- und Harnuntersuchung.

(3) Über die Vornahme aller oder einiger der in Abs. 2 genannten Untersuchungen entscheidet das Organ, das für die Durchführung des Ermittlungs- oder des Untersuchungsverfahrens zuständig ist, oder das Gericht mit der Maßgabe, daß nach Möglichkeit die Untersuchung der ausgeatmeten Luft den anderen Untersuchungen des Blutalkoholgehalts vorangehen soll und daß von deren Ergebnis die Entscheidung darüber, ob weitere Untersuchungen anzuordnen sind, abhängig gemacht werden soll.

**§ 2.** (1) Die Untersuchung der ausgeatmeten Luft wird mittels eines Alkoholteströhrchens — eine mit einer auf Alkoholdämpfe reagierenden Substanz gefüllte Glasröhre —, durch das die verdächtige Person bläst, vorgenommen.

(2) Die in Abs. 1 bestimmte Untersuchung wird von dem Organ, welches das Ermittlungs- oder das Untersuchungsverfahren führt und im gerichtlichen Verfahren vom Kollegium für Übertretungssachen oder vom Gericht vorgenommen.

(3) Über den Verlauf der Untersuchung wird ein Protokoll aufgenommen.

**§ 3.** (1) Die Blutuntersuchung beruht auf einer chemischen Analyse (nach der Mikromethode von Widmark) einer aus einer Ader entnommenen Blutmenge des Verdächtigen.

(2) Das zu untersuchende Blut wird in einer Menge von etwa 5 $cm^3$ unter Beachtung folgender Bedingungen entnommen:

1. die Instrumente und Probegläser, die zur Blutentnahme benutzt werden, sind durch Auskochen oder durch Einwirkung hoher Temperaturen zu sterilisieren,
2. dem Gefäß, in welches das Blut eingefüllt wird, dürfen keinerlei Substanzen hinzugefügt werden,
3. zur Desinfektion der Haut ist nur eine Wasserlösung von Rivanol oder Sublimat zu verwenden.

(3) Zur Blutentnahme verpflichtet ist der Fachangestellte des Gesundheitsdienstes in einer Bezirks-(Stadt-, Stadtteil-)Rettungsstation und, wenn in der betreffenden Ortschaft keine Rettungsstation vorhanden ist, ein Fachangestellter des Gesundheitsdienstes einer anderen gesellschaftlichen Anstalt des Gesundheitsdienstes während der Dienststunden dieser Anstalt.

(4) Die Blutentnahme kann auch außerhalb der in Abs. 3 erwähnten Anstalten unter der Bedingung, daß das Blut von einem Arzt entnommen wird, stattfinden.

(5) Falls der begründete Verdacht besteht, daß die Blutentnahme eine Gefährdung des Lebens oder der Gesundheit verursachen kann, ist die Entscheidung über die Vornahme der Blutentnahme dem Arzt zu überlassen.

(6) Über die Blutentnahme oder über das Abstandnehmen von der Blutentnahme ist ein Protokoll aufzunehmen.

**§ 4.** Weigert sich die in § 1 Abs. 1 genannte Person, sich der Blutprobe zu unterziehen, so ist nach der Feststellung dieser Tatsache im Protokoll die Blutentnahme trotz mangelnder Einwilligung vorzunehmen; darauf ist die Person vorher hinzuweisen.

**§ 5.** (1) Die Harnuntersuchung beruht auf der chemischen Analyse (nach der Mikromethode von Widmark) des von der verdächtigen Person abgenommenen Harns. Die Vorschriften des § 3 Abs. 2 Ziff. 1 und 2 finden entsprechende Anwendung.

(2) Die Harnabnahme wird von der gesellschaftlichen Anstalt des Gesundheitsdienstes vorgenommen, wenn die verdächtige Person zu diesem Zweck der Anstalt überwiesen wird.

(3) Über die Harnabnahme wird ein Protokoll aufgenommen.

**§ 6.** (1) Die Blut- oder Harnabnahme bei den in der gesellschaftlichen Anstalt des Gesundheitsdienstes befindlichen Personen obliegt dieser Anstalt.

(2) Die Blut- oder Harnabnahme bei Personen, die sich in einer Ausnüchterungsstation aufhalten, gehört zu den Pflichten des Fachangestellten des Gesundheitsdienstes, der bei der Ausnüchterungsstation beschäftigt ist.

**§ 7.** (1) Die chemischen Blut- und Harnuntersuchungen werden vorgenommen:

1. von analytischen Laboratorien (Arbeitsstätten, Anstalten), die hierfür von den (unter Genehmigung des Ministers für Gesundheitswesen und Sozialfürsorge) für Angelegenheiten des Gesundheitswesens und der Sozialfürsorge zuständigen Organen der Präsidien der Wojewodschaftsnationalräte (der Nationalräte in wojewodschaftsfreien Städten) auf schriftliches Ersuchen der zur Durchführung von Ermittlungs- und Untersuchungsverfahren befugten Organe oder des Gerichts bestimmt wurden,
2. vom Institut für gerichtliche Gutachten beim Justizministerium und der Anstalt für Kriminalistik bei der Hauptkommandantur der Bürgermiliz,
3. von Anstalten für Gerichtsmedizin oder von anderen Anstalten der Medizinischen Akademie, und zwar aufgrund einer mit den Verfolgungsorganen oder der Justizverwaltung abgeschlossenen Vereinbarung.

(2) Das Blut und der Harn werden zur Untersuchung an die in Abs. 1 genannten Laboratorien von den Organen, die das Ermittlungs- oder das Untersuchungsverfahren führen, übersandt.

(3) Die Vorschrift des Abs. 2 findet keine Anwendung, wenn die Untersuchung von dem Laboratorium derselben Anstalt des gesellschaftlichen Gesundheitsdienstes vorgenommen werden soll, in dem die Stoffe zur Untersuchung entnommen wurden.

(4) Das Blut und der Harn sind in möglichst kurzer Zeit an das Laboratorium zu übersenden. Die Gefäße mit dem zu untersuchenden Blut und Harn sind in einer Weise zu bezeichnen, welche die unzweifelhafte Feststellung der Person, der sie abgenommen wurden, gewährleistet und eine Veränderung ihres Inhalts während der Übersendung ausschließt.

(5) Bis zum Beginn der Untersuchung sind die abgenommenen Stoffe in möglichst niedriger Temperatur, aber nicht niedriger als 0° C aufzubewahren.

**§ 8.** (1) Die gesellschaftlichen Anstalten des Gesundheitsdienstes und die Ausnüchterungsstationen erheben keine Gebühren für die Entnahme des Blutes oder des Harns und für die Protokollaufnahme.

(2) Die in § 7 Abs. 1 Ziff. 1 und 2 bezeichneten Anstalten erheben keine Gebühren für die vorgenommenen Blut- oder Harnuntersuchungen.

(3) Die in Abs. 2 genannten Anstalten übersenden dem Organ, das die Blut- oder die Harnuntersuchung verlangt hat, eine Aufstellung der Beträge für die ausgeführten Untersuchungen nach den geltenden Sätzen.

**§ 9.** (1) Ist die einer im Zustand der Trunkenheit begangenen Straftat verdächtige Person der Militärgerichtsbarkeit unterstellt, so wird die Blut- und Harnabnahme für die in §§ 3—5 bestimmten Untersuchungen auch von den Fachangestellten des Gesundheitsdienstes der militärischen Heilanstalten vorgenommen, und zwar auf Verlangen des zur Führung von Ermittlungs- oder Untersuchungsverfahren zuständigen Organs oder des Militärgerichts.

(2) Die Blut- und Harnabnahme bei den in Abs. 1 genannten Personen, die in einer militärischen Anstalt des Gesundheitsdienstes verweilen, obliegt dieser Anstalt.

(3) Die chemischen Blut- und Harnuntersuchungen werden in den in Abs. 1 und 2 genannten Fällen auf schriftliches Verlangen des zur Führung von Ermittlungs- oder von Untersuchungsverfahren befugten Organs oder des Militärgerichts von den analytischen Laboratorien (Arbeitsstätten, Anstalten) des Gesundheitsdienstes, welche vom Minister für nationale Verteidigung dazu bestimmt werden, durchgeführt.

(4) Die Bestimmungen des § 7 Abs. 2—5 sowie § 8 finden entsprechende Anwendung.

**§ 10.** Die Verordnung des Ministers für Gesundheitswesen vom 8. Februar 1957 betr. Untersuchungen auf Alkohol im Körper von Personen, die einer im Zustand der Trunkenheit begangenen Straftat verdächtig sind (Dz. U. Nr. 10 Pos. 46), tritt außer Kraft.

**§ 11.** Diese Verordnung tritt mit dem Tage der Verkündung in Kraft.

## Die durch Art. 1 § 1 Ziff. 2 des Gesetzes vom 22. Dezember 1969 (Dz. U. 1969, Nr. 37 Pos. 311) vorläufig in Kraft belassenen Verfahrensvorschriften betr. Jugendliche

(Art. 474—495 des Strafverfahrensgesetzes von 1928).

### BUCH XI

### ABSCHNITT II

### Verfahren in Jugendstrafsachen

**Art. 474.** Das Verfahren in Strafsachen Jugendlicher[1], die im Zeitpunkt des Beginns der Hauptverhandlung das siebzehnte Lebensjahr nicht vollendet haben, findet vor dem Jugendgericht nach Grundsätzen des Verfahrens vor Bezirksgerichten statt, dabei gelten folgende Abänderungen und Ergänzungen.

**Art. 475.** § 1. In Strafsachen gegen Jugendliche ist eine Zivilklage unzulässig.

§ 2. Die Jugendgerichte entscheiden in Strafsachen Jugendlicher ohne Rücksicht auf die allgemeinen Bestimmungen über die sachliche Zuständigkeit.

§ 3. Von der Einleitung eines Strafverfahrens wird an die in Art. 14 Strafgesetzbuch genannten Behörden nur dann Mitteilung gemacht, wenn das gesellschaftliche Interesse oder Gründe der öffentlichen Sicherheit dies erforderlich machen. Über den Abschluß des Strafverfahrens werden die oben genannten Behörden benachrichtigt, wenn ihnen Mitteilung von der Einleitung des Strafverfahrens gemacht wurde, und in den Fällen, in denen auf Unterbringung in einer Besserungsanstalt erkannt wurde.

§ 4. Ist der Tatort der Straftat im Sinne des Art. 21 Strafgesetzbuch ein anderer als der Wohnort der Eltern oder des Vormunds des Jugendlichen oder der Aufenthaltsort des Jugendlichen, so kann der Jugendrichter in jeder Lage des Verfahrens die Sache an das Gericht des Wohnorts der Eltern oder des Vormunds verweisen.

**Art. 476.** § 1. Der Jugendrichter führt das Untersuchungs- oder Ermittlungsverfahren in Strafsachen Jugendlicher außer in dem in Art. 479 § 2 vorgesehenen Fall durch, und er vollstreckt die Maßregeln der Erziehung und Besserung. Die Vollstreckung einer gegen den Jugendlichen verhängten ordentlichen Strafe wird von dem Staatsanwalt angeordnet, in dessen Bezirk sich der Sitz des Jugendgerichts befindet.

§ 2. Der Jugendrichter hat die Pflicht, ein Verfahren gegen den Jugendlichen in Strafsachen wegen von Amts wegen zu verfolgender Straftaten einzuleiten, es sei denn, daß das Verfahren von einem öffentlichen Ankläger eingeleitet worden ist.

§ 3. In Strafsachen wegen einer im Wege der Privatklage verfolgbaren Straftat kann der Jugendrichter ein Verfahren von Amts

[1] Vgl. Art. 9 §§ 1-3 und Art. 120 § 4 StGB.

wegen durchführen, falls dies nach seinem Ermessen im Hinblick auf das öffentliche Interesse geboten ist.

**Art. 477.** § 1. Der Jugendrichter kann im Laufe des vorbereitenden Verfahrens die Bürgermiliz, die Kuratoren für Jugendliche und die Heimerzieher um die Vornahme einer bestimmten Untersuchungs- oder Ermittlungshandlung ersuchen. Die Sicherstellung von Spuren und Beweisen der Straftat und die Ermittlung und die Festnahme des Beschuldigten werden von der Bürgermiliz oder von anderen aufgrund einer besonderen gesetzlichen Ermächtigung handelnden Organen der Staatsverwaltung durchgeführt.

§ 2. In jeder Strafsache eines Jugendlichen sind außer den in Art. 5 § 3 StVG genannten Handlungen auch Handlungen mit dem Ziel vorzunehmen, genaue Angaben bezüglich des Jugendlichen, seiner Familie und seiner nächsten Umgebung festzustellen. Zum Zwecke der Feststellung der genannten Angaben sind die Bürgermiliz oder die Kuratoren für Jugendliche mit einer Milieuerhebung zu beauftragen. Falls es tunlich erscheint, den Grad der geistigen Entwicklung und den psychischen und physischen Zustand des Jugendlichen zu ermitteln, ordnet der Jugendrichter eine Untersuchung durch Sachverständige an. In bezug auf einen in einem Heim untergebrachten Jugendlichen sind Beobachtungen und Stellungnahmen der Erzieher dieses Heims anzufordern.

**Art. 478.** § 1. Nach dem Abschluß des Untersuchungs- oder des Ermittlungsverfahrens erläßt der Jugendrichter einen Beschluß über den Abschluß des Untersuchungs- oder des Ermittlungsverfahrens, welcher folgende Angaben enthält:

a) Vor- und Zuname des Jugendlichen, seinen genauen Geburtstag sowie andere Einzelheiten, die zur Feststellung seiner Identität unentbehrlich sind,
b) die genaue Bezeichnung der dem Jugendlichen zur Last gelegten Tat unter Angabe der Zeit, des Orts und sonstiger Umstände ihrer Begehung,
c) einen Hinweis auf die Bestimmung des Strafgesetzbuchs, unter welche die dem Jugendlichen zur Last gelegte Tat fällt.

§ 2. Nach Vornahme der in § 1 genannten Handlungen beraumt der Jugendrichter die Hauptverhandlung oder eine nicht öffentliche Sitzung an, oder er stellt das Untersuchungs- oder das Ermittlungsverfahren ein.

§ 3. Der Jugendrichter stellt das Untersuchungs- oder das Ermittlungsverfahren aus den in Art. 26 Strafgesetzbuch und Art. 11 Ziff. 2 dieses Gesetzes angegebenen Gründen ein, ferner dann, wenn die Verhängung einer Maßregel der Erziehung oder der Besserung im Hinblick auf eine in einer anderen Strafsache verhängte Maßregel unzweckmäßig ist.

§ 4. Gegen den Beschluß über die Einstellung des Untersuchungs-

oder des Ermittlungsverfahrens steht dem Staatsanwalt die Beschwerde zu.

**Art. 479.** § 1. Ist gegen einen Jugendlichen und gegen eine andere erwachsene Person gemeinsam ein Verfahren eingeleitet worden, so kann der Staatsanwalt die Strafsache des Jugendlichen abtrennen und sie dem Jugendgericht überweisen.

§ 2. Ist die Abtrennung der Strafsache des Jugendlichen mit Rücksicht auf das Wohl der Rechtspflege aber nicht tunlich, so führt der Staatsanwalt die Untersuchung durch. Nach Abschluß der Untersuchung stellt der Staatsanwalt das Untersuchungsverfahren ein, oder er verweist die Sache an den Jugendrichter mit dem Antrag auf Anwendung von Maßregeln der Besserung oder der Erziehung, oder er verweist die Sache an das zuständige allgemeine Gericht, das dann unter Beachtung der Bestimmungen dieses Abschnitts entscheidet.

**Art. 480.** Der Jugendrichter oder der Staatsanwalt veranlassen gegenüber dem Jugendlichen verfahrenssichernde Maßnahmen, damit dieser sich nicht dem Verfahren entzieht.

**Art. 481.** § 1. Gegenüber einem Jugendlichen werden folgende verfahrenssichernde Maßnahmen angewandt:

a) Aufsicht durch die Eltern oder durch den Vormund,
b) Aufsicht durch die Kuratoren für Jugendliche,
c) Unterbringung in einem Heim für Jugendliche.

§ 2. Die in § 1 Buchst. c genannte Maßnahme wird in den Fällen des Art. 217 dieses Gesetzes angewandt, darüber hinaus in den Fällen, in denen es notwendig ist, eine genaue Beobachtung des Jugendlichen, die für eine zweckmäßige Anwendung der Maßregel der Erziehung oder Besserung unentbehrlich ist, durchzuführen.

§ 3. Die Unterbringung in einem Heim für Jugendliche kann während des Untersuchungsverfahrens höchstens drei Monate dauern. Dieser Zeitraum muß aus dem Unterbringungsbeschluß ersichtlich sein.

§ 4. Konnte wegen besonderer Umstände der Strafsache das Untersuchungsverfahren in der genannten Frist nicht abgeschlossen werden, so können auf Antrag des Jugendrichters das Wojewodschaftsgericht, und auf Antrag des Untersuchungsführers der Wojewodschaftsstaatsanwalt den Unterbringungszeitraum um weitere drei Monate verlängern; Art. 222 dieses Gesetzes findet entsprechende Anwendung.

**Art. 482.** Gegen den Beschluß hinsichtlich einer Sicherungsmaßnahme ist die Beschwerde statthaft.

**Art. 483.** Der Jugendliche darf nur mit Erlaubnis des Jugendrichters oder des Staatsanwalts die Akten einsehen und von diesen Abschriften anfertigen.

**Art. 484.** Über den Verlauf der nichtöffentlichen Sitzung im Jugendgericht wird ein getrenntes Protokoll aufgenommen.

**Art. 485.** Bleibt der Staatsanwalt aus, so hält dies nicht das Verfahren in der Sache auf.

**Art. 486.** § 1. Zur Verhandlung sind die Eltern oder der Vormund des Jugendlichen zu laden, falls die Zustellung der Ladungen nicht mit besonderen Schwierigkeiten verbunden ist. Diese Personen haben das Recht, Eingaben und Anträge anzubringen.

§ 2. Das Gericht kann das persönliche Erscheinen dieser Personen anordnen. In diesem Fall kommen die Bestimmungen der Art. 242 bis 247 dieses Gesetzes entsprechend zur Anwendung.

§ 3. Das Ausbleiben dieser Personen hält das Verfahren nicht auf, falls das Gericht ihre Anwesenheit nicht für unentbehrlich hält.

§ 4. Zur Verhandlung können der Kurator für Jugendliche und der Erzieher des Heimes oder der Anstalt, in welcher sich der Jugendliche aufhält, geladen werden, damit sie gehört werden.

§ 5. Der Richter braucht zur Verhandlung nicht Personen zu laden, die er persönlich vernommen hat, und kann sich mit der Verlesung ihrer Aussagen begnügen, falls nicht eine Ladung dieser Personen vom Staatsanwalt, vom Verteidiger, vom Jugendlichen, von den Eltern oder von dem Vormund beantragt wird.

**Art. 487.** § 1. Die Verhandlung findet unter Ausschluß der Öffentlichkeit statt, es sei denn, daß die Öffentlichkeit der Verhandlung aus erzieherischen Gründen geboten erscheint.

§ 2. Während der Verhandlung hört das Gericht die Erklärungen des Jugendlichen an; im übrigen bleibt der Jugendliche nur im Sitzungssaal, wenn das Gericht es für notwendig hält.

**Art. 488.** Das gerichtliche Verfahren beginnt mit der Verlesung des Beschlusses über den Abschluß des Untersuchungs- oder des Ermittlungsverfahrens oder des Antrags des Staatsanwalts.

**Art. 489.** Der jugendliche Angeklagte kann Angaben machen und Erklärungen hinsichtlich jedes Beweises abgeben, der in seiner Anwesenheit erhoben wurde. Milieuerhebungen, Gutachten von Psychologen, Ärzten und Psychiatern, sowie Beobachtungen und Begutachtungen der Heimerzieher und der Kuratoren für Jugendliche sind in Abwesenheit des Jugendlichen zu verlesen, es sei denn, daß besondere Gründe erzieherischer oder gesellschaftlicher Natur dafür sprechen, daß es zweckmäßig ist, den Jugendlichen mit ihrem Inhalt bekannt zu machen.

**Art. 490.** Die Bestimmungen der Art. 485—487 finden auf nichtöffentliche Sitzungen Anwendung, die zum Zwecke des Erlasses eines Beschlusses über die Anwendung von Erziehungsmaßregeln anberaumt werden.

**Art. 491.** Die Verkündung des Urteils erfolgt in den Fällen öffentlich, in denen der Angeklagte freigesprochen wird oder auf echte Strafen oder strafregisterpflichtige Maßregeln erkannt wird. Art. 312 § 2 dieses Gesetzes findet entsprechende Anwendung.

**Art. 492.** Der Jugendrichter kann die Verwirklichung der Maßregeln der Erziehung und Besserung im Falle einer Krankheit des Jugendlichen oder aus anderen Gründen aussetzen.

**Art. 493.** § 1. Die Kuratoren für Jugendliche üben ihre Funktionen während des vorbereitenden Verfahrens und während des Vollstreckungsverfahrens nach Anweisung des Jugendrichters aus.

§ 2. Das Verfahren zur Berufung der Kuratoren sowie deren Rechte und Pflichten werden durch Verordnung des Justizministers bestimmt[1].

**Art. 494.** Heime für Jugendliche stehen unter der Aufsicht des Jugendrichters. Die Organisation der Heime für Jugendliche wird durch Verordnung des Justizministers bestimmt.

**Art. 495.** Das Jugendgericht kann die Kosten des Verfahrens den Eltern des Jugendlichen auferlegen, wenn bei ihnen eine Vernachlässigung der Pflichten gegenüber dem Jugendlichen festgestellt worden ist.

## Verordnung
## des Ministers der Justiz vom 3. Mai 1973
## über die Kuratoren für Jugendliche

(Dz. U. 1973, Nr. 18 Pos. 107)

Aufgrund Art. 493 § 2 des Strafverfahrensgesetzes vom Jahre 1928 (Dz. U. 1950, Nr. 40 Pos. 364 mit späteren Abänderungen) i. V. mit Art. III Ziff. 1 der Einführungsbestimmungen zum Strafverfahrensgesetz (Dz. U. 1969, Nr. 13 Pos. 97) sowie aufgrund Art. 571 der Zivilprozeßordnung (Dz. U. 1964, Nr. 43 Pos. 296 und 1965, Nr. 15 Pos. 113) wird folgendes angeordnet:

**§ 1.** (1) Die Kuratoren für Jugendliche sind Hilfsorgane der Jugendgerichte und Hilfsorgane in Vormundschaftssachen Jugendlicher.

(2) Die Kuratoren für Jugendliche sind bei den Bezirksgerichten tätig.

(3) Die Kuratoren für Jugendliche, im folgenden als „Kuratoren“ bezeichnet, sind Berufs- oder Sozialkuratoren.

**§ 2.** (1) Die Berufskuratoren sind Bedienstete der allgemeinen Gerichte. Sie werden vom Präsidenten des Wojewodschaftsgerichts in Dienst genommen, des Dienstes vorläufig enthoben und entlassen.

(2) Die Berufskuratoren sind bei den Jugendgerichten tätig und unterstehen den Präsidenten der Bezirksgerichte, bei denen Jugendgerichte eingerichtet worden sind.

---

[1] Verordnung des Justizministers vom 3. Mai 1973 (Dz. U. Nr. 18 Pos. 107) über die Kuratoren für Jugendliche. Siehe unten.

(3) Die Berufskuratoren und die zuständigen Vormundschaftsgerichte wirken in Vormundschaftssachen Jugendlicher zusammen.

**§ 3.** (1) Die Sozialkuratoren werden vom Präsidenten des Bezirksgerichts berufen, des Dienstes enthoben und abberufen. Die Sozialkuratoren üben die ihnen anvertrauten Tätigkeiten im Rahmen einer gesellschaftlichen Funktion aus.

(2) Der Sozialkurator, der in Vormundschaftssachen bei einem Bezirksgericht tätig wird, in dem keine Abteilung für Jugendliche gebildet worden ist, übt seine Funktionen zugleich in Strafsachen Jugendlicher beim örtlich zuständigen Jugendgericht aus.

**§ 4.** (1) Die Kuratoren werden in die Liste der an dem jeweiligen Gericht berufenen Kuratoren eingetragen.

(2) Vor Antritt seines Amtes legt der Kurator vor dem Gerichtspräsidenten folgendes Gelöbnis ab:
„Ich gelobe feierlich, daß ich die mir anvertrauten Pflichten eines Kurators für Jugendliche mit voller Gewissenhaftigkeit erfüllen werde und daß ich dabei immer auf das Wohl der Volksrepublik Polen und das Wohl der Kinder und der Jugend Bedacht nehmen werde."

(3) Über die Abnahme des Gelöbnisses wird ein Protokoll aufgenommen, das von demjenigen, der das Gelöbnis abnimmt und von demjenigen, der es ablegt, unterschrieben wird.

(4) Nach der Abnahme des Gelöbnisses stellt der Gerichtspräsident dem Kurator einen Ausweis aus, der einem festgelegten Muster entspricht.

(5) Der Ausweis enthält die Aufforderung an die Bürgermiliz und an andere staatliche und gesellschaftliche Institutionen, dem Kurator im Bereich der von ihm geübten Tätigkeiten Beistand zu leisten.

**§ 5.** (1) Die Koordinierung und die Kontrolle der Tätigkeit der Kuratoren, die Erteilung der nötigen Informationen an sie und ihre Unterstützung in Angelegenheiten, die im Zusammenhang mit den ihnen anvertrauten Funktionen stehen, obliegt dem Präsidenten des Gerichts, bei dem der Kurator tätig ist, oder einem von diesem bestimmten Richter.

(2) Über ernstere Verfehlungen des Kurators bei der Arbeit macht der Richter dem Präsidenten des zuständigen Gerichts Mitteilung.

**§ 6.** (1) Zur Erfüllung der Pflichten eines Sozialkurators kann auf seinen Antrag oder mit seiner Einwilligung berufen werden,

1. wer die polnische Staatsbürgerschaft besitzt und im vollen Genuß der zivilen und staatsbürgerlichen Rechte ist,
2. wer im Inland seinen ständigen Wohnsitz hat,
3. wer nicht wegen einer Straftat verurteilt worden ist,
4. wem nicht die elterliche Gewalt entzogen oder beschränkt worden ist,
5. wer das 24. Lebensjahr vollendet hat,

6. wer vertrauenswürdig ist und die ordentliche Erfüllung der ihm auferlegten Pflichten gewährleistet.

(2) In Ausnahmefällen darf zur Erfüllung der Pflichten eines Sozialkurators jemand berufen werden, der das 24. Lebensjahr noch nicht vollendet hat, falls seine Qualifikationen, seine gesellschaftliche Gewandtheit und seine Lebenserfahrung auf seine Eignung zur Erziehungsarbeit mit der Jugend hinweist.

**§ 7.** Der Gerichtspräsident enthebt den Sozialkurator vorläufig des Dienstes, wenn gegen diesen ein Strafverfahren wegen einer im Wege der öffentlichen Klage verfolgten Straftat oder ein Verfahren zum Zwecke der Entziehung oder der Beschränkung der elterlichen Gewalt eingeleitet worden ist.

**§ 8.** Der Gerichtspräsident beruft den Sozialkurator ab, wenn dieser

1. nicht mehr den in § 6 Abs. 1 Ziff. 1—4 bestimmten Bedingungen entspricht.
2. die ihm auferlegten Pflichten nicht erfüllt oder nicht imstande ist, sie zu erfüllen oder keine Gewähr dafür bietet, daß sie ordentlich erfüllt werden,
3. um die Entbindung von der ihm anvertrauten Funktion ersucht hat oder wenn organisationsbedingte Rücksichten dies erfordern.

**§ 9.** Berufskurator kann sein, wer den in § 6 bestimmten Erfordernissen entspricht, mindestens eine 2jährige Praxis in der Jugendarbeit hat und entweder eine höhere Bildung oder — ausnahmsweise — zumindest eine Mittelschulbildung und eine 4jährige Praxis in der Jugendarbeit hat.

**§ 10.** Auf die Berufskuratoren finden die Bestimmungen der §§ 7 und 8 entsprechende Anwendung.

**§ 11.** Der Kurator ist zur Geheimhaltung sämtlicher Umstände verpflichtet, deren Kenntnis er in Verbindung mit der Erfüllung der ihm anvertrauten Funktion erlangt hat.

**§ 12.** Erhält der Kurator eine Information über eine das Wohl des Jugendlichen gefährdende Lage, insbesondere über eine Lage, die diesen demoralisieren kann, so hat er geeignete Vorkehrungen zu treffen und, falls es tunlich erscheint, die entsprechenden Organe davon in Kenntnis zu setzen.

**§ 13.** Zur Erfüllung seiner Pflichten ist der Kurator befugt:

1. Personen, über die er eine Aufsicht führt oder die unter der Aufsicht des Vormundschaftsgerichts stehen, an ihrem Wohnsitz, ihrem Arbeitsplatz oder in der Schule zu besuchen,
2. die Kontrolle über das Verhalten der in Ziff. 1 genannten Personen auszuüben und von ihnen die nötigen Aufklärungen und Informationen zu verlangen,

3. in Verbindung mit den ihm vom Gericht oder dem Jugendrichter angewiesenen Tätigkeiten die Gerichtsakten durchzusehen und aus diesen Abschriften anzufertigen,
4. die Hilfe der Schulen, der Spezialberatungsstellen und der zuständigen staatlichen und gesellschaftlichen Institutionen in Anspruch zu nehmen,
5. an das Gericht Anträge in Strafsachen Jugendlicher zu stellen, insbesondere Anträge auf Aufhebung der Aufsicht, auf Widerruf der Aussetzung einer Unterbringung in einer Besserungsanstalt, auf Widerruf der bedingten Entlassung aus einer Besserungsanstalt oder auf Abänderung einer Erziehungsmaßregel, und er kann auch die Gerichte benachrichtigen, daß es notwendig ist, vormundschaftsgerichtliche Tätigkeiten vorzunehmen,
6. das Gericht zu ersuchen, ihm die notwendigen Anweisungen zu erteilen, wie er seine Pflichten erfüllen soll.

**§ 14.** (1) Zu den Pflichten des Kurators in Strafsachen Jugendlicher gehört es,

1. daß er die vom Jugendrichter ihm aufgetragenen Handlungen bis zum Erlaß einer Entscheidung ausführt,
2. daß er die Aufsicht über den Jugendlichen führt,
3. daß er sonstige vom Jugendgericht oder vom Jugendrichter ihm auferlegte Handlungen ausführt.

(2) Zu den Pflichten des Kurators in Vormundschaftssachen gehört es,

1. daß er die vom Gericht vor Erlaß einer Entscheidung ihm aufgetragenen Handlungen ausführt,
2. daß er die Überwachung der Ausübung der elterlichen Pflichten durch die Eltern, denen auf diese Weise die elterliche Gewalt beschränkt wird, übernimmt, und daß er diesen Eltern bei der Kindererziehung hilft,
3. daß er Kandidaten als Vormund vorschlägt, daß er die Lage der Kinder, über die eine Vormundschaft angeordnet worden ist, kontrolliert und daß er im Bereich dieser Vormundschaft Hilfe leistet,
4. daß er andere vom Vormundschaftsgericht ihm auferlegte Handlungen vornimmt.

**§ 15.** Der Sozialkurator ist auch verpflichtet:

1. an den vom Gericht organisierten Schulungen und an den Beratungen der Kuratoren teilzunehmen,
2. jeder Ladung des Gerichts zu folgen und Informationen, die im Zusammenhang mit seiner Funktion stehen, zu erteilen,
3. mit den örtlichen Ämtern, den staatlichen Verwaltungsbehörden, Jugendorganisationen und anderen staatlichen und gesellschaftlichen Institutionen zusammenzuarbeiten,

**§ 16.** (1) Zu den Pflichten der Berufskuratoren gehört außerdem insbesondere:

1. die Arbeit der Sozialkuratoren zu organisieren und zu überwachen, den Sozialkuratoren Hilfen und Hinweise zu geben und die Schulung dieser Kuratoren zu organisieren,
2. mit den Institutionen, die Aufgaben im Bereich der Vormundschaft über Kinder erfüllen, zusammenzuwirken.
3. Initiativen zur Verhütung einer Demoralisierung der Kinder und der Jugend zu ergreifen.

(2) Den mit der Arbeit der Berufskuratoren verbundenen Bürodienst leistet das Sekretariat des Jugendgerichts.

**§ 17.** (1) Wird die Aufsicht über einen Jugendlichen oder die Überwachung der Ausübung der elterlichen Gewalt einem Kurator anvertraut, so erteilt diesem das Gericht Infomationen und Anweisungen, die zur ordnungsgemäßen Aufsichtsführung oder Überwachung notwendig sind.

(2) Dem Kurator sind Abänderungen der Entscheidung über die Aufsicht bzw. über die Überwachung und Verfügungen, die in dieser Hinsicht erlassen werden, mitzuteilen.

**§ 18.** Der mit der Aufsicht beauftragte Kurator hat

1. sich mit der Entscheidung und den Akten über den Jugendlichen bekannt zu machen,
2. unverzüglich mit dem Jugendlichen, dessen Eltern, dessen Umgebung und mit der Schule, die der Jugendliche besucht, dem Arbeitsbetrieb, bei dem der Jugendliche arbeitet und mit den Organisationen, an deren Tätigkeit der Jugendliche teilnimmt, Kontakt aufzunehmen,
3. sich unablässig darum zu bemühen, daß der Jugendliche die Rechtsordnung wahrt, daß er insbesondere keine Straftat begeht und die Auflagen des Gerichts befolgt, daß er die Schule besucht und daß er sich gemäß seinen Fähigkeiten auf einen Beruf vorbereitet oder daß er eine gemeinnützige Arbeit verrichtet,
4. dem Jugendlichen die notwendige Hilfe bei der Lösung von Lebensproblemen, bei der Fortbildung und bei der Berufsvorbereitung, bei der Aufnahme der Arbeit und gegebenenfalls bei der Frage, ob sich der Jugendliche einem Heilverfahren unterziehen soll, zu leisten,
5. sich darum zu bemühen, daß die Eltern oder der Vormund ihre Pflichten gegenüber dem Jugendlichen erfüllen,
6. dem Gericht wenigstens alle drei Monate über die Lebensweise des Jugendlichen schriftlich zu berichten; jedoch ist der Bericht unverzüglich zu erstatten, wenn festgestellt wird, daß der Jugendliche eine Straftat begangen hat, die Auflagen des Gerichts nicht befolgt oder auf andere Weise die Rechtsordnung verletzt hat,
7. das Gericht unverzüglich von der Einberufung des Jugendlichen zum Grundwehrdienst zu benachrichtigen,

8. sonstige notwendige mit der Ausübung der Aufsicht verbundene Maßnahmen zu treffen.

**§ 19.** Die Bestimmungen des § 18 finden entsprechende Anwendung auf die Überwachung, wie die elterliche Gewalt ausgeübt wird.

**§ 20.** (1) Der Präsident des Bezirksgerichts bestimmt im Einvernehmen mit dem Vorsitzenden der zuständigen Abteilung für Jugendliche für den Sozialkurator einen monatlichen Pauschalbetrag als Kostenerstattung für die von ihm geleistete Arbeit. Die Höhe des Betrages wird nach der Zahl und der Art der Handlungen, die im Auftrag des Jugendgerichts oder des Jugendrichters ausgeübt wurden, bestimmt.

(2) Der Pauschalbetrag für eine Aufsicht über Jugendliche oder eine Überwachung, wie die elterliche Gewalt ausgeübt wird, darf 50 zł nicht übersteigen. Aus besonderen Gründen kann der Gerichtspräsident dem Sozialkurator einen höheren Pauschalbetrag zusprechen, aber nicht mehr als einen Betrag von 70 zł für eine Aufsicht über einen Jugendlichen oder eine Überwachung, wie die elterliche Gewalt ausgeübt wird. Der Gesamtbetrag der Pauschalen darf 500 zł monatlich nicht übersteigen.

(3) Einem Sozialkurator, der für die Zeit, die er im Zusammenhang mit der Erfüllung von Kuratelpflichten bei seiner Arbeit fehlt, kein Recht auf ein von seinem Arbeitsbetrieb zu zahlendes Entgelt hat, spricht der Gerichtspräsident darüber hinaus die Erstattung des für diese Zeit entstandenen Lohnausfalls zu, falls die Erfüllung der Kuratelpflichten in den Stunden der Berufsarbeit notwendig war.

**§ 21.** Die Freistellung des Sozialkurators vom Dienst zum Zweck der Ausführung einer vom Gericht aufgetragenen Handlung, die dieser nicht außerhalb der Dienststunden seiner Berufsarbeit erledigen kann, erfolgt nach den Bestimmungen über die Freistellung von der beruflichen Arbeit der in vergesellschafteten Arbeitsbetrieben beschäftigten Arbeitnehmer.

**§ 22.** Dem Berufskurator steht ein Pauschalbetrag nach den in § 20 Abs. 1 und 2 bestimmten Grundsätzen für die Aufsicht über Jugendliche bzw. die Überwachung, wie die elterliche Gewalt ausgeübt wird, zu.

**§ 23.** Die Gerichtspräsidenten berufen die bisherigen Kuratoren für Jugendliche und die Sozialinspektoren, die den in dieser Verordnung bestimmten Erfordernissen gerecht werden, zu Sozialkuratoren.

**§ 24.** Es treten außer Kraft:

1. die Verordnung des Justizministers vom 13. Februar 1959 über die gerichtlichen Kuratoren für Jugendliche (Dz. U. Nr. 18 Pos. 113),
2. die Verordnung des Justizministers vom 3. Juli 1956 über die Sozialinspektoren bei Bezirksgerichten (Dz. U. Nr. 29 Pos. 134).

**§ 25.** Diese Verordnung tritt am 1. Juli 1973 in Kraft.

MIX
Papier | Fördert gute Waldnutzung
FSC® C083411

Kolibri 360 GmbH
Ferdinand-Jühlke-Straße 7
99095 Erfurt, Deutschland
produktsicherheit@kolibri360.de